Hans J. Mayland

Buntbarsche Afrikas

Cichliden – die beliebtesten Aquarienfische

ETB
ECON Taschenbuch Verlag

Das Titelfoto zeigt ein Männchen der *Aulonocara*-Variante »Special« aus dem Malawisee.

CIP-Kurztitelaufnahme der Deutschen Bibliothek

Mayland, Hans J.:
Buntbarsche Afrikas: Cichliden – d. beliebtesten Aquarienfische /
Hans J. Mayland.
Orig.-Ausg. – Düsseldorf: ECON Taschenbuch Verlag, 1986.
(ETB 20225; ECON Ratgeber: Natur)
ISBN 3-612-20225-1

Originalausgabe

© ECON Taschenbuch Verlag GmbH, Düsseldorf
Oktober 1986
Umschlagentwurf: Ludwig Kaiser
Titelfoto und Farbfotos: Hans J. Mayland
Zeichnungen: Gabriele Hampel
Die Ratschläge in diesem Buch sind von Autor und Verlag sorgfältig erwogen und geprüft; dennoch kann eine Garantie nicht übernommen werden. Eine Haftung des Autors bzw. des Verlags und seiner Beauftragten für Personen-, Sach- und Vermögensschäden ist ausgeschlossen.
Satz: Formsatz GmbH, Diepholz
Druck und Bindearbeiten: Ebner Ulm
Printed in Germany
ISBN 3-612-20225-1

Inhaltsverzeichnis

Vorwort 7

Die Gewässer Afrikas 9
Das tropische Westafrika 10
Das zentralafrikanische Zaire-(Kongo-)becken . . . 11
Ostafrika mit Victoriasee 12
Tanganjikasee 14
Malawisee 18

Anpassung durch Spezialisierung 22

Fortpflanzungsbiologie 26
Geschlechtsdimorphismus 26
Balzverhalten und Partnerbindung 28
Brutverhalten 31
   Offenbrüter 32
   Versteck- oder Höhlenbrüter 34
   Maulbrüter 35

Anmerkungen zur Nomenklatur 37

Gattungen und Arten 40
Westafrikanische Arten 40

Ostafrikanische Arten 59
Bewohner des Tanganjikasees 65
Endemiten aus dem Malawisee 132

Aquaristische Ansprüche afrikanischer Cichliden . 173

Verzeichnis weiterführender deutschsprachiger Literatur 178

Artenverzeichnis 179

Sachregister 187

Vorwort

Afrika ist ein Kontinent, den man aus zoogeographischer Sicht in eine Reihe von Regionen aufteilen muß. Für die Aquaristik erscheint es ausreichend, die 4 wichtigsten Gebiete herauszugreifen: den Regenwald und die Savannen Westafrikas einschließlich des Zaire-(Kongo-)beckens, die Savannen- und Sumpfgebiete Ostafrikas sowie den Victoriasee, den Tanganjikasee mit seiner zum Teil endemischen Fischfauna und schließlich den Malawisee, dessen Buntbarsche oder Cichliden bis auf wenige Ausnahmen zu den Endemiten gehören, also ausschließlich hier vorkommen.

So variantenreich viele Cichlidenarten sind, so reich an Überraschungen ist auch ihr Normal- und vor allem ihr Brut- oder Fortpflanzungsverhalten. Buntbarsche sind nur in wenigen Fällen Schwarmfische oder finden sich in größeren Ansammlungen zusammen. So soll man sie auch als Aquarienfische eher als Individualisten sehen, die Reviere bilden und oft genug keinen Störenfried darin dulden. Viele männliche oder auch weibliche Exemplare entpuppen sich als Kämpfer, zuweilen auch als pure Raufbolde, die man nicht wahllos miteinander vergesellschaften kann. Ganz im Gegenteil gilt es, auf die besonderen Ansprüche für die Haltung dieser Fische Rücksicht zu nehmen – nicht nur bei der versteckreichen Einrichtung des Aquariums, sondern auch bei den verschiedenen Wassertypen, aus denen die Fische kommen.

Ich hoffe, daß ich die wichtigsten Hinweise für die Pflege afrikanischer Buntbarsche, auch für die von Ihnen geliebten Pfleglinge, in diesem Band geben konnte, und wünsche für die Haltung und Zucht gutes Gelingen.

Obersursel, Herbst 1986 Hans J. Mayland

Die Gewässer Afrikas

Wenn man sich die Karte Afrikas vor Augen hält, so stellt man schnell fest, daß man die Gewässer Afrikas grundsätzlich in 2 Gruppen aufteilen muß: die der Bäche und Flüsse einerseits und die der Seen andererseits. Afrika hat seinen Grabenbruch, eine langgezogene, tiefe Senke, die im zentralen Teil des Kontinents von Norden nach Süden verläuft. In dieser Senke liegen 3 große Seen, die man zu den größten unserer Erde zählen kann: der Victoriasee, der Tanganjikasee und der Malawisee. Diese Seen sind die Sammelbecken des relativ spärlichen Wassers umgebender Flüsse. Ein »richtig großer« Fluß mündet jedoch in keinen der Seen, wohl aber haben die drei alle einen mehr oder weniger weiten Ablauf: Der Victoriasee speist mit seinem Wasser die Quellen des Nils; der Tanganjikasee leitet sein Wasser über den Lukuga nach Westen in den oberen Kongo (der hier noch Lualaba heißt) ab, und der Malawisee wird über den Shire nach Süden in den Sambesi entwässert.
Die Fischfauna im übrigen Ostafrika ist nicht so artenreich wie die im Westen des Kontinents. Das liegt in erster Linie wohl daran, daß große Waldgebiete fehlen und dafür eine weite Steppenlandschaft vorherrscht. Daher stellt eine Reihe von anpassungsfähigen Cichliden und anspruchslosen Welsen den Hauptanteil ostafrikanischer Fischfauna.

In Zentralafrika liegt das beinahe kreisförmig gebogene Bett des Zaire-Flusses, den die meisten von uns besser unter seinem früheren Namen Kongo kennen. Dieser riesige Strom und der umgebende Dschungel stellen einen gigantischen Lebensraum für Fische vieler Familien dar, der ja nicht nur aus den breiten Flüssen, sondern auch Waldbächen, größeren und kleineren Seen, Tümpeln und Gräben besteht. Ähnliche Landschaften treffen wir weiter westlich von Gabun bis zum Senegal an, nur sind hier andere Flüsse, wie Niger, Volta, Senegal und andere, die dominierenden Gewässer.

Das tropische Westafrika

Der Äquatorialwald des tropischen Westafrikas, zu dem viele auch das Kongobecken zählen, wird im Norden von der trokkenen Sahelzone begrenzt. Wer dieses Gebiet bereist, stellt gewisse natürliche Parallelen zum Urwaldgebiet Amazoniens fest, wie beispielsweise leicht saures bis saures Wasser, das sehr weich ist.
Die vielen Waldbäche in dem Teil Westafrikas, der etwa von Guinea bis Kamerun reicht, haben uns Aquarianern schon zu vielen schönen Fischen, darunter auch einer Reihe von Cichliden, verholfen. Leider ist es so, daß die Wünsche der Zwergbuntbarschfans durch Importe nicht befriedigt werden können. Hier hilft daher in den meisten Fällen nur Eigeninitiative einzelner, und die Preise für die relativ wenigen Nachzuchttiere drücken dies auch deutlich aus.
Im Gegensatz zu den Cichlidenarten, die aus den großen afrikanischen Seen stammen, gibt es für die Westafrikaner nur in wenigen Fällen steinige Lebensräume – und wo es sie gibt, handelt es sich meist um Stromschnellengebiete, in denen die Überlebenschance schon seit Tausenden von Jahren von der Anpassung bestimmt ist. So leben beispielsweise in solchen Regionen in Nigeria und Kamerun Vertreter der aquaristisch noch unbekannten Gattung *Gobiocichla*, auf deren Einfuhr wir bis heute vergeblich warteten. Ihr Lebensraum hat Ähn-

lichkeit mit dem der *Steatocranus-* und *Teleogramma-*Arten im unteren Zaire-Fluß.

Der Lebensraum im tropischen Westafrika ist für die dortige Fischfauna bisher noch »heil«, denn die Landschaft wird von vielen mittleren, kleinen und kleinsten Wasserläufen durchzogen. Durch verschiedene Revisionen einiger Cichlidengattungen wurden zudem in den letzten Jahrzehnten Unsicherheiten und Unklarheiten beseitigt, welche insbesondere die Gattungen *Pelmatochromis/Pelvicachromis, Chromidotilapia* und *Hemichromis* betrafen. So wurde beispielsweise der fast schon in Vergessenheit geratene Gattungsname *Chromidotilapia* BOULENGER von THYS im Rahmen einer Revision revalidisiert (= wieder für gültig erklärt).

Wie bereits erwähnt, ist das Wasser in diesen oft küstennahen Gebieten in den meisten Fällen mehr oder weniger sauer, doch gibt es hier auch Zonen, in denen die pH-Werte über der Neutralgrenze liegen, so daß man nicht verallgemeinern darf. Die Härtegrade dieser Gewässer liegen dagegen in den bekannten (!) Cichlidenbiotopen ausschließlich in dem Bereich, den wir gemeinhin als »sehr weich« bezeichnen, und die Nitratwerte, ebenfalls sehr bestimmend für das Wohlbefinden der Fische, sind praktisch nicht feststellbar.

Das zentralafrikanische Zaire-(Kongo-)becken

Der Zaire-Fluß, meist auch heute noch mit seinem früheren, kolonialen Namen »Kongo« bezeichnet, bildet mit seinem großen Bogen und dem riesigen Einzugsgebiet im zentralafrikanischen Tiefland ein Becken, dessen vielfältige Lebensräume zwar zu kolonialen Zeiten bereits erschlossen wurden, jedoch sicher noch nicht bis in den letzten Winkel erforscht werden konnten. Die politische Lage läßt in den letzten Jahren kaum Reisen in diese Gebiete zu, und die Fang- bzw. Exportquoten bleiben entsprechend gering. Von den bekannten prächtigen Cichlidenarten, die aus den Biotopen stammen, die nur schwer zu erreichen sind, gehören *Hemichromis lifalili, Nanochromis*

dimidiatus und *Pelvicachromis subocellatus* zu den begehrtesten. Alle haben in ihrer Färbung viele Rotanteile.
Die Gewässer im Kongobecken sind durchweg sehr weich und mehr oder weniger sauer. Im Augenblick können wir uns nur auf die dürftigen Aussagen weniger Besucher beziehen.

Ostafrika mit Victoriasee

Von den großen Seen im Inneren Afrikas hat es, aquaristisch gesehen, aus dem Victoriasee die wenigsten augenfälligen Importe gegeben. Dieser See, der von den Ländern Uganda, Kenia und Tansania umgeben ist, hat zwar nur eine maximale Tiefe von 81 Metern, bedeckt aber mit rund 69 500 km^2 die größte Fläche. Seine Artenvielfalt (Cichliden) muß sich beispielsweise hinter der des Tanganjikasees keinesfalls verstecken: Von den über 180 Buntbarscharten sind rund 170 endemisch – leben also nur allein in diesem See! Wie wir alle wissen, kommt es auch mehr oder weniger auf die maximale Tiefe eines Gewässers an, um einen mehr oder weniger optimalen Lebensraum zu bieten.
Aus Angst vor der in Afrika herrschenden Bilharziose haben es viele tauchende Aquarianer offenbar unterlassen, sich auch einmal in diesem See gründlich »umzusehen«. Dabei gibt es auch hier ähnliche Biotope mit Felsenzonen und herrlich weißen Sandstränden.
Das Wasser ist meist sehr weich (gemessen 1,5° dH und 2,5° dKH bei 60–140 μS und 28 °C Wassertemperatur); der pH-Wert, wie ich ihn an einem Vormittag antraf, lag bei 7,8 und war damit weit geringer als der des südlicheren Tanganjikasees.
Durch die Aufteilung der früher so artenreichen Gattung *Haplochromis* und ihre Überführung in andere, zum Teil neu geschaffene Gattungen, ist eine – hoffentlich vorübergehende – Unsicherheit eingetreten, bestimmte farblich bekannte Formen diesen Gattungen und Arten zuzuordnen.
Die übrigen Gewässer Ostafrikas kann man weniger pauschal

beurteilen, wenn man von den großen Seen absehen will. Sie enthalten auch keine nennenswerte Cichlidenfauna, die aquaristisch interessant wäre. Einige der hier vorkommenden Arten haben sich durch besonders angepaßte Lebensweisen in Gewässern ausgezeichnet, deren Biotope man normalerweise als lebensfeindlich bezeichnen müßte. Erwähnt werden soll hier nur als Beispiel die sogenannte Sodatilapie *Oreochromis alcalicus grahami*. Ihre Lebensräume liegen in verschiedenen Natronseen Ostafrikas (Natronsee und Magadisee), in denen die Wassertemperaturen stellenweise (»Hot Springs«) bis an die 45 °C heranreichen. In solchen Wärmezonen beobachtete APFELBACH (1967) brütende Weibchen in 44 °C warmem Wasser, wo sie über einen längeren Zeitraum ruhig standen (die Art gehört zu den Maulbrütern!). Revierbildende Männchen gab es nach Angaben des Autors nicht. Wenn man bedenkt, daß zu der für die Fische üblicherweise lebensfeindlichen Temperatur noch der hohe Salzgehalt kommt, der im Magadisee weite Gewässerteile mit einer dicken Kruste kristallierten Sodas (Na_2CO_3) bedeckt, sind die Lebensverhältnisse sehr schlecht.

In weniger unwirtlichen Gewässerzonen afrikanischer Flüsse, Bäche, Tümpel und Teiche treffen wir einige Cichliden an, die wir seit Jahrzehnten kennen, auch wenn sie nur zeitweise die volle Sympathie der Aquarianer finden; denn auch in der Aquaristik bemerkt der aufmerksame Beobachter gewisse Trends bei Fischen, deren Haltung und Nachzucht gerade »in« ist. Dazu gehören die kleinen Maulbrüter der Art *Pseudocrenilabrus multicolor* aus dem Stromgebiet des oberen Nil oder der Messingmaulbrüter *P. philander dispersus*, dessen Verbreitung sich bis in die Randzonen des Malawisees (nicht im See selbst!) und zum Sambesi erstreckt. Ein weiterer, früher sehr beliebter ostafrikanischer Maulbrüter ist *Astatotilapia burtoni*, der viele Gewässer in Westkenia, Uganda, Ruanda, Tansania und Ostzaire bewohnt. Weiter südlich kommt sein Verwandter *A. calliptera* vor, der gelegentlich mit Importen aus Malawi (nicht im Malawisee selbst vertreten!) zu uns kommt.

Tanganjikasee

Wenn vorher von Trends in der Aquaristik gesprochen wurde, so darf man getrost behaupten, daß viele Cichlidenarten aus dem Tanganjikasee heute solchen Trends unterliegen und so lange begehrt sind, bis massenweise Nachzuchten den Markt überfluten, die Preise verderben und die Fische damit dann seltsamerweise »billig und nicht mehr interessant« erscheinen lassen. Eine Einstellung, die die betreffenden Aquarianer nicht gerade als reine Naturfreunde erscheinen läßt, aber Liebhaberei und Geschäft muß man eben trennen.

Der Tanganjikasee gehört, ebenso wie der Malawisee, zu den faszinierendsten Regionen Afrikas. Er bedeckt rund 33 000 km^2 und gehört mit einer Maximaltiefe von 1417 m zu den tiefsten Binnengewässern unserer Erde.

Es wurden etwa 160 Buntbarscharten beschrieben, von denen die meisten nur (endemisch) im See vorkommen. Sie sind in über 40 Gattungen aufgeteilt. Dazu kommen die Vertreter der Arten aus rund 40 Gattungen, die nicht zu den Buntbarschen gerechnet werden, doch kommen von diesen nur wenige endemisch im Tanganjikasee vor.

Im Gegensatz zu den Cichliden des Malawisees, die beinahe alle Maulbrüter sind und eine Endgröße von 8 cm nur selten unterschreiten, leben im Tanganjikasee viele Buntbarsche, deren Vertreter erstens in der Endgröße kleiner bleiben und deren Fortpflanzungsverhalten sich zweitens von den Cichliden aus dem Malawisee deutlich unterscheidet. Natürlich treffen wir im Tanganjikasee ebenfalls maulbrütende Arten an – denken wir nur an die beliebten *Tropheus*-Verwandten, deren Variationsbreite beinahe unerschöpflich zu sein scheint.

Der eigentliche Lebensraum der meisten Buntbarsche im Tanganjikasee ist die steinige Uferzone, das sogenannte **Felslitoral**. Sie reicht bis in eine Tiefe von 10–15 m hinab und kann flacher oder steiler abfallen. In diesen Gebieten findet man sehr großflächige Felsformationen, die nur relativ wenig Verstecke bieten. Die hier gebildeten Spalten sind breit und können sich zu Höhlen ausdehnen. Risse im Gestein verlaufen weniger in der Horizontalen als in der Vertikalen – also senkrecht. Hier gibt es keine höheren Pflanzen, und die Algenpolster, in der englischsprachigen Literatur gern mit dem deutschstämmigen Namen »Aufwuchs« belegt, sind stark lichtabhängig. Wenn man diese Polster trotzdem noch in einer Wassertiefe bis etwa 10 m antrifft, so deshalb, weil das Wasser des Sees recht arm an Schwebestoffen und daher sehr klar ist.

In bestimmten Abständen hat sich das sogenannte **Geröllitoral** gebildet. Dabei handelt es sich um Zonen, in denen die breitflächigen Felsformationen Geröll weichen mußten oder man davon ausgehen kann, daß die ehemals ebenfalls groben Felsformationen durch ein Naturereignis in kleine Brocken zerschlagen wurden. Diese Geröllzone mit ihren Millionen Spalten und Ritzen aller Richtungen ist die Heimat vieler Cichliden kleinerer oder mittlerer Größe, die hier – wiederum durch spezielle Anpassung – einen besonderen Lebensraum gefunden haben. Hier ist der Wuchs der Algenpolster, bedingt durch die ständigen Unterbrechungen der Gesteinslagen, nicht so kompakt, wie man sie in dem vorher genannten Gebiet antreffen kann. Entsprechend haben sich die Fische in ihren Ernährungsgewohnheiten nicht allein auf die Aufnahme von Algen, sondern mehr auf die von Insektenlarven und Kleinkrebsen eingestellt.

Zu den besonders spezialisierten Bewohnern der Geröllzonen zählen die stets bodennah vorkommenden Grundelbuntbarsche der Gattungen *Eretmodus*, *Spathodus* und *Tanganicodus*. Sie sind keine so guten Schwimmer, wenn es darum geht, den Körper ständig über dem Boden zu halten, und wurden daher mit einem Namen belegt, der an ähnliches Verhalten von Gobiiden (= Grundeln) erinnern soll. Da in der Geröllzone das Versteck jedes einzelnen Tieres nicht weit ist (die territorialen Grenzen sind oft eng gesteckt), muß zur Flucht kein langer Weg gesucht werden: Die Fische kennen den Fluchtweg quasi auswendig und könnten ihn »selbst im Schlaf« einschlagen.

Im Gegensatz zu den beiden vorgenannten Lebensräumen steht die küstennahe Sandzone, das **Sandlitoral**. Wenn die Augen über diese Zone streifen, stellen sie bald fest, daß das

Leben hier für viele Arten gefährlicher ablaufen muß: Es fehlt die Deckung. So ist die Zahl der Arten geringer, und wenn es trotzdem noch eine Menge sandfarbener, langgestreckter Fische gibt, so gehören sie alle einem ähnlichen »Bautyp« an, einem Typ, dem es möglich ist, bei Gefahr blitzschnell das Weite zu suchen. Direkt über dem sandigen Grund ist die Sicht weniger gut und das Wasser weniger klar als in den steinigen Zonen. Das mag am Detritus liegen, jenem pulverisierten Material aus abgestorbenen Organismen tierischen und pflanzlichen Ursprungs, das sich mit dem Sand vermischt hat und von gründelnden Fischen aufgewühlt und -gewirbelt wird.

Von den Bewohnern des sandigen Litorals werden weitaus weniger als Aquarienfische eingeführt als von den Fels- oder Geröllzonenbewohnern. Wahrscheinlich liegt das an ihrem Verhalten und auch an ihrer eher unscheinbaren Färbung. So sind es beispielsweise die Vertreter der Gattungen *Callochromis, Cyathopharynx* und vor allem *Xenotilapia*, auf die diese Angaben zutreffen.

Gelegentlich wird, meist an den Übergangszonen zwischen Sand und Fels, die Eintönigkeit dieser Reviere von Ansammlungen höherer Pflanzen unterbrochen. Wie im Malawisee sind es auch hier in erster Linie Vallisnerien, Hornkraut (*Ceratophyllum*) und Formen des Tausendblattes (*Myriophyllum*). In seichten Buchten mit ruhigem Wasser und starker Sonneneinstrahlung findet man weitere Arten, wie *Nymphaea, Najas, Potamogeton* und *Ceratopteris*, doch ist hier der ursprünglich sandige Boden verschlammt.

Schließlich wäre noch eine andere Gruppe von Buntbarschen im Tanganjikasee zu nennen, die sich wegen ihres interessanten Verhaltens und ihrer geringen Größe besonders als Aquarienfische empfehlen: Es sind die sogenannten **Schneckenbuntbarsche**.

Diese Bewohner des Sandlitorals haben sich die Tatsache zu eigen gemacht, daß die Bewohner der Schneckenhäuser, die Süßwasserschnecken der Gattung *Neothauma*, nicht ewig leben und ihre später leeren Gehäuse einige Zeit brauchen, bis sie zerfallen. Sie sammeln sich zu Hunderten oder in noch größeren Mengen in Mulden des Sandgrundes und werden naturgemäß auch an sandige Ufer gespült. Bewohner dieser leeren Schneckenhäuser sind sehr klein bleibende Cichliden, die wahrscheinlich in der Mehrzahl der Gattung *Neolamprologus* angehören. Die Bindung dieser Fische an die Gehäuse ist nicht bei allen Arten gleich groß, wie man auch bei aquaristischer Haltung feststellen kann. Andererseits sind bei einigen Arten neben den Weibchen auch die männlichen Tiere so klein, daß sie im Haus Platz haben. Bei anderen Vertretern ist das nicht der Fall, und die Männchen überwachen einen Harem von Weibchen, von denen jedes in seinem eigenen Schneckenhaus seinen Schutz- und Brutraum hat. Das männliche Tier, das zum Eindringen ins Haus zu groß ist, kann das Gelege nur befruchten, indem es eine Spermawolke in den Eingang »stäubt«, die dann noch von der kleineren Partnerin weiter an die Eier gewedelt wird. Fischräuber, die die Sandzonen häufig durchstreifen, haben kaum eine Chance, die schnellen kleinen Cichliden zu erbeuten. Man muß sich jedoch wundern, daß alle Tiere, die mit dem Kopf voran ins Haus huschen, nicht beim späteren Rückwärtsschwimmen von einem Freßfeind überrascht werden.

Mit Werten um 9–11° dGH und 600–630 μS bei einer relativ hohen Karbonathärte von 16–18° dKH ist das Wasser im Tanganjikasee härter als das im Malawisee. Man würde es im aquaristischen Sprachgebrauch als »mittelhartes Wasser« bezeichnen. Auch der pH-Wert liegt mit einem mittleren Wert um 9,0 relativ hoch, was aber nicht heißt, daß man ihn im Aquarium nachvollziehen muß.

Wie bereits erwähnt, ist der Tanganjikasee an einigen Stellen sehr tief. Das Tiefenwasser hat eine Temperatur, die etwa zwischen 20 und 23 °C liegen dürfte. Demgegenüber ist das Oberflächenwasser, in dem unsere importierten Aquarienfische leben, um viele Grade wärmer. Seine Temperaturen schwanken jahreszeitlich bedingt zwischen 24 und 30 °C. Die besonders hohen Wärmegrade werden meist nur in flachen, stillen Buchten erreicht, wo sie in Einzelfällen auch noch darüber liegen können.

Malawisee

Im Vergleich mit den vorher gemachten Angaben über den Tanganjikasee ist der Malawisee mit rund 29 600 km² Oberfläche um über 3000 km² kleiner. Auch seine größte Tiefe ist mit rund 700 m nur halb so groß. Allerdings kann es der Malawisee mit seinem nördlichen Nachbarn in einer Beziehung allemal aufnehmen: Der Artenreichtum des Sees übertrifft, soweit sich dieser Vergleich auf Cichliden bezieht, den Tanganjikasee bei weitem. In früheren Jahren wurden dagegen für den Tanganjikasee mehr Gattungen angeführt; das kann sich wieder ändern, wenn der Komplex der Haplochrominen eines Tages in einer Revision in eine Vielzahl neuer Gattungen aufgegliedert wird. Alle Fische im See, die früher der Gattung *Haplochromis* zugerechnet wurden, müssen nach den internationalen Regeln vorerst zur Gattung *Cyrtocara* gezählt werden (*Haplochromis* wurde für die Arten aus dem Malawisee eingezogen [Greenwood, 1978 u. 1981]).

Der Malawisee hat eine Reihe von Zuflüssen, jedoch nur einen Abfluß: den Shire. Dieser Fluß entwässert den See, dessen Wasserspiegel auf etwa 470 m Höhe liegt, in den Sambesi, dessen Spiegel bei der Zusammenkunft rund 30 m Höhe hat. Diese Höhendifferenz wird nicht etwa auf der gesamten Länge des Flusses (knapp 600 km) ausgeglichen, sondern auf einem Abschnitt zwischen den Orten Matope und Chikwawa, die rund 80 km auseinander liegen, und zwar über eine Reihe von Wasserfällen.

Das Wasser im Malawisee ist mit 3–5° dGH als sehr weich bis weich anzusehen, was von vielen Aquarianern leider nicht immer beachtet wird. Der vergleichbare Leitwert liegt nach eigenen Messungen zwischen 200 und 260 µS, was sich dadurch erklären läßt, daß der Karbonathärtewert über dem der Gesamthärte liegt, eine Tatsache, die man besonders in vulkanreichen Gebieten antrifft. Daß der pH-Wert in einem Bereich zwischen 7,95 und 8,65 (eigene Messung) pendelt, ist den meisten Aquarianern schon geläufiger, nur darf man einen hohen pH-Wert nicht mit einer großen Härte gleichsetzen! Die Wassertemperatur schwankt mit den Jahreszeiten, hält sich dabei allerdings gebietsbedingt zwischen 26 und 30 °C (mehrere Meter unter der Oberfläche), letztere wird fast nur in ruhigeren Buchten gemessen.

Auch im Malawisee unterscheiden wir die Lebensräume in der Hauptsache nach der grobfelsigen küstennahen Zone, dem sogenannten Felslitoral, der küstennahen Geröllzone (Gerölllitoral) und der küstennahen Sandzone (Sandlitoral).

Das **Felslitoral** besteht aus riesigen Gesteinsbrocken, die durch relativ wenige Spalten getrennt sind und entsprechend wenig Verstecke bieten. Auch hier gibt es Höhlen oder höhlenartige Unterstände. Je nach ihrer Lage sind die großen Steinflächen mit mehr oder weniger dicken Algenpolstern überzogen, die einer Reihe von Bewohnern – hauptsächlich den Mbuna, den Felsencichliden – reichlich Nahrung bieten. Befinden sich diese Zonen nahe an einer mit Bäumen oder Sträuchern bewachsenen Uferstelle, so findet man hier oberhalb des Wassers meist auch Vogelansammlungen. Es findet ein Nahrungskreislauf statt: Die Fische fressen die Algen, die Vögel erbeuten die Fische und düngen mit ihrem Kot wiederum die Algen.

Im **Geröllitoral** sind die Uferabhänge wie auch die Böden dicht mit kopfgroßen Steinen bedeckt. Es werden Tausende, ja Millionen von Spalten und Ritzen gebildet, die den Fischen bei Gefahr ein fast augenblickliches Verschwinden ermöglichen. Es erscheint dem Taucher daher fast selbstverständlich, wenn er hier die dichtesten Populationen antrifft. Man findet keine so einheitlich dichten Algenpolster mehr, dafür bietet dieser Lebensraum seinen Bewohnern ein größeres Angebot an Insekten- und Krebstiernahrung.

Die **Sandzonen** im Malawisee weisen zwar keine geringere Populationsdichte als die im Tanganjikasee auf, doch ist auch hier im Vergleich mit Fels- und vor allem Geröllzonen ein deutlicher Rückgang in der Artenvielfalt bemerkbar. Das ist kein Wunder, denn es fehlt an Deckung, und nur wehrhafte Fische oder solche mit hoher Fluchtgeschwindigkeit haben Räubern gegenüber eine Überlebenschance. Schneckenbuntbarsche, wie sie in ihrer geringen Größe im Tanganjikasee in den Häusern der *Neothauma*-Schnecken vorkommen, sind hier in dieser Artenvielfalt nicht anzutreffen. Die Häuser der hauptsächlich vorkommenden *Lanistes*-Arten sind größer, so daß auch die Fische, die sich auf ein Leben in deren Gehäuse eingerichtet haben, nicht so klein zu sein brauchen. Es ist *Pseudotropheus lanisticola*, den man wohl als den einzigen wahren Schneckenbuntbarsch des Malawisees bezeichnen kann. Daneben trifft man zuweilen noch die Jungfische von *P. livingstonii* in leeren Schneckenhäusern an.

Die Pflanzenzonen, die man gelegentlich auch an den Übergängen zwischen Felsen-, Geröll- und Sandlitoral findet, haben fast überall einen markanten Bewohner: *Hemitilapia oxyrhynchus*, den einmal jemand als »Vallisnerienlutscher« beschrieben hat, weil die Fische es sich zur Angewohnheit gemacht haben, auf der Seite liegend die bandförmigen Blätter der Vallisnerien von Algen zu befreien und sich auf diese Weise zu ernähren. Diese Fische werden bis zu 20 cm lang, und sie werden in besonders intensiver Blaufärbung (♂♂) häufig von der Insel Likoma eingeführt.

Der Malawisee ist reich an namentlich bekannten Inseln, die unterschiedliche Größe haben. Zu den großen gehören Likoma und Chisumulu – beide in einem eingegrenzten Gebiet, das sehr nahe an der östlichen Küste zu Mosambik und, in einer Enklave, bereits im eigentlichen Hoheitsgebiet dieses Staates liegt. Von hier kommen einige der neuen *Aulonocara*-Arten, die erst in letzter Zeit entdeckten *Pseudotrous socolofi* und *P. tursiops*. Aus dieser Region kommen auch Arten wie *Cyrtocara electra*, ein Haplochromine, der in solchen Tiefen vorkommt, daß man die Tiere nicht in einem Zug an die Wasseroberfläche bringen kann, weil ihnen dann wegen der unterschiedlichen Druckverhältnisse der sichere Tod drohen würde.

Auch die Mbenjiinseln, die im südlichen Teil des Sees fast 20 km von der westlichen Küste entfernt im See liegen, haben eine zum Teil eigene Unterwasserfauna, darunter eine so bekannte Art wie *Pseudotropheus lombardoi*.

Inseln sind die Spitzen von Unterwassergebirgen. Das kann man besonders gut an den winzigen Eilanden Cinyankwasi und Cinyamwezi feststellen, die etwa 20–30 km nördlich von Monkey Bay liegen. So klein ihre Oberfläche ist, so reich ist ihre Unterwasserfelsenlandschaft an Fischen. Von hier kommen beispielsweise besonders schön blau gefärbte *Petrotilapia tridentiger* mit gelber Brust (♂♂).

Man könnte der Beispiele noch viele aufzählen. Es wurde bereits erwähnt, daß alle Malawisee-Cichliden zu den Maulbrütern gehören. Das mag einer der Gründe dafür sein, daß es bei diesen Aquarienfischen einen Rückgang der Nachfrage an relativ teuren Importtieren in bestimmten Zeitabschnitten gibt, weil sie sich auch in Gefangenschaft gut zur Nachzucht bringen lassen und diese Nachzuchten dann die Einfuhren bremsen.

Man muß es dagegen als einen Trugschluß ansehen, daß etwa die Exporte an Aquarienfischen die Fischpopulationen über Gebühr dezimieren würden: Buntbarsche gehören zu den bevorzugten Fängen der Fischer rund um den See. Sie fragen nicht danach, ob die Fische »schön blau« oder sonstwie gefärbt sind. Alle werden ausgenommen und getrocknet, um so als Tauschobjekte für den Inlandsmarkt dienen zu können. Bereits seit Jahrhunderten fangen die Fischer Buntbarsche in ungeahnten (!) Mengen, denen gegenüber die ausgesuchten Aquarienfische sich mengenmäßig praktisch gar nicht aufrechnen lassen. Zudem gibt es seit Jahren nur eine Exportstation.

Anpassung durch Spezialisierung

Es wurde bereits über Anpassungen im Bereich der Lebensräume, über das Leben über grobfelsigem Grund, in engen Spalten und über sand- und pflanzenbewachsenem Grund berichtet. Eine der wichtigsten Lebensvoraussetzungen in solchen Biotopen ist die Möglichkeit, Nahrung zu finden und aufnehmen zu können. So sind die meisten der in der küstennahen, der Litoralzone lebenden Fische insofern diesem Lebensraum angepaßt, als sie mit unterschiedlichen Gebissen ausgestattet sind, die in vielen Fällen mit einer voneinander abweichenden Form von Maul und/oder Lippen einhergehen.
Es ist ein Unterschied, ob ein Tier, das die Algenpolster von groben Felswänden abweidet, dabei seinen Körper fest am Fels anlegen kann, weil es mit einem unterständigen Maul und feinen Raspelzähnchen ausgestattet ist, oder ob es seinen Körper im rechten Winkel zur Felswand stellen muß, um auf diese andere Weise den gleichen Erfolg zu erzielen.
Ernährungsgewohnheiten wie die geschilderten haben die Fische entwickeln müssen, weil die Territorien relativ eng begrenzt bzw. abgesteckt sind. Den Fischen wurde praktisch von der Umwelt ein Lebensraum zugewiesen, an den sie sich anpassen mußten. So haben sich dann im Verlauf der stammesgeschichtlichen Entwicklung, der Evolution, besondere Formen herausgebildet, die jede ökologische Nische in Besitz genommen haben.

Die Zahl der Spezialisierungen ist so reichhaltig, daß sie hier nicht alle aufgezählt werden können. Bei den eingangs erwähnten Tieren mit dem unterständigen Maul handelt es sich um *Labeotropheus fuelleborni*, den man in vielen Regionen des Malawisees antrifft. Im rechten Winkel muß dagegen *Petrotilapia tridentigens* zum Fels stehen: Seine vorgestülpt wirkenden Lippen sind mit kleinen Raspelzähnchen besetzt. Sie werden gegen die Algenpolster gedrückt und schaben auf diese Weise die Nahrung vom Fels. Bei einer anderen Art, *Cyathochromis obliquidens*, deren Vertreter am Rande der Felszone, meist an den Übergängen zu sandigen Regionen, leben, sehen die Zähne anders aus, wenngleich von diesen Tieren ebenfalls Aufwuchsnahrung verspeist wird. Ihre Freßtechnik ist jedoch anders, weshalb die Zähnchen an einer Seite verlängert sind und hier eine kleine scharfe Schneide bilden, wodurch sie wie Messer wirken.

Nun gibt es in den Seen nicht nur Fische, die sich von Algen ernähren. In den meisten Algenpolstern leben miskroskopisch kleine Lebewesen wie auch Larven von Insekten und Kleinkrebse. In der Nahrungskette dieser Gewässer gehören auch sie zur Fischnahrung. Um sie gezielt aus ihren Verstecken klauben zu können, haben die Fische verschiedene Methoden entwickelt: Die einen haben dicke, fleischige Lippen, mit denen sie die Algenpolster abtasten, bevor sie die Nahrungstiere – wahrscheinlich mitsamt einem Algenpaketchen – aufnehmen. Einfach absaugen lassen sich die Bewohner der Algenpolster sicher nicht. Zu diesen dicklippigen Arten gehören *Cyrtocara euchilus* im Malawisee, *Lobochilotes labiatus* im Tanganjikasee und *Paralabidochromis chilotes* aus dem Victoriasee. Der Aquarianer sollte übrigens nicht die beiden guten Arten *Lobochilotes labiatus* (BOULENGER, 1898) mit *Paralabidochromis* (früher *Haplochromis*) *labiatus* (TREWAVAS, 1933) verwechseln. Die letzte Art wurde aus dem Eduard- und Georgsee beschrieben.

Nicht nur die sogenannten Wulstlippenbuntbarsche suchen in den Algenpolstern nach lebender Nahrung, doch sind die Methoden anderer Fische, an diese Nährtiere zu gelangen, anders. Bei ihnen haben sich im Verlauf der Entwicklung stilettartige, leicht nach innen gebogene Vorderzähne in Ober- und Unterkiefer gebildet, mit denen sie die Beute aus den Algen stochern. Zu ihnen gehören im Malawisee *Labidochromis vellicans*, dazu einige Vertreter der Gattung *Labidochromis*, aus dem Tanganjikasee der bodennah lebende Grundelbuntbarsch *Tanganicodus irsacae* und aus dem Victoriasee *Paralabidochromis victoriae*.

Raubfische gibt es in allen Biotopen, so natürlich auch in den tropischen Fischgewässern Afrikas. Es braucht hier sicher nicht extra erwähnt zu werden, daß auch diese Fische eine besonders angepaßte Körperform und entsprechende Gebisse entwickelt haben. Das Überwältigen der Beute kann dabei auf verschiedene Weise vor sich gehen: Zum einen durch simples Jagen, wobei es darauf ankommt, daß der Jäger schneller und stärker ist als die Beute. Eine weitere Möglichkeit besteht darin, das Opfer mit plötzlichem Vorstoß – etwa aus einem Versteck heraus – zu überwältigen. Die 3. Möglichkeit ist, eine List anzuwenden, sich beispielsweise totzustellen und dann den Fisch, der in dem scheinbar toten Tier eine leichte Beute sieht, seinerseits zu fangen.

Zu der Gruppe der erstgenannten gehören die gestreckten Arten mit großer Schwanzflosse. Sie vermögen ausdauernd schnell zu schwimmen, wie zum Beispiel die Vertreter der Gattung *Rhamphochromis*. Anders müssen es die »Bullen« machen: Sie sind nicht zu größeren Dauerleistungen imstande und müssen ihre Beute mit einer einzigen, plötzlichen Attacke fassen. Zu dieser Gruppe gehören Arten, wie sie den Gattungen *Serranochromis*, *Aristochromis* oder *Cyrtocara* (früher *Haplochromis*) angehören, wie *A. christyi*, *C. macrostoma*, *C. rostrata* und *S. robustus*.

Als eine zum Teil räuberische Nahrungsaufnahme muß man auch die sogenannten **Schuppenfresser** ansehen, die unterschiedliche Biotope bewohnen und sich durch eine stark differenzierte Bezahnung auszeichnen. Es ist bis heute nicht eindeutig festgestellt worden, warum die Fische diese Nahrung wählen und ob Schuppen und Flossenstücke einen (besonderen?) Nährwert haben. Bemerkenswert aber erscheint die Tatsache, daß man Vertreter dieser Fischgruppe in allen drei großen Seen Afrikas antrifft, allen voran die der Gattungen *Perissodus* im Tanganjikasee, *Genyochromis* im Malawisee und *Allochromis* im Victoriasee. Die Gebisse dieser Fische haben längere, meist kräftig nach innen gebogene Zahnreihen, die das Erbeuten der Schuppen erleichtern. Für die aquaristische Haltung im Gesellschaftsaquarium sind diese Fische somit gänzlich ungeeignet. Ich selbst habe Versuche gemacht, die diese Tatsache bestätigten, weil die Fische auch im Aquarium nicht von dieser Gewohnheit abgingen, obgleich sie auch das sonst angebotene (fleischliche) Futter nahmen.

Abschließend seien noch 2 Gruppen erwähnt, deren Vertreter man trotz Spezialisierung im natürlichen Lebensraum auch im Aquarium gut pflegen kann. Es sind erstens die Arten, die sich von frei im Wasser schwimmendem Zooplankton ernähren. Zu ihnen gehören im Malawisee die verschiedenen Arten der sogenannten Utaka-Gruppe (siehe MAYLAND »Der Malawi-See und seine Fische«, Landbuch Verlag), wie *Cyrtocara boadzulu, C. chrysonotus, C. jacksoni* und *C. trimaculata*. Um das feine Plankton aus dem Wasser filtern zu können, sind die Kiemen dieser Fische mit feinen Verästelungen versehen. Im Tanganjikasee hat *Limnochromis permaxillaris* eine solche Funktion übernommen und die Eigenschaft entwickelt, sein Maul »wie ein Scheunentor« weit öffnen zu können, um eine möglichst große Menge der feinen Nahrung zu erbeuten.

Blieben noch die **Weichtier-** oder **Schalentierfresser**, deren Nahrung aus Schnecken und Muscheln besteht. Um diese zu erbeuten, müssen die Fische vorher das Gehäuse öffnen bzw. zertrümmern. Sie sind daher mit einem besonders kräftigen Gebiß ausgerüstet, das starke Mahlzähne im Schlund und natürlich auch verstärkte Ober- und Unterkieferknochen aufweist. Zu diesen Vertretern gehören beispielsweise der viel gepflegte *Neolamprologus tretocephalus* aus dem Tanganjikasee, *Cyrtocara placodon* und *C. mola* aus dem Malawisee und eine Reihe von aquaristisch kaum bekannten Arten (Gattungen *Astatoreochromis* und *Labrochromis*) aus dem Victoriasee.

Fortpflanzungsbiologie

Die Vermehrung ihrer Aquarienfische ist für viele Aquarianer ein besonderes Anliegen. Ob sie es nun aus reiner Freude an den verschiedenen Beobachtungen allein tun oder dabei auch einen kommerziellen Hintergrund sehen, sei dahingestellt. Nur: Wer seine Fische zur Nachzucht bringen will, muß sich nicht nur mit der Qualität des Wassers und des Futters befassen. Er muß vielmehr »ein Händchen« dafür haben oder sich aneignen, auf welche Weise sich die Fische vermehren und vor allem, was zu tun ist, wenn sie ihm diesen »Gefallen« nicht tun. So etwas fängt bereits bei der Paarbildung an. Sind die Fische noch sehr jung, kann man die Geschlechter nicht erkennen, und es ist nicht damit getan, zum Händler den oft belächelten Satz zu sagen: »Bitte geben Sie mir ein Pärchen.« Oft wird man keine Antwort geben und 2 Tiere einpacken. Man sollte dann mehrere Tiere nehmen, um später Männchen und Weibchen genau unterscheiden zu können.

Geschlechtsdimorphismus

Unter diesem Zungenbrecher versteht man die äußere geschlechtliche Verschiedenheit oder Zweigestaltigkeit. Man findet sie nicht bei allen Fischen. Bei vielen im Schwarm lebenden Tieren haben die meisten Fische ein einheitliches Aussehen, bei anderen zeigt nur das Alphatier (= das in der Rangordnung an 1. Stelle stehende) die oft beschriebenen Prachtfarben, und andere, auch geschlechtsgleiche Tiere müssen sich mit einem normalen Farbkleid (das die Unterlegenheit wiedergibt) zufriedengeben.

Unterschiede im Geschlecht der Buntbarsche kann man an verschiedenen Dingen erkennen: an der Körperform, an der Färbung oder an der Beflossung. Hinzu kommen Merkmale, die weniger beachtet werden, weil sie nur zu einem bestimmten Zeitpunkt erkennbar sind, wie etwa die Legeröhre bei den weiblichen Tieren und die Geißel, ein männliches Befruchtungsorgan bei einigen Arten der Tilapien (Gattung *Oreochromis*).

Zur Körperform gehören erstens die Größenverhältnisse der Geschlechter zueinander: Oft werden die Männchen größer als die Weibchen; in anderen Fällen ist es umgekehrt. Weibliche Tiere können eine grundsätzlich rundere, fülligere Körperform haben, und schließlich bekommen viele Männchen mit zunehmendem Alter einen mehr oder weniger ausgeprägten Stirnhöcker. Beispiele dafür sind die *Julidochromis*-Arten aus dem Tanganjikasee und die der Gattung *Steatocranus* aus Westafrika.

Können sich Geschlechtsunterschiede auch in Farben ausdrücken? Sie können! Wenn auch nicht bei allen Fischen. Man denke nur an die westafrikanischen Zwergbuntbarsche der Gattungen *Pelvicachromis* und *Nanochromis*, bei denen die weiblichen Tiere oft viel bunter sind, weil sie einen bläulichen, grünlichen, blauvioletten oder purpurroten Bauch bekommen, wenn die Geschlechtsreife eintritt. Wie bei den südamerikanischen *Apistogramma*-Arten sind auch bei ihnen die Weibchen kleiner, geben sich im Verhalten den Partnern gegenüber keinesfalls unterlegen.

Bei vielen, wenn nicht bei den meisten Cichliden sind die männlichen Tiere kräftiger gefärbt und haben darüber hinaus auch die ausgeprägtere Beflossung. So erkennt man beispielsweise die dominierenden Männchen aller Malawisee-Cichli-

den an ihrem intensiven Farbkleid, auch wenn die Weibchen nicht jeder Art so sehr bescheidene Farben tragen wie etwa die der Gattung *Aulonocara*. Denken wir nur an die verschiedenen *Pseudotropheus*- und *Melanochromis*-Arten, deren weibliche Tiere (zum Beispiel *M. auratus*) eine schöne Musterung, verbunden mit einem attraktiven Farbkleid, aufweisen.
Der Geschlechtsdimorphismus hat sich bei einigen Arten sogar weiterentwickelt zu einer Polychromie, einer Verschiedenfarbigkeit, die darauf schließen läßt, daß hier die Evolution in vollem Gange ist und sich früher oder später neue Arten entwickeln (*Pseudotropheus zebra, Tropheus moorii*).
Bei vielen Cichliden lassen sich die Geschlechter einwandfrei an der Form der Enden von Rücken- und Afterflosse erkennen. Diese Art der geschlechtlichen Unterscheidung wendet man dann bei Buntbarschen an, wenn eine farbliche Identifizierung der Geschlechter oder solche nach der Körperform nicht möglich ist. Sie ist bei den meisten Afrikanern nicht nötig, eher bei amerikanischen Buntbarschen, weil die übrigen Merkmale hier ausreichen. Bei der geschlechtlichen Bewertung der Flossen achte man auf die zugespitzten (=♂♂) oder abgerundeten (=♀♀) Enden von Rücken- und Afterflosse, falls in anderer Beziehung Unklarheit herrscht.

Balzverhalten und Partnerbindung

Es wurde bereits erwähnt, daß afrikanische Cichliden über eine breite Palette im Fortpflanzungsverhalten verfügen. Andererseits sind die an starke Territoriumssicherung gebundenen meisten Cichliden beiderlei Geschlechts sehr aggressiv. Das Revier oder Territorium wird besonders gegenüber Artgenossen verteidigt und in unterschiedlicher Weise abgegrenzt. Darüber hinaus wird das Revier ständig überwacht und jeder unerwünschte Eindringling vertrieben. Revierkämpfe sind daher keine Seltenheit und gehören fast schon zur Tagesordnung. In vielen Fällen dienen sie auch der Stabilisierung der Grenzen.

Die Balz ist nichts anderes als eine Werbung. Die Wissenschaft spricht auch von einer Balzkette, einer Handlungskette im Rahmen der Balz, die letztlich der Fortpflanzung dient. Es ist eine Folge von Verhaltensabläufen, die den Fischen einprogrammiert sind: Ein Frage- und Antwortspiel der Bewegungen, und nur, wer die richtige Antwort auf eine Frage gibt, hat die Möglichkeit, eine weitere Frage gestellt zu bekommen.
Solche Ketten von aufeinanderfolgenden Einzelhandlungen, die oft auch mit Umstellungen im Farbmuster der Tiere einhergehen, setzen die Paarbildung in Gang. Im weiteren Verlauf werden die Partner enger miteinander vertraut, die Abstimmung bzw. Synchronisation der Tiere aufeinander folgt, damit die Begattung und dadurch Befruchtung mit der vorausgegangenen Eiabgabe zum richtigen Zeitpunkt abläuft. Meist werben die Männchen um die Weibchen, aber nicht immer sind die männlichen Tiere die aktiveren Partner bei der Werbung.
Bei Fischen, die üblicherweise kein festes Revier bilden, sorgen Umweltfaktoren für eine Beeinflussung der Tiere zur Paarung. Bei solchen Faktoren kann es sich um einsetzenden Regen (Wasser wird kühler und weicher) handeln, nach dem sich der Lebensraum der Fische für einen bestimmten Zeitraum durch Überschwemmungen vergrößern kann. Der Einfluß der Sonne, wie wir ihn für die Fauna der subtropischen und gemäßigten Zonen unserer Erde kennen, dürfte für die (fast) gleichmäßigen Helligkeitsabläufe in den Tropen zumindest insofern keine Rolle spielen, wenn man die Länge der Tage zugrunde legt.
Fische, deren Fortpflanzungsverhalten von Umweltfaktoren abhängig ist, suchen sich ihre Partner erst, wenn das artspezifische Suchverhalten ausgelöst wird, das man auch als Trieb bezeichnen kann. Ein solches Appetenzverhalten, wie es die Verhaltensphysiologen nennen, sucht nach einer auslösenden Reizsituation, die schließlich mit einer Triebbefriedigung endet. Mit der Partnerbildung folgt dann auch, oft nur für die Dauer eines einzelnen Fortpflanzungsvorganges, eine Revierbildung.

Bereits mit zunehmender Bereitschaft der Tiere, eine Partnerschaft miteinander einzugehen, setzt bei den Weibchen die Eireife ein. Die angeborenen Verhaltensabläufe bei der Partnerbildung verfolgen auch den Zweck, die Arten rein zu erhalten, das heißt eine Vermischung mit Tieren anderer Arten (und anderem Verhaltensprogramm!) zu verhindern.
Die Bindung der Partner aneinander kann sehr unterschiedlich sein. Man kennt länger anhaltende Partnerschaften und solche, die die Tiere eben nur zum Zwecke der Eibefruchtungen zusammenführt. Letztes kennen wir von vielen Maulbrütern, bei denen die Männchen innerhalb eines kurzen Zeitraums die Gelege mehrerer Weibchen befruchten können.
Die Spermaabgabe der männlichen Tiere hat dann viel Geheimnisvolles, wenn es sich um Maulbrüter handelt. Bei ihnen nimmt fast immer das Weibchen das Gelege in den Kehlsack – noch bevor es befruchtet werden konnte! Eine der wenigen Ausnahmen bildet der ovophile Maulbrüter (ovophile Maulbrüter nehmen die Eier in einem Zeitraum zwischen der Eiablage und dem Schlupf der Larven ins Maul) *Chromidotilapia guentheri*, bei dem das männliche Tier die Eier nach der Befruchtung ins Maul nimmt. Da stellt sich die Frage: »Wie kommt es im Maul des Weibchens zur Befruchtung?«
Es hat verschiedene Theorien gegeben, an deren völliger Richtigkeit jedoch Zweifel angebracht sind. Vielleicht liegt des Rätsels Lösung irgendwo in der Mitte. Die bekannteste ist die Eiflecktheorie, der man vom optischen Eindruck her eine gewisse Logik nicht absprechen kann: Das Weibchen legt die Eier auf einem Substrat (Stein oder ähnliches) ab und nimmt sie gleich darauf ins Maul, womit es sie in Sicherheit bringt. Da des öfteren einige Eier nicht am Substrat haften, unternimmt das Tier nach Beendigung der Eiabgabe noch einmal eine »Suchaktion« nach Eiern, die noch aufzunehmen wären. Während dieser Zeit hat der Partner, der seine schönsten Farben zeigt und alle Flossen spreizt, aus unmittelbarer Nähe zugesehen und präsentiert dem suchenden Weibchen nun seine mit »Eiflecken« versehene Afterflosse. Kommt das Maul der Partnerin in die Nähe der Analzone, um nach den vermeintli-

chen Eiern zu schnappen, so gibt das Männchen eine Spermawolke ab, die vom Maul des Weibchens aufgesogen wird. Damit sind die Eier befruchtet.
Diese Theorie kann so lange Gültigkeit haben, wie die Afterflosse des männlichen Tiers mit »Eiflecken« versehen ist. Aber erstens zeigen auch die Anale weiblicher Tiere zuweilen diese Flecke, und zweitens funktioniert die Befruchtung auch durch Männchen, die keine Eiflecke haben. Sicher kann man den Eiflecken ihre Signalfunktion nicht absprechen. Es muß aber noch ein weiterer Triebfaktor dazukommen; denn Versuche haben gezeigt, daß die Befruchtung ebenfalls funktioniert, wenn man den männlichen Tieren den die Eiflecke tragenden Teil aus der Flosse herausschneidet.

Brutverhalten

Das Verhalten, das die Tiere bei der Pflege ihrer Nachkommen zeigen, nennt man Brutverhalten. Die Fürsorge der Eltern oder eines Elternteils dient allein den Kindern. Sie beginnt mit dem Befächeln der Eier, pflanzt sich fort mit dem möglichen Auskauen der Larven aus den Eihüllen und dem Umbetten der noch nicht schwimmfähigen Jungen. In der oft feindlichen Umwelt müssen die Jungen besonders aufmerksam bewacht werden, sobald sie schwimmfähig geworden sind. Ausreißer, die sich in »unerlaubte« Reviere verirren, werden bald zu kleinen, schmackhaften Beutetieren anderer Fische.
Ebenso gilt das Hüten und Behüten der Jungen durch die Eltern oder ein Elterntier auch der Umgebung der Brutstätte – ob im Aquarium oder im natürlichen Lebensraum.
Dieser Schutztrieb kann bereits sehr früh einsetzen. In solchen Fällen – besonders wenn die Brutpflege allein von einem Elternteil übernommen wird – kommt es dann zur schnellen Vertreibung des Fortpflanzungspartners. Bekannt für ihre Rauhbeinigkeiten sind hier die Zwergbuntbarsche *Nannacara anomala* aus Südamerika: Sobald das Gelege befruchtet ist, vertreiben die Weibchen bissig die männlichen Tiere. Es ist dabei

schon häufig zu tödlichen »Unfällen« gekommen, wenn beispielsweise das Zuchtaquarium zu klein war, so daß sich das Männchen den Attacken seiner Partnerin nicht weit genug durch die Flucht entziehen konnte und die vielen Rammstöße, die zu inneren Blutungen führen können, nicht überlebte.

Nach ihrem Pflegeverhalten vor und nach dem Schlüpfen der Larven unterteilt man die Cichliden in **Mutter-**, **Vater-** und **Elternfamilien** – je nachdem, welches Tier die direkte Brutpflege übernimmt. In vielen Fällen sind es beide Eltern, dann spricht man von einer Elternfamilie. Die Brutpflege besteht nicht allein darin, die Jungen, wenn sie erst einmal geschlüpft und schwimmfähig sind, unmittelbar im Zentrum des Reviers zu beschützen, sondern ein Elternteil – auch während er nach Nahrung sucht – übernimmt dann den Schutz des Revierumfeldes im weiteren Sinne.

Eine weitere Unterteilung wird nach der Form der Brutpflege bzw. Eiablage gemacht. Hier unterscheiden sich Offenbrüter, Versteckbrüter und Maulbrüter.

Größe und Zahl der Eier sind von Art zu Art verschieden; zudem kann die Gelegegröße vom körperlichen Zustand des Weibchens abhängen. Das spätere Brutverhalten – Offen-, Versteck- oder Maulbrüten – spielt jedoch ebenfalls eine Rolle: Fische, deren Brut der größten Gefahr ausgesetzt sind, setzen die größten Eimengen ab. Maulbrütende Arten, die, umgekehrt, den bestmöglichen Schutz für die Nachkommen bieten, haben dagegen relativ geringe Eizahlen. Dazu sind die Eier vieler Arten verhältnismäßig groß, so daß die Jungfische, wenn sie das Maul der Mutter verlassen, schon recht weit entwickelt sind.

Offenbrüter

Offenbrüter heften ihre Gelege auf Steine, Blätter und harte Holzteile, die vorher peinlich genau gesäubert werden. Weil die Gefahr für die Nachkommen hier am größten ist, muß das Gelege die meisten Eier enthalten, um eine Verlustquote auszugleichen. Freßfeinde haben bei solchen Gelegen die größte Chance – besonders während der Nacht –, ihre Beute zu holen.

Oben links:
Nanochromis transvestitus ♀

Oben rechts:
Pelvicachromis taeniatus ♀ »Kienke«

Mitte links:
Steatocranus casuarius, ♂ oben

Mitte rechts:
Steatocranus irvinei, Portrait ♂

Unten:
Pseudocranilabrus philander dispersus ♂

Unter den Buntbarschen gehören sie wegen dieses Fortpflanzungsverhaltens nur selten zu den beliebten Aquarienfischen. Warum?
Lassen sich Fische leicht zur Nachzucht bringen, und ist dazu noch die Rate ihrer Nachkommen recht hoch, so haben die meisten Aquarianer bald die Lust an ihnen verloren. Und das besonders dann, wenn die Fische farblich nicht sonderlich attraktiv sind oder zu den »Kloppern« gehören, zu den Arten also, die man im Gesellschaftsaquarium zu den Störenfrieden rechnen muß, weil sie entweder stark wühlen oder ruppig und streitsüchtig, wenn nicht gar als Fischfresser verrufen sind.
Zu solchen Offenbrütern gehört eine Reihe von Tilapien (Gattung *Tilapia* aus Westafrika), die Vertreter der Gattung *Hemichromis* sowie die der bisher monotypischen Gattung *Anomalochromis* GREENWOOD, 1985, früher bekannt als *Pelmatochromis thomasi*. Hinzu kommen noch die beiden (?) Arten der Gattung *Thysia*.
Man muß bei all diesen Arten im Verhalten während und außerhalb der Fortpflanzung differenzieren. *Anomalochromis thomasi* und *Thysia ansorgii* gehören zu den ruhigeren Fischen, die man dann bereits als scheu ansehen muß, wenn sie im Aquarium nicht die richtige Gesellschaft haben. *Hemichromis*-Vertreter sind stets mit Vorsicht in ein Gesellschaftsaquarium einzubringen. *H. elongatus* und *H. fasciatus* sind nicht nur während der Brutzeit ruppig. *H. bimaculatus*, *H. lifalili* und *H. paynei* werden mit der Verpaarung territorial, bilden also ein Revier, und ihr bis dahin möglicherweise ruhiges Verhalten schlägt schnell in starke Aggressivität um. In Becken mit solchen Fischen müssen daher zumindest viele Verstecke vorhanden sein.
Tilapien werden für die meisten Aquarien zu groß. Zu ihnen gehören allemal *Tilapia buettikoferi*, die Zebratilapie, deren Jungfische sehr schön vertikal gestreift sind (30 cm lang). Fast so groß können Exemplare von *T. rendalli* (= Rotbrusttilapie) werden, die in letzter Zeit als Jungtiere angeboten werden. Höchstens halb so groß werden die beiden Westafrikaner *T. kottae* aus Kamerun und *T. joka* aus Sierra Leone.

Versteck- oder Höhlenbrüter
Versteckbrüter, von denen wir eine große Zahl besonders aus dem Tanganjikasee kennen, verstecken ihre Eier, um sie während der Entwicklungszeit möglichst sicher zu deponieren. Ein solches Versteck kann eine kleine Höhle sein oder auch eine enge Spalte zwischen Steinen. Dabei wird das Gelege meist nicht am Boden angeheftet, sondern die klebefähigen Eier werden von Weibchen an einen möglichst schwer auffindbaren Platz im Versteck angehängt. In einer Höhle ist das sehr oft die Decke. Fast alle Klein- oder Zwergbuntbarsche gehören dieser Gruppierung an, darunter auch die sogenannten Schneckenbuntbarsche aus dem Tanganjikasee, deren Weibchen ihre Gelege im Inneren der Windungen des (*Neothauma*-) Gehäuses ablegen. Die Kunst der Männchen ist es, obgleich sie in einigen Fällen zu groß für das Haus werden, für eine gute Befruchtung des Geleges Sorge zu tragen. Sie drücken aus diesem Grund eine Spermawolke in das Gehäuseinnere.

War es noch bei der vorgenannten Gruppe der Offenbrüter möglich, die bekanntesten Aquarienfische beim (Gattungs-) Namen zu nennen, so macht ein solcher Versuch bei den Versteck- oder Höhlenbrütern wesentlich mehr Mühe. Nach meiner Erfahrung bevorzugen auch viele, als Offenbrüter bezeichnete Arten Verstecke, soweit diese vorhanden sind. Bei aquaristischer Haltung ist dies eher möglich als im natürlichen Lebensraum der Tiere. Das gilt für die mittelamerikanischen »Bullen« der Cichlasominen ebenso wie für eine Reihe von Tilapien. Da jedoch Verstecke in den Biotopen des Tanganjikasees oft in Hülle und Fülle vorhanden sind, müßte man diese meist klein bleibenden Arten als »falsch programmiert« ansehen, würden sie diesen Schutz für die Nachkommen nicht nutzen.

Neben den kleineren und mittelgroßen Cichliden aus dem Tanganjikasee – soweit es sich nicht um Maulbrüter handelt – gehören auch viele westafrikanischen Arten der Gruppe der Versteck- oder Höhlenbrüter an, so die der Gattungen *Nanochromis*, *Pelvicachromis* wie auch die Stromschnellencichliden der Gattungen *Steatocranus* und *Teleogramma*; dazu kommen

noch die Kongo-Grundcichliden der Gattung *Lamprologus*, die auch nach der Revision ihre Gattungszugehörigkeit behalten haben.
Innerhalb der Versteck- oder Höhlenbrüter kann man wieder nach dem Brutpflegeverhalten unterteilen (Mutter-, Vater- oder Elternfamilie).

Maulbrüter
Maulbrüter stellen mit ihrem Brutverhalten die derzeit höchste bekannte Entwicklungsstufe dar, um einen optimalen Schutz für die Nachkommen zu gewährleisten. So sind zum Beispiel inzwischen alle Buntbarsche im Malawisee zu diesem Brutverhalten übergegangen – wahrscheinlich ein Ergebnis, das in der hohen Populationsdichte begründet ist. Wenn man das Maulbrüten einmal aus der Sicht des Beschützens der Brut betrachtet, könnte man auch diese Fische in die Gruppe der Versteckbrüter ordnen.
Über das Maulbrutverhalten ist bereits viel geschrieben worden. Beim Thema »Balzverhalten und Partnerbindung« wurden hier die Eibefruchtungen im Maul der Mutter und die Wahrscheinlichkeit der Eifleckheorie kurz erörtert. In einer Reihe von Entwicklungsstadien kann man davon ausgehen, daß sich Artgruppen, die früher ihre Nachkommen nach Art der Offen-, Versteck- oder Höhlenbrüter herangezogen haben, im Verlauf eines längeren Zeitraums auf das Maulbrüten umstellen. Man spricht bei diesen Arten noch von larvophilen Maulbrütern (ein afrikanisches Beispiel ist *Chromidotilapia batesii*). Im Gegensatz zu den ovophilen Maulbrütern nimmt bei diesen das brutpflegende Elterntier die Eier nicht bald nach der Ablage ins Maul, sondern erst, nachdem die Larven geschlüpft sind.
Zu den Maulbrütern gehören alle Buntbarsche aus dem Malawisee. Ferner eine Reihe aquaristisch gut bekannter Cichliden auch aus dem Tanganjikasee, allen voran die Vertreter der Gattung *Tropheus,* aber auch die Heringscichliden der Gattung *Cyprichromis*, ferner von *Cyathopharynx, Cyphotilapia, Ophthalmotilapia, Petrochromis* sowie die Grundelbuntbar-

sche der Gattungen *Eretmodus, Spathodus* und *Tanganicodus*. Maulbrüter, die nicht aus den zentralafrikanischen Seen stammen, gehören in erster Linie den Tilapien (Gattungen *Oreochromis* und *Sarotherodon*) an, darunter so bekannte Arten wie *O. mossambicus, O. grahami* und *O. karomo*. Aus der großen Gruppe der Haplochrominen seien *Haplochromis obliquidens* wie *Pseudocrenilabrus multicolor* und *P. philander dispersus* erwähnt, aus Westafrika die meisten Vertreter der Gattung *Chromidotilapia*, unter denen, wie erwähnt, *C. batesii* eine Sonderstellung einnimmt.

Anmerkungen zur Nomenklatur

In den letzten Jahrzehnten ist die Nomenklatur, die Namensgebung in der Zoologie, in stärkere Bewegung geraten als in der Zeit davor. Sicher auch ein Ergebnis besserer Reisemöglichkeiten und verbesserter Untersuchungsmethoden durch moderne Geräte. Revisionen sind in der Zoologie meist mit neuen Namen verbunden: Entweder werden alte Namen von Gattungen und Arten zu neuem Leben erweckt, oder es kommt zu sogenannten Erstbeschreibungen von bisher wissenschaftlich nicht beschriebenen Arten bzw. zur Aufstellung neuer Gattungen.

Neue Namen sollen in der Zoologie Ordnung schaffen. Da es jedoch (leider) im zoologischen Handel nicht ohne Namen geht, hat es sich eingebürgert, bisher nicht mit wissenschaftlichen Namen belegte »neue« Fische trotzdem zu benennen – mit sogenannten Händlernamen. Diese sollten stets in Anführungszeichen geschrieben werden.

Einige Wissenschaftler gingen im Rahmen einer Teilrevision dazu über, andere als die bearbeiteten Gattungsgruppen auszuklammern und für sie den seither gehabten Gattungsnamen einzuziehen – also für ungültig zu erklären. Ein Beispiel dafür sind die früher unter dem Namen *Haplochromis* geführten Buntbarsche aus dem Malawisee. Nun sind diese Arten nicht etwa ohne Gattungsnamen, denn die internationalen Nomenklaturregeln sagen aus, daß in einem solchen Fall der älteste verfügbare Gattungsname gültig ist. Das ist in diesem Fall *Cyrtocara* BOULENGER, 1902 (für *C. moorii*). Heute werden Stimmen laut, daß dieser Name wohl nicht geeignet wäre, und es sei unklug, ihn zu verwenden, weil dieser Gattungsname zwar rechtens sei, doch die *Cyrtocara* wohl monotypisch bliebe (LOISELLE, 1985). Da mag der Autor nicht Unrecht haben – nur: Was nützen uns Regeln von Wissenschaftlern, wenn diese von denen, die sie schufen, nicht beachtet werden? Es ist jedem Insider klar, daß der Gattungsname *Cyrtocara* für den gesamten *Haplochromis*-Komplex der Malawisee-Cichliden nur eine vorübergehende Lösung sein kann. Vorübergehend aber mag vielleicht heißen: für 20 oder 30 oder noch mehr Jahre. Falls wir nun in Zukunft den Namen *Haplochromis* ersatzweise in Anführungszeichen schreiben, dazu vielleicht noch die Gattungsnamen *Cichlasoma* und *Aequidens* ebenso, welcher Zoohändler soll sich denn da noch auskennen? Ein Verwirrspiel, mit dem nicht nur Zoohändler nichts anzufangen wissen.

Deutsche Namen sind in vielen Fällen ebenso fragwürdig, nämlich dann, wenn sie sich im Grunde als unsinnig herausgestellt haben und es viele Arten gibt, deren Vertreter mit diesem Namen belegt werden könnten (Beispiele: Blaupunktbuntbarsch, Fünffleckbuntbarsch, Buckelkopfcichlide, Gelber Maulbrüter, Vielfarbiger Maulbrüter und andere mehr).

Von diesen Bezeichnungen einmal abgesehen, sollten sich die Autoren endlich darüber einigen, daß ein Barsch nicht in die Familie der Buntbarsche gehört, und es somit keine Schneckenbarsche und Schmalbarsche im Tanganjikasee geben kann, es sei denn, man meint damit einen jungen schlanken *Lates*, der sich zufällig (?) in ein Schneckenhaus verirrt hat. Bei ihm handelt es sich tatsächlich um einen Barsch, aus einer Gattung, deren Vertreter 1 m und länger werden können und die nichts anderes im Sinn haben, als Fische zu fressen.

Aquarianer, die der verschiedenen Namen nicht besonders kundig sind, sollten im Zweifelsfall die Hilfe eines Buches oder einer Zeitschrift in Anspruch nehmen, in denen Fotos oder

Zeichnungen mit dem gewünschten Namen gepaart sind. Nur so gehen sie sicher, den richtigen Fisch zu erwerben.
Aquaristik ist ein Teil der Zoologie und der Biologie. Bio heißt Leben, und Leben verändert sich – nicht von einem Tag auf den anderen! Wer sich aber einmal mit der Evolutionslehre beschäftigt hat, und sei es nur aus allgemeinem Wissensdurst, der weiß, daß sich Leben einem ständigen Auslesekampf stellen und entsprechend anpassen muß, sich verändert. Wie sagte der berühmte englische Naturforscher Charles Darwin in der Einleitung seines Werkes über die Entstehung der Arten? »Ich bin vollkommen überzeugt, daß die Arten nicht unveränderlich sind; daß die zu einer sogenannten Gattung zusammengehörigen Arten in direkter Linie von einer andern gewöhnlich erloschenen Art abstammen, in der nämlichen Weise, wie die anerkannten Varietäten irgendeiner Art Abkömmlinge dieser Art sind. Endlich bin ich überzeugt, daß die natürliche Zuchtauswahl das wichtigste, wenn auch nicht das ausschließliche Mittel zur Abänderung der Lebensformen gewesen ist.«
Der Autor schrieb diese Sätze vor mehr als hundert Jahren, nämlich 1859, und wir wissen heute, daß seine Theorien keine reinen Hypothesen gewesen sind. So gibt es gerade bei Arten, deren Weiterentwicklung in vollem Gange ist, eine Vielzahl von Varietäten oder Farbformen, denken wir nur allein an die Vertreter der Gattungen *Pseudotropheus* aus dem Malawisee oder *Tropheus* aus dem Tanganjikasee.

Gattungen und Arten

Es gibt in Afrika mehrere hundert Buntbarscharten, von denen verständlicherweise nur die bekanntesten in diesem kleinen Buch Erwähnung finden können. Zudem sollen jedoch auch einige Neuimporte aus der Gruppe genannt werden, die wissenschaftlich noch nicht beschrieben und daher mit einem Händlernamen belegt wurden. Dieser Name wird dann hier in Anführungszeichen gesetzt. Er ist nicht endgültig und gilt als Orientierungshilfe nur so lange, bis ein wissenschaftlicher Name (nach den internationalen Nomenklaturregeln für die Zoologie) geschaffen worden ist.

Westafrikanische Arten

Anomalochromis
Ein Offenbrüter gehört seit Jahrzehnten zu den Lieblingsfischen vieler Aquarianer. Vor beinahe 2 Jahrzehnten revidierte THYS die Gattung *Pelmatochromis*, beließ aber *P. thomasi* vorerst darin. Nun hat sich GREENWOOD (1985) der Sache angenommen und stellte die Art in die neugeschaffene Gattung *Anomalochromis*, so daß wir heute von *A. thomasi* sprechen müssen.

A. thomasi lebt in Sierra Leone und Liberia (Westafrika) und

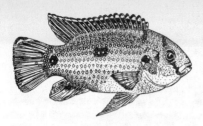

Anomalochromis thomasi ♀

kommt häufig in Rinnen und Läufen vor, die meist sehr weiches und saures Wasser führen, das außerdem recht klar und sauerstoffreich ist. Zur Haltung genügt ein Becken von 80 bis 100 cm Länge – es kann jedoch auch noch etwas größer sein. Obwohl Offenbrüter, lieben auch diese Fische Verstecke wie einige flache Steine am Boden, die den Weibchen bei der Zucht als Substrat für ihr Gelege dienen können. Ein Gelege kann 250–300 Eier bringen. Die Nachkommen werden während ihrer Entwicklung von beiden Eltern betreut (Elternfamilie). Sind die Alttiere noch unerfahren, kann es zum Verspeisen der Eier kommen. Sobald die Larven sich zu schwimmfähigen Jungfischen entwickelt haben, müssen sie gefüttert werden. Dazu verwendet man in erster Linie Artemialarven, doch macht auch das Anfüttern mit TabiMin kaum Schwierigkeiten, wenn schon die Eltern diese Nahrung kennen- und schätzengelernt haben.

Chromidotilapia
In der Gattung *Chromidotilapia* wurde ein gutes Dutzend Arten wissenschaftlich beschrieben, darunter auch die aquaristisch etwas näher bekannt gewordenen *C. batesii*, *C. finleyi* und *C. guentheri*. Von den meisten Arten gibt es geographische Farbvarianten, von *C. finleyi* gleich deren drei.
Alle kann man zu den Maulbrütern rechnen, wenngleich *C. batesii* als larvophile Art eine Sonderstellung in diesem Brutverhalten einnimmt.
Sie leben in wasserreichen Gebieten Westafrikas, etwa von Elfenbeinküste bis Gabun – eine Art, *C. schoutedeni*, deren Zugehörigkeit zu dieser Gattung in Frage gestellt wird, stammt

Chromidotilapia batesii ♂

Chromidotilapia finleyi ♀

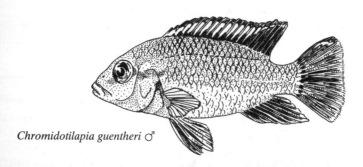

Chromidotilapia guentheri ♂

aus einem Gebiet im oberen Zaire-Fluß (oberer Kongo = Lualaba), doch konnten die Tiere bisher nicht lebend eingeführt werden. Die Wasserwerte in diesen Gebieten sind weich bis sehr weich und sauer bis ziemlich sauer.

Es handelt sich um Tiere mit einer Länge zwischen 10 und 20 cm, denen man ein Aquarium von mindestens 120–140 cm anbieten muß. Das Becken wird mit kalkfreiem Bodengrund

(Feinkies mit etwa 2 mm Körnung) und entsprechenden Steinen, Wurzeln und vielen Pflanzen eingerichtet. Da die Fische zuweilen die Steine unterwühlen, sollen diese direkt auf die Bodenplatte des Beckens gegeben werden. Klares Wasser wie in den Heimatbiotopen soll stets selbstverständlich sein.

Manche Tiere werden Artgenossen gegenüber dann unverträglich, wenn sich bereits eine Partnerschaft gebildet hat. Man soll die überzähligen artgleichen Exemplare entfernen. Anders dagegen verhält es sich mit Tieren aus anderen Gattungen. Sie tragen nicht nur zur Belebung eines solchen Beckens bei, sondern sorgen auch dafür, daß die Chromidotilapien mangels Gesellschaft nicht zu scheu werden.

Wenn man *Chromidotilapia*-Arten einmal genauer anschaut, so kann man, zumindest den Vertretern einiger Arten, eine Ähnlichkeit im Habitus mit den südamerikanischen *Geophagus*-Arten nicht absprechen. Betrachtet man ferner ihr nahrungssuchendes Verhalten im Aquarium, so wird diese Empfindung bestätigt: Die Afrikaner nehmen gern Teile des Bodengrunds ins Maul, um sie nach Nahrungspartikeln suchend durchzukauen. Sie nehmen zwar gern, wie die meisten Cichliden, auch Trockenfutter, ziehen aber fleischliche Kost jeder anderen Futterart vor.

Hemichromis

Bis vor wenigen Jahren waren nur wenige Vertreter der Gattung *Hemichromis* bekannt. Mit der Revision von LOISELLE (1979) hat sich das geändert, denn der Autor beschrieb einige neue Arten, zu denen noch einige Neubeschreibungen anderer Autoren kamen. Man kann das knappe Dutzend der heute namentlich bekannten *Hemichromis*-Arten in 2 Gruppen aufteilen: den Fasciatus- und den Bimaculatus-Komplex. Zum ersten gehören die 3 Arten *H. fasciatus*, *H. elongatus* und *H. frempongi*. Dem 2. Komplex gehören die Vertreter der sogenannten Roten Cichliden an: *H. bimaculatus*, *H. lifalili*, *H. cristatus*, *H. letourneauxi*, *H. paynei* und ein paar weniger bekannte Arten.

Aquaristisch sind *H. fasciatus* und der farblich schönere *H.*

elongatus durch eine Reihe von Publikationen bekannt geworden. Wer sich diese Fische anschaffen möchte, sollte jedoch wissen, daß es sich um räuberisch lebende, also fischfressende Arten handelt. Das erkennt man schon am leicht vorgeschobenen Unterkiefer der Tiere. Die Verbreitung dieser Arten in afrikanischen Gewässern ist weit: von Gambia über fast alle küstennahen Gebiete bis nach Angola. Darüber hinaus sind auch Nachweise von Vorkommen des *H. fasciatus* im ganzen Niger, der Zentralafrikanischen Republik und selbst im Sambesi und dem Karibastausee (Grenze Sambia/Simbabwe) erbracht.

H. fasciatus kann bis zu 30 cm lang werden, *H. elongatus* bleibt mit 15–18 cm wesentlich kleiner. Der letzte unterscheidet sich bei ähnlicher Fünffleckzeichnung durch seine gestrecktere Körperform, seinen grünlicheren Körperglanz sowie den rötlichen Saum an der Rückenflosse und einer farblich gleichen Zone am oberen Bogen der Schwanzflosse. Haltung nur in größeren Becken ohne kleinere Fische! Auch gleich große Mitbewohner können gelegentlich attackiert werden. Wehrhaft müssen alle sein! Zucht des Offenbrüters möglich. Bei nicht zu kleinen Weibchen (Geschlechtsreife ab etwa 8 cm Länge) können die Gelege 400–500 Eier umfassen.

In früherer Zeit kannte man die Roten Cichliden alle unter dem Sammelbegriff *H. bimaculatus*. Für die schönsten, weil leuchtendrot gefärbten Tiere gilt heute der neue Artname *H. lifalili*, wogegen *H. bimaculatus* für eine Spezies vorbehalten blieb, deren Vertreter hauptsächlich eine kräftig rote Kehle (Weibchen auch mit roter Bauchpartie) zeigen, während der übrige Körper mehr lehmbeige ist.

H. paynei ist im gesamten Erscheinungsbild gedrungener und hat eine durchweg grünliche Körper- und Kopffärbung, doch können die Fische stimmungsbedingt auch etwas Rot »zulegen«.

Alle 3 Arten findet man häufig im Angebot des zoologischen Handels. Auch diese Fische sollte man nicht mit empfindlichen oder kleineren Fischen zusammen halten.

Für diese Arten soll ein Becken eine Größe haben, die 120–140

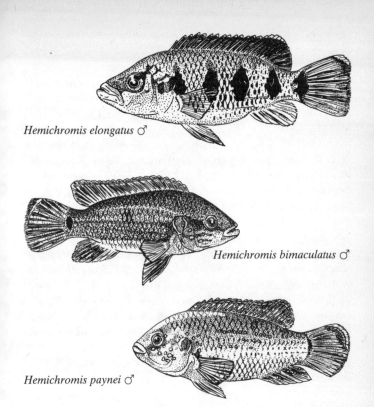

Hemichromis elongatus ♂

Hemichromis bimaculatus ♂

Hemichromis paynei ♂

cm nach Möglichkeit nicht unterschreitet. Die Tiere wachsen zwar nicht weit über 10 cm Länge hinaus, sind aber – besonders während der Brutzeit – um so aggressiver, je enger ihr Lebensraum ist. Es scheint geraten, für viele Verstecke zu sorgen, da es immer einmal zu Streitigkeiten und anderen Reibereien kommen kann. Der Aquarienhintergrund kann ausreichend bepflanzt werden, weil sich Rote Cichliden den Gewächsen gegenüber »anständig« benehmen.

Die Zucht ist eine interessante Sache, da beide Eltern aufopfernde Pfleger sind. Die Eier, vom Weibchen meist an einem einsehbaren Platz im Aquarium nach üblichem Putzen abgegeben, entwickeln sich – wärmebedingt – in 42–50 Stunden. Sind die Larven geschlüpft, muß man noch weitere 5 Tage bis zum Freischwimmen warten. Nun sind die Eltern besonders aggressiv und behüten den Schwarm (200–300 Junge) sehr aufmerksam. Kleines Lebendfutter wird besonders gern genommen; ferner kann Tablettenfutter als Zusatzkost gereicht werden.

Lamprologus

Nach der Revision der Gattung *Lamprologus* gehören nur noch diejenigen Arten dieser Gattung an, die im Becken des Zaire-(=Kongo-)Flusses beheimatet sind (COLOMBE & ALLGAYER, 1985). Dazu gehören so bekannte Arten wie *L. congoensis, L. werneri* und (wenn auch mit Abstrichen) *L. mocquardii*.

Alle übrigen früher zu dieser Gattung geordneten Arten aus dem Tanganjikasee sind in verschiedenen anderen Gattungen (*Lepidiolamprologus, Neolamprologus, Paleolamprologus* und *Variabilichromis*) untergebracht.

Es handelt sich bei diesen Buntbarschen um Grundfische, die sich in ihrem Lebensraum, den Stromschnellengebieten des Zaire, anpassen mußten. *L. congoensis* und *L. werneri* werden 12–15 cm lang, doch bleiben sie im Aquarium meist etwas kleiner. Auch sie bevorzugen ein weiches und leicht saures Wasser in einem Becken, das eine Mindestlänge von 80–100 cm haben sollte und am ehesten mit einer Schichtung aus dunklem Gestein (Schiefer oder breite, flache Flußkiesel) den natürlichen Gegebenheiten im Heimatbiotop der Fische entspricht. Stromschnellencichliden brauchen klares Wasser und möglichst viel Sauerstoff, weshalb ein kräftiger Motorfilter empfehlenswert ist.

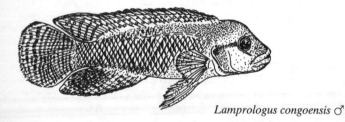

Lamprologus congoensis ♂

Die Kongo-Grundcichliden gehören aufgrund ihrer angepaßten Lebensweise nicht zu den Langstreckenschwimmern. Man sieht sie eher von Platz zu Platz »hüpfen«. Die Fische bilden ein Revier und können Eindringlinge, die sie als Störenfriede betrachten, bissig stark bedrängen. In größeren Becken empfiehlt sich daher eine optische Raumgliederung, um Revierabgrenzungen besser deutlich werden zu lassen.
Um die Tiere zur Fortpflanzung zu bringen, kann man einem Männchen 2 oder 3 Weibchen zugesellen. Sie ziehen zwar laichreife Partnerinnen vor, verbeißen jedoch nicht die übrigen. Das Gelege wird in einem Versteck abgegeben, das einen höhlenartigen Charakter haben kann. Rund 60 Eier umfaßt das Produkt einer Paarung. Die Anpassung im strömungsstarken Wasser mag die Ursache dafür sein, daß die Jungen sich erst nach etwa 2 Wochen vor dem Versteck zeigen und jetzt bereits die ruckartige Schwimmweise der Eltern übernommen haben – soweit sie davon überhaupt Gebrauch machen und nicht träge und mit vollem Bauch auf dem Boden herumliegen. Man ernährt die Kleinen mit verschiedenen Futterarten und stellt bald fest, daß sie bei der Gabe von Lebendfutter besonders schnell ihre Trägheit aufgeben und sich über die kleinen Futtertiere hermachen.

Nanochromis
Die Gattung *Nanochromis* besteht aus mehr als einem Dutzend Arten, von denen jedoch nur wenige zum Standardrepertoire unserer Zoohandlungen gehören – andere sind nur aus der Literatur bekannt. *N. dimidiatus* gilt als der schönste Vertreter der Gattung, leider sind diese Tiere jedoch seit vielen Jahren nicht erhältlich, weil ihr Lebensraum im Norden von Zaire nur sehr schwer für Fänger zugänglich ist. Sie werden 6–8 cm lang und zeigen viel Rot in der Färbung. Wie alle Arten der Gattung sind sie Höhlenbrüter, die an sehr weiches und leicht saures Wasser gewöhnt sind. *N. caudifasciatus* ist dagegen in seiner Färbung sehr bescheiden und daher auch kaum als Aquarienfisch anzutreffen. Die Tiere werden etwas größer als die vorgenannten.

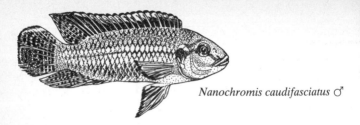

Nanochromis caudifasciatus ♂

Als *N. nudiceps* ist eine Art vom unteren Zaire-(= Kongo-) Fluß über Jahrzehnte hinaus gepflegt worden, bis die amerikanischen Wissenschaftler ROBERTS und STEWART im Jahre 1976 mit der Erstbeschreibung von *N. parilus* eine neue Art aus der Taufe hoben, deren Vertreter sich optisch nur wenig von den bisher als *N. nudiceps* bekannten Tieren abhoben. Heute gilt als Unterscheidungsmerkmal nach optischen Gesichtspunkten folgendes: *N. parilus* hat in beiden Geschlechtern eine breite, glänzende Längsbinde in der Rückenflosse, die sich meist über den Oberrand der Schwanzflosse fortsetzt. In der Schwanzflosse zeigen sich nur wenige schwarze Strahlen und goldene Membranen in der oberen (!) Hälfte, wohingegen die untere ungemustert und weißlich bleibt.

Bei *N. nudiceps* entfällt die breite Dorsalbinde, dafür hat jeder der Flossenstrahlen eine markant rotbraune Farbe, die sich bis in die obere Hälfte der Schwanzflosse hineinzieht. Die untere Kaudalhälfte zeigt bei dieser Art ein Muster aus weinroten

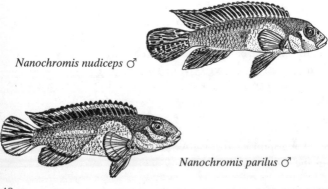

Nanochromis nudiceps ♂

Nanochromis parilus ♂

Oben:
Julidochromis transcriptus ♂

Mitte:
Lepidiolamprologus nkambae ♂

Unten:
Spathodus marlieri ♂

Tüpfelreihen, die so übereinander liegen, daß senkrechte Punktlinien entstehen. Die blaugrüne Färbung der Bauchpartie ist bei den Tieren beider Arten sehr ähnlich.
Die erwähnten Autoren beschrieben 1984 eine weitere Art vom unteren Zaire, bei der die Weibchen einen auffällig roten Bauch haben und auch sonst markantere Farben zeigen: *N. transvestitus* (s. Farbtafel 1, oben links).
Alle diese Höhlenbrüter werden 7–8 (♂♂) bzw. 4–6 (♀♀) cm lang und sollen in nicht zu kleinen Becken (60–80 cm Mindestlänge) gepflegt werden. Als Höhlen können auch Kokosnußschalen oder zur Seite gelegte Blumentöpfe (Ton) verwendet werden. Beim Einbau von Steinhöhlen achte man darauf, daß die Höhlendecke aus einer glatten Platte besteht, weil die Weibchen gern dort ihre Eier ablegen.

Pelvicachromis

Nach Aufteilung der in der Gattung *Pelmatochromis* zusammengefaßten Arten sind die aquaristisch interessantesten in die Gattung *Pelvicachromis* überstellt worden. Wissenschaftlich beschrieben wurden bisher zwar nur 5, doch kann man davon ausgehen, daß es noch zu weiteren Erstbeschreibungen für bereits bekannte Tiere kommt. Unter den namentlich bekannten Westafrikanern dieser Gattung sind *P. humilis* und *P. roloffi* diejenigen, deren Verbreitungsgebiet am weitesten westlich liegt: in Sierra Leone. Man kann die beiden sehr deutlich voneinander unterscheiden, erstens differiert ihre Größe stark (*P. humilis* kann bis zu 12 cm erreichen, *P. roloffi* wird 8–9 cm lang), wobei die Weibchen stets etwa 2 cm kleiner als ihre Partner bleiben. Von beiden kennen wir regionalbedingte Unterschiede in Farben und Musterung: Von *P. humilis* wurden die Farbformen »Kenema« und (die attraktivere) »Kasewe« beschrieben. Bei der letzten haben geschlechtsreife Weibchen eine meergrüne Kehlpartie, an die sich der purpurne Bauch anschließt. After- und Schwanzflosse zeigen blaß- bis himmelblaue Töne. Bei den *P.-roloffi*-Arten sind Tiere mit einer auffälligen Tüpfelreihe in Rücken- und Schwanzflosse begehrt, doch findet man dies nicht bei allen Tieren.

P. pulcher ist die Art, die viele Altaquarianer früher unter dem Namen *Pelmatochromis kribensis* gepflegt haben. Dieser Name wird nun seit vielen Jahren als Synonym von *P. pulcher* angesehen. Es gibt jedoch Stimmen von anerkannten Wissenschaftlern, die dies für falsch und das Taxon *P. kribensis* nach wie vor für eine »gute« Art halten. Meist werden Nachzuchten von *P. pulcher* heute aus Südostasien eingeführt, Tiere von oft stattlicher Größe (bis 12 cm) und Schönheit. Importe aus Kamerun sind dagegen selten, und auch bei ihnen kann man wieder herkunftsbedingte Farbschläge feststellen.

P. subocellatus stammt aus Gabun und dem Kongo und ist relativ selten.

Viel Interesse finden dagegen die verschiedenen Farbrassen von *P. taeniatus*, die in Nigeria und Kamerun ihren Lebensraum haben. Sind es die verschiedenen Farbformen der Tiere, bei denen die Männchen die weniger bunten sind, dafür aber interessante Flossenmusterungen zeigen, oder ist es nur purer Sammlertrieb einiger besonders aktiver Aquarianer? Wer ein-

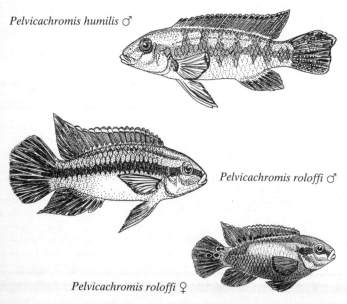

Pelvicachromis humilis ♂

Pelvicachromis roloffi ♂

Pelvicachromis roloffi ♀

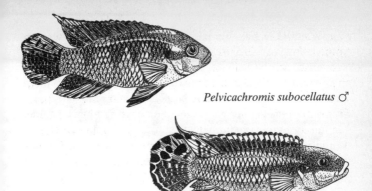

Pelvicachromis subocellatus ♂

Pelvicachromis taeniatus ♂, »Nigeria«

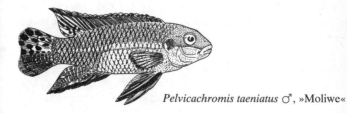

Pelvicachromis taeniatus ♂, »Moliwe«

Pelvicachromis taeniatus ♂, »Kienke«

mal an diese kleinen Schönheiten sein Herz verloren hat, kommt sobald nicht wieder von ihnen los. Von den mehr als 5 Standortvarianten mag die Farbform »Nigeria« die schönsten Männchen stellen, bei den Farbformen »Kienke« (s. Farbtafel 1, rechts oben), »Moliwe« und »Lobe«, alle aus Kamerun, sind zweifellos die kleineren Weibchen die farblich attraktiveren Fische. Musterungen, wie sie gelegentlich in Farbfotoveröffentlichungen gezeigt werden, sind jedoch nicht als absolut konstant anzusehen, so daß man bei diesen Varianten (noch?) nicht von einer Rasse sprechen kann.

Pelvicachromis-Arten gehören zu den Höhlenbrütern, die man am besten in einem Aquarium mit einer Länge zwischen 60 und 80 cm einquartiert. Zur Zucht verwendet man sehr weiches Wasser, wobei besonders auch auf seine Nitratarmut zu achten ist. Der pH-Wert sollte im kräftig sauren Bereich liegen (um 6,0). Die Fische graben weder Pflanzen aus, noch knabbern sie daran übermäßig herum. Obgleich die angegebenen Wasserwerte nicht gerade als pflanzenfreundlich anzusehen sind, sollte man den Tieren damit ein »gemütliches« Zuhause schaffen.

Wichtig sind verschiedene Höhlen – möglichst aus unterschiedlichen Materialien, dabei werden glatte Deckenflächen bevorzugt. Die Steine sollen kalkfrei sein. Da heute das Einbringen einer Bodenheizung kein Problem mehr ist, sollte man auf diese zurückgreifen, um durch den normalen physikalischen Gang (Wärme steigt) das Beckenwasser ohne störende starke Wasserbewegung auf passender Temperatur zu halten (25–26 °C). Zuchterfolge, die nicht bereits mit der Eiablage oder dem Schlüpfen der Larven beendet sind, gehen auf das Beachten vieler solcher Kleinigkeiten zurück.

Interessant ist auch die Tatsache, deren Wahrheit von vielen Züchtern bestätigt wird, daß die geschlechtliche Quote der Nachkommen-Ausbeute auf den pH-Wert zurückzuführen ist: In einem Zuchtwasser, dessen pH-Wert in leicht alkalischem Bereich liegt (7,6–7,8), ist die Rate an weiblichen Nachkommen weitaus höher. Umgekehrt verhält es sich in kräftig saurem Zuchtwasser (pH-Wert 5,2–5,4): Hier steigt die Zahl der männlichen Nachkommen stark an. Warum das so ist? Diese Tatsache wurde noch nicht systematisch erforscht. Man kann sich nur in Hypothesen ergehen, weil solche Phänomene auch bei südamerikanischen Zwergbuntbarschen (etwa *Apistogramma nijsseni*) festzustellen sind. Wenn man einmal unterstellt, daß für die Fische das Wasser mit zunehmendem pH-Wert und damit zunehmender Alkalität immer lebensfeindlicher wird, so produziert die Natur in diesem Fall mehr Weibchen, um die Überlebenschancen der Art bzw. der Population an diesem Platz zu erhöhen.

Die Gelege der *P.-taeniatus*-Weibchen haben einen Umfang von etwa 80 Eiern, aus denen unter optimalen Bedingungen auch ebenso viele Larven schlüpfen. Stimmt jedoch die Härte nicht – die Anwesenheit von Karbonathärte im Zuchtwasser gibt meist den Ausschlag –, so nimmt die Erfolgschance mit zunehmender Härte ab. Die Jungen werden mit feinem Lebendfutter ernährt, wobei ebenfalls wieder darauf zu achten ist, daß die kleinen Salzkrebslarven vor dem Verfüttern gut gesiebt und vor allem gut gespült gereicht werden, um einen Eintrag an Salz ins Aufzuchtbecken zu vermeiden. Die Eltern bleiben auch in Zukunft ein Paar und können somit weitere Nachkommen bringen.

Steatocranus
Zu den Höhlenbrütern gehören auch die Stromschnellencichliden der Gattungen *Gobiocichla*, *Steatocranus* und *Teleogramma*, die in entsprechenden Gebieten in Nigeria, Kamerun und Zaire vorkommen. Von den Vertretern der 1. Gattung sind bisher noch keine Exemplare eingeführt worden, von der zweiten 4 und von der letzten 1.

Steatocranus casuarius (s. Farbtafel 1, Mitte links) ist als Kongo-Buckelkopfcichlide bekannt und gehört zu den bekanntesten Aquarienbuntbarschen. Man kann diese Tiere, die im Aquarium eine Länge von 10–12 cm (♂♂) erreichen können (♀♀ bleiben etwas kleiner), bereits in relativ kleinen Becken zur Nachzucht bringen; wenn keine anderen Fische anwesend sind, reichen 50–60 cm Frontlänge. Wenngleich sie fleischliche Kost bevorzugen, nehmen sie auch gern kleine Futtertabletten wie TabiMin. Erwachsene wie junge Fische dieser Art leben recht versteckt. Entsprechende Unterstände sind daher im Aquarium obligatorisch – man kann sie aus Steinen zusam-

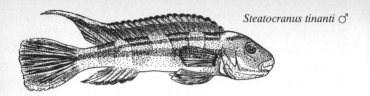

Steatocranus tinanti ♂

menbauen (glatter Stein an der Höhlendecke) oder einen umgestülpten Blumentopf mit einem oben vergrößerten Einschlupfloch verwenden. Auch Kunststoff- und Tonröhren haben sich bewährt. Obgleich in den Heimatbiotopen der Fische meist sehr weiches Wasser vorherrscht, ist die Quote der Nachkommen dennoch recht hoch (um 80), wenn die aquaristischen Wasserwerte etwas höher liegen. Die Ernährung der Jungfische, auch das erste Anfüttern, kann notfalls auch mit der erwähnten Tablettennahrung erfolgen, wenn keine Artemianauplien zur Verfügung stehen.

Von den restlichen Arten der Stromschnellencichliden dieser Gattung sind inzwischen neben *S. tinanti* (vom Pool Malebo am Unterlauf des Zaire) auch *S. irvinei* (s. Farbtafel 1, Mitte rechts) und *S. mpozoensis* eingeführt worden. Dabei handelt es sich um graue bis anthrazitfarbene Fische, deren Kopf relativ groß erscheint und besonders bei den ranghöchsten Männchen (den sogenannten Alphatieren) einen Stirnhöcker bzw. einen Nackenwulst bekommt. Tiere der letztgenannten Art kommen gelegentlich zusammen mit den als *S. casuarius* deklarierten Fischen an; *S. irvinei* kommt dagegen nicht aus dem unteren Zaire, sondern aus dem Volta im westafrikanischen Ghana. Haltung und Zucht wie bei *S. casuarius* angegeben.

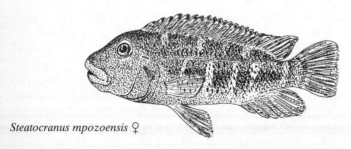

Steatocranus mpozoensis ♀

Teleogramma
Zur Gattung *Teleogramma* sind 4 Arten beschrieben, doch sind von diesen aggressiven, kleinen, gestreckten Buntbarschen bisher nur Vertreter der Art *T. brichardi* eingeführt worden. Der Körper dieser Art ist noch gestreckter als der von *S. tinanti* – eine Anpassung an die strömungsstarken Lebensverhältnisse im Stromschnellenbiotop des unteren Zaire. Der Quappenbuntbarsch, wie *T. brichardi* auch genannt wird, braucht trotz seiner Länge von maximal 10–12 cm ein Revier, dessen Umfang im Aquarium mindestens 60 x 60 cm betragen sollte. Das heißt für andere Mitbewohner, besonders wenn sie zur selben Art gehören: Vorsicht! Männliche Tiere zeigen meist eine tiefschwarze Färbung und einen weißen Saum an der langgezogenen Rückenflosse. Nur selten haben revierbesitzende Männchen eine andere, hellere Färbung und mehrere dunkle, vertikale Körperbinden. Bei weiblichen Tieren trifft man diese Musterung öfter an. Sind sie laichwillig, so tritt ein roter bis rötlicher, breiter Querstreifen hinter den Brustflossen in Erscheinung, der seine Farbintensität besonders in der Bauchpartie zeigt und dem Partner wahrscheinlich diesen Zustand signalisieren soll. Weibchen bleiben meist etwas kleiner; der weiße Saum in der Rückenflosse ist breiter.

Bei Paarungsversuchen kann es öfter vorkommen, daß ein rabiates Männchen die ihm zugeführten Weibchen nicht akzeptiert und tötet. Dies ist wahrscheinlich einer der Gründe dafür, daß sich die aquaristischen Nachzuchten in Grenzen halten. Wenn die Zucht doch einmal klappt, werden die Eier weit hinten im gewählten Versteck abgelegt. Sind sie vom Männchen befruchtet, so übernimmt die Partnerin allein die Pflege und verjagt den Mann aus der Höhle. Die Entwicklungszeit der Nachkommen vom Ei bis zum schwimmfähigen Jungfisch dauert mit 20–24 Tagen verhältnismäßig lange. Das liegt daran, daß die Eier relativ groß sind und die Dottersäcke die Larven bzw. Jungfische so lange ernähren, bis sie in der strömungsstarken Welt kräftig genug sind, allein auf Nahrungssuche gehen zu können: Wenn die Jungfische die Höhle verlassen, sind sie mehr oder weniger auf sich gestellt; denn ein Ausführen der Jungen im Schwarm, wie wir es von anderen Fischarten kennen, muß hier entfallen. Auch bei weniger naturgleichen Verhältnissen im Aquarium entpuppen sich die Jungfische schon bald als Einzelgänger, die ihr Revier für sich beanspruchen. Ein weiterer Grund dafür, Zuchtversuche nur in entsprechend großen Becken anzustellen.

Tilapia

Die Vertreter der Tilapien muß man in Westafrika in die offenbrütenden der Gattung *Tilapia* und die maulbrütenden der Gattung *Sarotherodon* unterteilen. Von der 2. Gattung sind in der letzten Zeit keine nennenswerten Mengen eingeführt und weiterverbreitet worden. Offenbrüter kennen wir dagegen verschiedene, auch wenn ihre Endgröße nicht für jede Beckengröße geeignet erscheint.

Tilapia buettikoferi ist ein schöner Fisch, der allerdings bis zu 30 cm lang und auch recht hoch werden kann. Da die Tiere jedoch langsam wachsen, hat der Aquarianer auch von den Jungen viel Freude. Man nennt sie Zebratilapien wegen ihrer markanten Querstreifen. Ebenfalls beigegrundig, jedoch mit so breiten schwarzen Streifen versehen, daß die hellen Zonen nur sehr schmal erscheinen, ist *Tilapia joka*. Diese Art, deren Vertreter ebenfalls aus Westafrika (Sierra Leone) stammen, bleibt jedoch wesentlich kleiner.

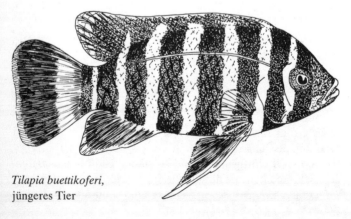

Tilapia buettikoferi, jüngeres Tier

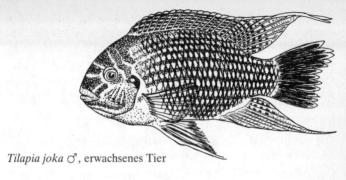

Tilapia joka ♂, erwachsenes Tier

Das Verhalten dieser Fische im Aquarium kann man als durchaus angenehm bezeichnen, weil weder Mitbewohner attackiert noch Pflanzen ausgegraben oder nennenswert beschädigt werden. Beide Arten lassen sich leicht auseinanderhalten: Abgesehen von den erwähnten Unterschieden in der Musterung hat *T. buettikoferi* ein breiteres Maul und eine am Hinterrand glatte Schwanzflosse. Bei *T. joka* ist diese Flosse am Ende fein gezackt. Erwachsene Tiere dieser Art verlieren ihr Streifenmuster (was bei *T. buettikoferi* nicht der Fall ist!), und die Zakkung im Kaudalhinterrand wird noch auffälliger (Zeichnung).
Tilapia mariae, der Marienbuntbarsch, ist ein bis etwa 15 cm lang werdender Fisch aus Westafrika (System des Niger und andere Flüsse) mit aquaristisch langer Geschichte. Man trifft ihn heute allerdings seltener an, weil die Tiere erstens gern

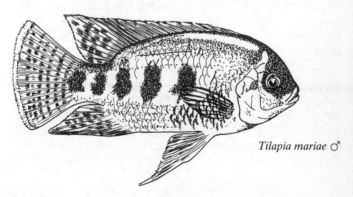

Tilapia mariae ♂

vom Pflanzenbestand im Becken futtern und zweitens die Vermehrungsrate des Offenbrüters (der trotzdem Verstecke für die Anlage eines Geleges bevorzugt) nicht gering ist und davon dann im Verlauf der Weiterveräußerung der aquaristische Markt überflutet werden kann. Geschlechtsunterschiede kann man in der Hauptsache daran erkennen, daß die Männchen größer werden und ihre Stirn mit zunehmendem Alter steiler abfällt.

Gelegentlich kommt ein weiterer Westafrikaner in den Handel: *T. tholloni*. Ein grünlich bis kräftig grün gefärbter Fisch, der jedoch bis zu 30 cm lang werden kann und wegen seiner hohen Jungfischzahl von 2000–3000 fast schon in Verruf geriet. Auch diese Art gehört ebenso zu den Offenbrütern wie etwa *T. kottae* aus Kamerun, wo man die Tiere bisher nur in einem See angetroffen hat, dem Barombi-ba-Kotta-See im Nordwesten des Landes. Mit 12 cm sind die Fische ziemlich ausgewachsen, weshalb sie auch von einigen Aquarianern als Zwergtilapien bezeichnet werden.

Normalerweise haben die Tiere eine beige bis gelbliche Grundfärbung. Kommen sie jedoch (in einem Wasser um 28 °C) in Balzstimmung, nehmen die Goldtöne zu, und die untere Körperhälfte nimmt, besonders im vorderen Teil, eine samtschwarze Färbung an. Die Flossen der hinteren Körperzonen erscheinen dann wie rußig schwarz überzogen. Wie viele Offenbrüter, versuchen auch die Vertreter von *T. kottae* ihr Gelege nach Möglichkeit in einer gesicherten Ecke oder einem ähnlichen Versteck unterzubringen. Die Menge der Nachkommen hält sich bei dieser Art in Grenzen; ihre Aufzucht ist nicht schwer. Für die Zucht genügt bereits ein Becken ab 80 cm Länge. Die Fische sind in ihren Ansprüchen relativ bescheiden. Bei den oben genannten, größer werdenden Arten genügt zur Ernährung kein Trockenfutter, und Mückenlarvenkost dürfte den Fischen auf Dauer ebensowenig behagen wie dem Geldbeutel des Aquarianers. Grobere Nahrung muß her!

Ostafrikanische Arten

Neben den großen Seen Afrikas bietet auch die ostafrikanische Cichlidenfauna noch einige interessante Arten an, darunter die beliebten Vertreter der Gattungen *Pseudocrenilabrus, Oreochromis, Haplochromis* und *Astatotilapia,* nicht zu vergessen einige *Tilapia*-Arten aus weiter südlich gelegenen Regionen.

Pseudocrenilabrus

Pseudocrenilabrus philander dispersus (s. Farbtafel 1, unten) und *P. multicolor* sind die beiden aquaristisch bekanntesten Vertreter dieser Gattung. Die meisten Aquarianer geben dem ersten heute wegen seiner intensiveren Farben meist den Vorzug. Seine Verbreitung reicht von Ostafrika (auch in sumpfigen Uferzonen des Malawisees) bis nach Südafrika, und er ist besonders im Einzugsbereich des Sambesi vertreten. Das Verbreitungsgebiet von *P. multicolor* schließt sich etwa nördlich davon an und reicht bis in das System des unteren Nil.

Bei beiden handelt es sich um maulbrütende Arten: den Messingmaulbrüter (*P. philander dispersus*) und den Kleinen Maulbrüter. Ihre Pflege gehört zu den einfacheren aquaristischen Übungen, dagegen ist die Zucht, besonders des Messingmaulbrüters, nicht immer einfach. Die Mutter übernimmt nach der Eibefruchtung in ihrem Maul die weitere Betreuung der Brut. Wer genau hinsieht, wird in der Afterflosse der Männchen Flecke entdecken, die nach der Eiflecktheorie bei den Weibchen das »Schnappen und Einsaugen« auslösen. Der Kleine Maulbrüter wird 8–9 cm lang, sein naher Verwandter kaum wesentlich größer. Man setzt zu einem Männchen mehrere Weibchen (!) in ein Becken von etwa 80 cm Länge, in dem auch einige Verstecke untergebracht sein sollen. Die männlichen Tiere sind sexuell stets aktiv, weshalb den Weibchen die Möglichkeit gegeben werden muß, sich den Nachstellungen für eine bestimmte Zeit zu entziehen. Da die Wassertemperaturen in den Heimatbiotopen dieser Fische oft stark differieren, sind die Fische anpassungsfähig (23–28 °C), doch klappt die Nachzucht besser im Bereich zwischen 26 und 28 °C.

Astatotilapia und Haplochromis

Im gleichen Lebensraum fand ich *P. philander dispersus* und *Astatotilapia calliptera:* in Randgebieten um den Malawisee. Einen bekannten nahen Verwandten des letzten, *A. burtoni,* findet man dagegen weiter nördlich: in Randgebieten um den Tanganjikasee.

In Randgebieten des Victoriasees und umgebenden Gewässern, wie dem Eduard- und Georgsee, dem Kivusee und dem Nabugabosee, leben die augenblicklich 5 bekannten Arten, die nach den verschiedenen Revisionen der Haplochrominen noch in der Gattung *Haplochromis* verblieben sind. Als einziger bekannter hat sich hier *H. obliquidens* halten können. Aus verwandten Gattungen, deren Vertreter alle aus *Haplochromis* hervorgegangen sind, wurden noch weitere Arten namentlich bekannt, andere sehr schöne und auch bunte Tiere wurden eingeführt, doch konnten sie bis heute leider nicht namentlich bestimmt werden. Bei den meisten von ihnen handelt es sich um Maulbrüter.

Eine Art, deren Verbreitungsgebiet weit in Afrikas Norden (von Algerien nach Osten) liegt, ist *Astatotilapia desfontaine-*

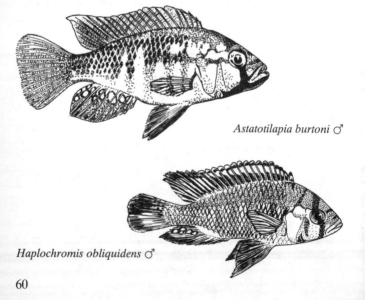

Astatotilapia burtoni ♂

Haplochromis obliquidens ♂

sii, der auch als Blaulippenbuntbarsch bekannt wurde. Man findet diese, bis zu 15 cm lang werdenden Haplochrominen meist in Oasenbrunnen und ähnlichen Wasseransammlungen. Gelegentlich bringen Tunesientouristen die sehr schönen Maulbrüter mit, die in ihren Heimatbiotopen in recht hartem Wasser aushalten müssen. Die Farbe der männlichen Tiere ist olivgrün mit blauem Schimmer auf jeder einzelnen Schuppe. Das Maul hat einen blauen Saum, der sich in die Lippen hineinzieht. Auf der gelblichweißen Rückenflosse stehen rotbraune Punkte in den Membranen; die vorderen Stacheln der Dorsale sind schwarz, und ein rötlicher Saum umgibt die ganze Flosse. Die Afterflosse ist nicht bei allen Tieren einheitlich gefärbt, doch gibt es in deren hinterem Bereich eine Zahl (4–8) orangeroter, schwarzgerandeter Eiflecke. Die kleiner bleibenden Weibchen zeigen eine durchweg blassere Färbung. Kommt das Männchen in Balzstimmung, so kann es noch an Farbe zulegen, wobei besonders die blauen Töne in der Körper- und Kopffärbung an Intensität gewinnen.

Die anspruchslosen Fische benötigen ein Becken ab 100 cm Frontlänge, in dem es eine Reihe von Verstecken geben sollte. Pflanzen gegenüber zeigen die Fische dann wenig Appetit, wenn sie ausreichend gefüttert werden. Auch in Gesellschaft anderer Arten sind sie allgemein duldsam. Die Ausbeute einer Nachzucht kann zwischen 30 und 50 Jungen liegen, bei größeren Weibchen sind es auch mehr. Nach 2–3 Wochen verlassen die gut entwickelten Jungfische zum ersten Mal das schützende Maul der Mutter und nehmen sofort verschiedene Lebend-, Tiefkühl- und auch Trockennahrung.

Oft ist in den Heimatbiotopen der verschiedenartigen Haplochrominen die Temperatur des Oberflächenwassers recht hoch, weshalb alle diese Arten gut Wärmegrade von 26–28 °C und mehr vertragen. Von dieser Wärme ist auch die Entwicklungszeit der Nachkommen abhängig.

Oreochromis
Tilapien in Ostafrika gehören der Gattung *Oreochromis* an und vermehren sich nach Art der Maulbrüter. Nun aber kann

man die Grenzen zwischen Ost-, Südost- und Südafrika nicht so eng ziehen und muß auch einige Tilapien erwähnen, die eher im Südosten des großen Kontinents angesiedelt sind, sich als Offenbrüter vermehren und somit der Gattung *Tilapia* angehören. Zu den ersten gehören die aquaristisch bekannten *O. mossambicus, O. alcalicus grahami, O. karomo, O. leucostictus* sowie der erst in letzter Zeit bekannt gewordenen *O. tanganicae.* Die letzte Art kommt nur in Randgebieten des Tanganjikasees (einschließlich der Flußmündungen) vor. Ähnliches gilt auch für *O. karomo,* der in der Hauptsache aus dem Mündungsdelta des Malagarasi stammt, einem von Osten in den Tanganjikasee mündenden Fluß, in dem auch der erst 1983 von TREWAVAS beschriebene *O. malagarasi* lebt. *O. leucostictus* kommt dagegen aus dem Eduard-/Georgsee und ist auch aus dem Albertsee bekannt. Von menschlicher Hand wurde er in umliegende Gebiete Ostafrikas weiterverbreitet und paßte sich auch in eher lebensfeindlichen Gewässern an. Als Sodatilapien sind die beiden Unterarten von *O. alcalicus* bekannt geworden. *O. a. grahami* wurde schon wiederholt eingeführt und lebte ursprünglich nur im Magadisee in Kenia, wurde aber auch im Nakurusee ausgesetzt. Bei dieser Art handelt es sich um die kleinste unter den vorher genannten Tilapien. Mit 14–16 cm Länge sind die Fische normalerweise ausgewachsen, wenngleich einige größere Exemplare (bis 20 cm aus dem Nakurusee) festgestellt wurden.

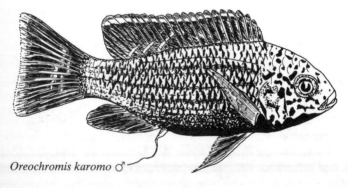

Oreochromis karomo ♂

Die übrigen Arten stellen wesentlich größere Vertreter - alle zumindest über 20 cm, die meisten Tiere können auch über 30 cm lang werden. Für die aquaristische Haltung sind entsprechend große Becken Voraussetzung. Für die Vermehrung ist die stattliche Endgröße ohne Belang: Die Geschlechtsreife tritt in den meisten Fällen bei einer Länge zwischen 8 und 12 cm ein, und die vorher oft unauffällige Färbung zeigt nun intensivere Töne, von denen in erster Linie die männlichen Tiere profitieren. *O. mossambicus* zeigt nun einen samtschwarzen Körper mit feinem silbrigen Wabenmuster. Lippen und Kopfrücken schimmern bläulich, die Kehle ist weiß, und die Rücken- und Schwanzflosse sind auffällig rot gesäumt. Auch die Brustflossen zeigen kräftig rote Töne. *O. karomo* hat eine Färbung, die an die vorgenannte erinnert, doch bleiben die Brustflossen klar. Der Kopf hat zur Balzzeit eine himmelblaue Grundfärbung, über der dunkle Tüpfel liegen. Der rote Augenring paßt sich in der Farbe den Säumen von Dorsale und Kaudale an.

Eine Reihe der ostafrikanischen Tilapien, in der Untergattung *Nyasalapia* zusammengefaßt, werden als Geißeltilapien bezeichnet. Zu ihnen gehören neben den bereits erwähnten *O. karomo* und *O. malagarasi* Arten wie *O. macrochir*, *O. variabilis*, *O. rukwaensis* oder *O. upembae*, die bisher aquaristisch jedoch kaum in Erscheinung getreten sind. Die männlichen Tiere dieser Maulbrüter sind nicht in der Lage, die Eier im

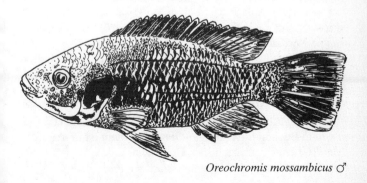

Oreochromis mossambicus ♂

Maul der Weibchen auf »herkömmliche« Art, nämlich durch Einspritzen einer Spermawolke, zu befruchten. Die Geißel ist ein fransiges Gebilde, das sich bei Erregung weit aus der Geschlechtsöffnung schieben kann. Sie ist mit Spermienknoten versehen, die vom Weibchen zum Zwecke der Eibefruchtung mit den Lippen erfaßt und abgelutscht werden. Die Betreuung der Brut obliegt daraufhin ausschließlich der Mutter.

Tilapia

Aus der Gattung *Tilapia,* den offenbrütenden Tilapien Ostafrikas, wurden bisher nicht viele Arten eingeführt. Nur *T. rendalli* und *T. sparrmanii* und vielleicht *T. zillii* kann man zu den ostafrikanischen Importen zählen. Wo die Grenze zwischen West- und Ostafrika liegt, ist eine Frage. Legt man sie in den Graben, so muß man den Verbreitungsraum all dieser Tilapien auf Ost- und Westafrika ausdehnen. *T. rendalli* und *T. sparrmanii* kommen beispielsweise vom Mittel- bzw. Oberlauf des Zaire bis nach Mosambik und Südafrika vor, *T. zillii* ist vom nördlichen Zaire über das nordöstliche Afrika bis nach Israel und Syrien verbreitet.

Die aquaristische Haltung dieser Fische mag sich deshalb in eher bescheidenen Grenzen halten, weil die Endgröße viele Aquarianer abschreckt. Mit einer Maximallänge von etwas über 20 cm bleibt *T. sparrmanii* noch vergleichsweise klein – die beiden anderen Vertreter reichen bis an die 30 cm heran. Diese Maße sind jedoch die größtmöglichen, und man sollte davon ausgehen, daß sich auch diese Arten bereits nach dem Einsetzen der Geschlechtsreife bei einer Größe von 8 bis 12 cm zur Nachzucht bringen lassen.

Bedingt durch ihre weite Verbreitung kommt es zu farblichen Variationen, weshalb eine Farbbeschreibung nicht einfach ist. Auffällig ist bei *T. rendalli* die üppige Beflossung und die rote Brust (»Rotbrusttilapie«), die bereits bei jungen Tieren erkennbar ist. Auch junge Fische dieser Arten sollte man bereits in einem Becken unterbringen, das nicht klein ist und mindestens 100 cm Frontlänge hat. Reichliche Gliederung bei der Inneneinrichtung und Verstecke sind empfehlenswert.

Oben links:
Paleolamprologus toae, Jungtier

Oben rechts:
Paleolamprologus toae, erwachsenes ♂

Mitte links:
Limnochromis auritus ♂

Mitte rechts:
Telmatochromis aff. *bifrenatus* ♂

Unten:
Callochromis macrops ♂

Bewohner des Tanganjikasees

Die überreiche Fülle an neuen, bisher wissenschaftlich noch unbeschriebenen Spezies hat es für viele Aquarianer geradezu eine Sucht werden lassen, diese Neuen zu besitzen und eine Nachzucht zu versuchen. In den meisten Fällen sind diese Zuchtversuche auch von Erfolg gekrönt. Die meisten dieser nicht bekannten und daher erst in der Neuzeit entdeckten Tiere gehören dem *Lamprologus*-Komplex an. Ähnlich wie im Malawisee, wo man eine riesige Artenzahl der Gattung *Haplochromis* zuordnete, diesen Namen aber vor einigen Jahren (nur für die Arten im See!) wieder einzog, wurde auch im Tanganjikasee die Zahl der zur Gattung *Lamprologus* gerechneten Arten einer Revision unterzogen (COLOMBE & ALLGAYER, 1985) und in einer Reihe von bereits aufgestellten oder neu geschaffenen Gattungen untergebracht. Für die erwähnten Fische des Malawisees steht eine solche Revision noch aus. Die seither in der Gattung *Lamprologus* geführten, derzeit 4 Arten, die außerhalb des Tanganjikasees vorkommen (*L. congoensis, L. lethops, L. mocquardii* und *L. werneri*) wurden bei dieser Revision in der 1891 von SCHILTHIUS geschaffenen Gattung *Lamprologus* belassen.

Da die Arten des *Lamprologus*-Komplexes heute in der Aquaristik von Tanganjikasee-Cichliden zu den am meisten bevorzugten Pfleglingen gehören, möchte ich an dieser Stelle etwas näher auf die neuen Gattungen und die Zugehörigkeit von Arten zu ihnen eingehen:

Lepidiolamprologus ist ein Gattungsname, der bereits im Jahre 1904 von PELLEGRIN eingeführt, später jedoch von anderen Ichthyologen nicht berücksichtigt wurde. Der Autor schuf ihn für die bekannte Art *L. elongatus* BOULENGER, 1898, die heute nach wie vor als Gattungstyp gilt. Nach Ausführungen der revidierenden Autoren werden dieser Gattung noch 5 weitere Arten zugeordnet: *Lepidiolamprologus attenuatus, L. cunningtoni, L. kendalli, L. nkambae* und *L. profundicola*.

Neolamprologus COLOMBE & ALLGAYER 1985, ist die Gattung, in der die Mehrzahl der seither bekannten Arten des *Lampro-*

logus-Komplexes untergebracht sind, darunter bekannte Räuber, Schlank- und Schneckenbuntbarsche. Zum Gattungstyp wurde *N. tetracanthus* bestimmt.

Hier sei gleich auf eine Besonderheit hingewiesen, die mit einer Namensänderung für einen bekannten Aquarienfisch einhergeht, die beliebte »Prinzessin von Burundi«. Ältere Aquarianer werden sich erinnern, daß die kleinen Fische ursprünglich als Unterart von *Lamprologus savoryi*, nämlich als *L. s. elongatus*, beschrieben wurden. Als diese Fische dann den Status einer selbständigen Art erhalten sollten, stellte man fest, daß der von TREWAVAS und POLL 1952 verwendete Name »*elongatus*« in dieser Gattung bereits besetzt (= präokkupiert) war. So beschrieb POLL dann 1974 *Lamprologus brichardi* zu Ehren des belgischen Exporteurs. Nun besagen die internationalen Regeln jedoch, daß im Falle einer Umstellung in eine andere Gattung ein aus den erwähnten Gründen umbenannter Fisch seinen ursprünglichen Namen zurückerhalten muß. Das Ergebnis: Aus *Lamprologus brichardi* POLL, 1974, ist *Neolamprologus elongatus* (TREWAVAS & POLL, 1952) geworden. Die Klammern um die Autorennamen lassen erkennen, daß die Art (= das Taxon) sich nicht mehr in der Gattung befindet, zu der sie ursprünglich gestellt war. Als Aquarianer muß man diese erneute Umstellung bedauern, und zwar nicht nur, weil ein gut eingeführter Name geändert wird, sondern vor allem auch, weil BOULENGER bereits 1898 eine Art als *Lamprologus elongatus* beschrieb, die heute der Gattung *Lepidiolamprologus* zugeordnet ist. Für viele Aquarianer mag sich hier eine Quelle für häufige Verwechslungen auftun.

Zur Gattung *Neolamprologus* gehören heute insgesamt 37 Arten und dazu einige Unterarten: *N. brevis, N. buescheri, N. callipterus, N. caudopunctatus, N. calvus, N. christyi, N. compressiceps, N. elongatus, N. fasciatus, N. finalimus, N. furcifer, N. hecqui, N. kungweensis, N. leleupi* (mit Unterarten *N. l. leleupi, N. l. longior, N. l. melas*), *N. leloupi, N. lemairii, N. meeli, N. modestus, N. mondabu, N. multifasciatus, N. mustax, N. niger, N. obscurus, N. ocellatus, N. ornatipinnis, N. petricola, N. pleuromaculatus, N. prochilus, N. pulcher, N. sa-*

voryi, N. schreyeni, N. sexfasciatus, N. signatus, N. stappersii, N. tetracanthus, N. tretocephalus, N. wauthioni.
Die beiden übrigen neu geschaffenen Gattungen: *Paleolamprologus* und *Variabilichromis* sind monotypisch, das heißt, in jeder Gattung gibt es (zur Zeit) nur 1 Art. Das ist in der ersten *P. toae* und in der zweiten *V. moorii*.
Über die einzelnen Arten ist folgendes zu sagen:

Astatoreochromis

Astatoreochromis ist eine Gattung, die durch 3 weniger bekannte Arten vertreten ist: *A. alluaudi, A. vanderhorsti* und *A. straeleni*. Die Tiere der ersten kommen im Victoria- und Kiogasee vor und werden dort durch 2 Unterarten repräsentiert, von denen die eine noch eine weitere Verbreitung hat. *A. vanderhorsti* und *A. straeleni* leben in Randgebieten um den Tanganjikasee, den ersten trifft man hauptsächlich im Unterlauf des Malagarasi an, der in den Tanganjikasee mündet. Die Vertreter dieser Art werden bis zu 15 cm lang und ernähren sich teils vegetarisch (Pflanzen, Samen), teils von niederen Süßwassertieren. Wie alle Mitglieder der Gattung vermehren sie sich nach Maulbrüterart. Während man diese Tiere also in dem erwähnten Gebiet am Ostufer des Sees antrifft, leben die Vertreter von *A. straeleni* auf der Westseite des Tanganjikasees, wo man sie, oft zusammen mit *Astatotilapia burtoni,* in sumpfigen Gebieten im Bereich von Flußmündungen findet. Die Importe dieser Art halten sich von diesen Regionen des Sees in Grenzen. Im Aquarium stellen die Maulbrüter dieser Gattung keine besonderen Ansprüche. Man muß ihnen jedoch ein größeres Becken mit Verstecken zur Verfügung stellen. *A. straeleni* wird etwa 12 cm lang. Die Tiere haben eine graue Grundfärbung, über der meist ein intensiv blaugrüner Schimmer liegt. Die Lippen sind blau. Vom Auge zieht sich eine schmale schwarze Binde zur Oberlippe, wie man sie bei vielen Verwandten ebenso antrifft. Hinter dem goldglänzenden Kiemendeckel liegt ein Muster aus roten und goldenen Längsstrichen. Die Flossen sind milchig bis transparent; in der leicht bläulich schimmernden Afterflosse erkennt man bei geschlechtsreifen Männchen eine Reihe von Eiflecken mit orangerotem Kern.

Callochromis

In der Gattung *Callochromis* sind nur 2 Arten vertreten: *C. macrops* (mit 2 Unterarten) und *C. pleurospilus*. Sie werden regelmäßig, wenn auch in kleineren Mengen, eingeführt und auch im Aquarium nachgezogen. Die ersten werden etwa 15 cm, die zweiten nur rund 10 cm lang. Beide haben einen schlanken, gestreckten Körper und fallen durch relativ große Augen auf, die hoch am Kopf sitzen. Meist leben sie über sandigem Grund in der ufernahen (Litoral-) Zone des Sees. Körper und Kopf sind unterseits abgeflacht, und das Maul sitzt somit auch recht tief. Der farbliche Gesamteindruck der Fische ist silbrig. *C. macrops* (s. Farbtafel 3, unten) wirkt dunkler – besonders über dem Rücken und der hinteren Körperzone. Markantes Merkmal dieser Art sind 2 rote Striche am oberen und unteren Augenrand bei den Männchen. Ein ebenso roter einzelner Eifleck ist am Hinterrand der Afterflosse erkennbar. *C. pleurospilus* erscheint im Gesamteindruck heller. Die Tiere tragen hellgrün gerandete Schuppen, was zu einem netzartig erscheinenden Körpermuster führt. Eine Zahl unregelmäßig angeordneter, rostbrauner Tüpfel zieht sich wie eine unterbrochene Längsbinde in Höhe der Seitenlinie über die Flanken. In ihrem natürlichen Lebensraum haben die Fische die Angewohnheit, bei Gefahr im Sandboden zu verschwinden. Hier erweisen sich die großen, hoch angesetzten Augen von Vorteil: Sie bleiben vom Sand unbedeckt und können die Umgebung weiterhin beobachten. Die Maulbrüter zeigen in einem mit feinem Sandgrund eingerichteten Becken auch zuweilen dieses Schutzverhalten.

Chalinochromis

Chalinochromis ist eine Gattung, in der zur Zeit nur 1 Art untergebracht ist. Aquaristisch sind jedoch bereits verschiedene Spezies bekannt, deren Vertreter möglicherweise eines Tages wissenschaftlich beschrieben und ebenfalls zu dieser Gattung gestellt werden könnten. *Chalinochromis*-Arten sind mit denen der Gattung *Julidochromis* eng verwandt und tragen mit diesen gemeinsam eine außergewöhnlich hohe Zahl von Hartstrahlen in der Rückenflosse.

C. brichardi ist seit langem als Aquarienfisch eingeführt und wurde 1974 von POLL beschrieben. Wie die bekannteren *Julidochromis*-Verwandten haben auch diese Fische eine gestreckte Körperform und leben als Höhlenbrüter im Felsrevier der küstennahen Zone. Ihre Verbreitung reicht fast über den gesamten See. Bis zu 12 cm können die Tiere lang werden. Unter den Namen »*C. bifrenatus*« und »*C. ndobhoi*« wurden 2 Formen eingeführt, von denen die erste 2 Längsbinden trägt, die zweite 2 Längsreihen aus groben Punkten, über denen eine weitere in der Basis der Rückenflosse liegt. Die Grundfärbung aller Tiere ist ein helles Lehmgelb (geographische Varianten sind möglich), doch bleibt bei *C. brichardi* und »*C. bifrenatus*« der Unterkörper weißlich. Für diese Fische empfehlen sich Aquarien von 60–80 cm Länge oder mehr. In kleinere Becken (50–60 cm) können nur Tiere eingesetzt werden, deren Harmonie vorher nachgewiesen ist, im anderen Fall kann es zu Beißereien kommen. Harmonie ist auch entscheidend beim Versuch, die Fische zur Nachzucht zu bringen. Allzu häufig sind Zuchtversuche gescheitert, weil die Partner sich nicht verstanden haben. Das Weibchen heftet sein Gelege fast immer an die Höhlendecke, die Brutpflege wird von beiden Eltern wahrgenommen (Elternfamilie).

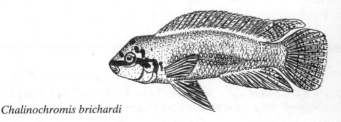

Chalinochromis brichardi

Cunningtonia

Cunningtonia ist eine Gattung mit nur 1 Art: *C. longiventralis*. Die Endemiten werden etwa 14 cm lang und erinnern mit ihren stark verlängerten Bauchflossen (= Artname) an die Vertreter der Gattung *Ophthalmochromis* bzw. *Ophthalmotilapia* (mit der Revision von LIEM [1981] wurde die erste eingezogen und die angeschlossenen Arten in die zweite übernommen), die man deswegen mit dem deutschen Namen Fadenmaulbrüter belegte. Auch *C. longiventralis* vermehrt sich durch Maulbrüten. Es gibt nur wenige Nachkommen je Brut, die jedoch relativ großen Eiern entstammen. Die selten eingeführten Tiere haben eine grausilberne Grundfärbung, über der ein kräftig blauer Schimmer liegt (♂♂). In der Rückenpartie wird das Blau von einem gelbgrünen Schimmer überlagert. In ihrem heimatlichen Lebensraum findet man die Maulbrüter von Zonen dicht unter der Oberfläche bis in 15 m Tiefe. Sie ernähren sich überwiegend von Mikroorganismen und ähnlich feinen Partikeln, die sie im Felsbiotop finden. Über ihre aquaristische Haltung liegen kaum nennenswerte Berichte vor.

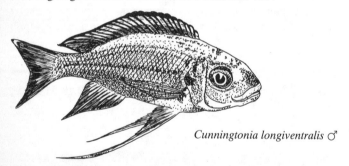

Cunningtonia longiventralis ♂

Cyathopharynx

Cyathopharynx furcifer ist der Vertreter einer monotypischen Gattung (= Gattung mit nur 1 Art), der in früheren Jahren oft mit bestimmten Verwandten aus der Gruppe der Fadenmaulbrüter verwechselt wurde. Auch diese Tiere sind also mit stark verlängerten Bauchflossen ausgestattet, die bis an die rückwärtige Spitze der Afterflosse reichen (♂♂). Dieser wohl (im männlichen Geschlecht) schönste Fisch des Tanganjikasees kann sich jedoch nur in großen Aquarien ab 160 cm Länge durchsetzen: Er wird bis etwa 20 cm lang (♂♂), lebt über Sandgrund und benötigt zum Wohlbefinden eine weite Sandfläche, in die er seine leicht kraterförmigen Mulden wedelt und gräbt, um laichbereite Weibchen anzulocken. Die farblich unscheinbaren, silbrigen und vor allem um fast 1/3 kleineren Weibchen werden, wenn sie Laichbereitschaft zeigen, vom zitternden Partner über die Grube gelockt. Dabei zeigt das männliche Tier eine blauviolette Grundfärbung, die sich voll in die Flossen hineinzieht. Stirn, Nacken und alle Flossen sind abgedunkelt bzw. mit einem samtschwarzen Saum versehen. Die gegabelte Schwanzflosse trägt an beiden Enden längere Filamente; die Enden der spitz zulaufenden Rücken- und Afterflosse zeigen im äußeren Bereich einen grellgelben, feinen Saum. An den Enden der langen Bauchflossen erkennt man ebenfalls gelbe Spitzen, die die Bedeutung von Eiflecken haben könnten. Über dem Körper liegt ein goldgrüner Schimmer. Der bräunliche Kopf hat große Augen, die mit je einem goldenen Ring versehen sind. Die Weibchen (man soll sie im Aquarium im Verhältnis 4:1 – 6:1 zu einem Männchen geben) laichen in der Mulde ab, nehmen die Eier ins Maul und lassen sie darin befruchten. Meist kommt es zu Gelegegrößen zwischen 30 und 40 Eiern. Werden sie von der Mutter aus dem Maul entlassen, so sind sie bereits 15–20 mm groß und wachsen

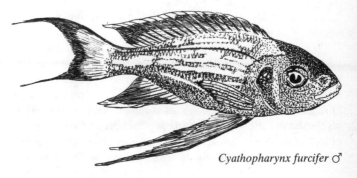

Cyathopharynx furcifer ♂

nun, bei ausgewogener Ernährung, schnell. Wildfangtiere, wie man sie meist zur Zucht noch erwerben muß, benötigen eine längere Eingewöhnungszeit, bis sie die angebotene Nahrung annehmen - dann entwickeln sie jedoch einen großen Appetit und nehmen (fast) jede Futterart begierig an.

Cyphotilapia

In der Gattung *Cyphotilapia* gibt es ebenfalls nur 1 Art: *C. frontosa,* ein überaus bekannter Aquarienfisch. Man nennt die Fische auch Tanganjika-Beulenkopf, wobei die »Beule« auf den Stirnwulst hinweisen soll, den man – besonders ausgeprägt – bei älteren Männchen antrifft. Bei weiblichen Tieren bleibt der Wulst auffällig hinter dem der Männchen zurück. Er ist somit kaum als Geschlechtsmerkmal anzusehen.
Man unterscheidet Farb- und Zeichnungsvarianten, die man als geographische Rassen ansprechen kann: Bei der ersten, die man die Kigoma-Form nennt, zeigen die Tiere über dem Körper (beginnend hinter dem Kiemendeckel und vor der Schwanzflossenbasis endend) 6 schwarze Querbinden. Sie tragen keine sogenannte Augenbinde, sondern ein schwarzes Farbfeld unter den Augen. Die übrigen Importtiere haben 5 Körperbinden und eine Kopfbinde, die sich von der Stirn durchs Auge bis zum vorderen Kiemendeckelbogen zieht. Darüber hinaus finden wir Tiere mit bläulichen unpaaren Flossen und solche, bei denen diese Flossen gelblich sind. Es ist nicht leicht, die Geschlechter früh zu erkennen. Erwachsene Männchen zeigen zugespitzte und mit Filamenten versehene Rücken- und Afterflossen. Ebenfalls verlängert sind die Strahlen der Bauchflossen.
C. frontosa ist ein Maulbrüter, den man nie in zu kleinen Behältern unterbringen sollte – auch wenn die Tiere einen durchweg ruhigen Eindruck machen. Eine paarweise Haltung ist möglich, wenn die Tiere miteinander harmonieren. Um dies aber festzustellen, müßte man sie zusammensetzen. Es hat sich als vorteilhafter erwiesen, entweder ein bereits harmonierendes Paar zu erwerben oder einem männlichen Tier mehrere Weibchen beizugeben. Im letzten Fall ist auch die Wahr-

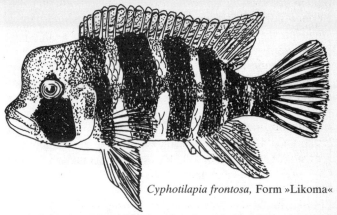
Cyphotilapia frontosa, Form »Likoma«

scheinlichkeit größer, daß der »Pascha« eine laichbereite Partnerin findet. Anderen Fischen gegenüber sind die Tiere kaum aggressiv, vertreiben sie jedoch aus unmittelbarer Nähe ihres Lieblingsplatzes. Verstecke im Becken sind wichtig, weil sich die Maulbrüter von Zeit zu Zeit für eine Weile unterstellen möchten. Zu unruhige oder besonders futtergierige Mitbewohner sollte man nicht in ein solches Becken setzen. Oft verweigern diese Buntbarsche die Nahrungsaufnahme, wenn die Nahrung nicht ausgewogen und abwechslungsreich ist. Sie bevorzugen fleischliche Kost, und da sie gut 30 cm lang werden können, kommen sie pro Tag nicht mit ein paar Mückenlarven aus. Gern genommen werden unbehandeltes Krebsfleisch (Shrimps) und solches von Fischen (Filet). Auch Regenwürmer lassen sich verfüttern, doch sollte man keine aus Komposthaufen (Kunstdünger) oder die sogenannten Mistregenwürmer dazu verwenden! Die roten Laubregenwürmer, wie man sie unter feuchtem Laub sowie unter Steinen und Holz findet, haben dagegen einen hohen Nährwert. Man kann sie auch in Behältern mit feuchtem Grund über eine gewisse Zeit aufbewahren und unter Umständen mit ihnen sogar eine Zucht anlegen. Ob die Fische frisch gehäutete Mehlwürmer nehmen, ist individuell verschieden, doch muß man beim Verfüttern von Lungenatmern auch darauf achten, daß die im

Aquarienwasser ertrinkenden Futtertiere sofort gefressen werden und nicht später das Wasser verunreinigen. Rinderherz kann man in kleine Bröckchen zerteilen und ebenfalls anbieten.
Für die Größe der Tiere sind die Vertreter von *C. frontosa* nicht sonderlich produktiv bei der Vermehrung: 40–60 Jungfische verlassen bei den üblichen 26 °C Haltungstemperatur nach etwa 4 Wochen das Maul der Mutter, sind dann aber bereits relativ groß und können mit dem üblichen feinen Futter ernährt werden. Bei Anwesenheit anderer Fische außer den Eltern achte man darauf, daß in ausreichendem Maß (!) Verstecke für die Kleinen vorhanden sind.

Cyprichromis
Die Gattung *Cyprichromis* schließt derzeit 4 Arten ein, die früher einmal zur Gattung *Limnochromis* gestellt waren. Man nannte sie einmal Heringscichliden, weil sie als Planktonfresser nicht das felsige Gebiet als Lebensraum bevorzugen, sondern in größeren Schwärmen bestimmte Freiwasserzonen im Norden des Tanganjikasees bevölkern. Wenn man den spitz zulaufenden Kopf der Tiere sieht, kann man kaum glauben, daß es sich auch bei diesen Arten um Maulbrüter handelt. Die geschlechtliche Unterscheidung fällt bei allen insofern nicht schwer, als es ausreichende farbliche Merkmale gibt, und es sind auch die Männchen, die durch ihre Farbenpracht den Arten zu ihrer weiten aquaristischen Verbreitung verholfen haben.
C. brieni, C. leptosoma, C. microlepidotus und *C. nigripinnis* haben alle eine etwa gleiche, gestreckte Körperform. Entsprechend ihrer natürlichen Lebensweise sollte man ihnen ein ziemlich geräumiges Aquarium anbieten und sie in einem größeren Schwarm pflegen. Für die Erstanschaffung reichen jedoch 5–10 Tiere aus, von denen allerdings die meisten weiblichen Geschlechts sein sollten. Mit einer Länge zwischen 12 und 14 cm sind die Schwarmcichliden ausgewachsen. Da ihnen im natürlichen Biotop keine Pflanzen zur Verfügung stehen, lassen sie diese auch im Aquarium unbeachtet. Selbst Ver-

stecke werden nicht angenommen, doch sollte man dies zum Anlaß nehmen, die Fische nicht mit stärkeren oder raufustigen Arten zusammenzubringen. Neben den bekannten feinen Lebendfuttern, wie Wasserflöhe und Cyclops, werden auch weitere Futtertiere und -arten genommen, soweit sie langsam daran gewöhnt wurden. Dies kann mehrere Monate dauern – dann jedoch wird selbst Flockennahrung nicht verschmäht.

Die Vermehrung der Kärpflingsbuntbarsche (wie die Übersetzung des Gattungsnamens wohl lauten dürfte) hat ihre eigenen Riten: Im freien Wasser, ohne Substrat für die Eiablage, müssen die Eier nach Art der Freilaicher abgegeben werden. Um die Eier dennoch ins Maul zu bekommen, müssen die Weibchen nach dem Ausstoß jedes einzelnen Eies blitzschnell den Körper wenden und mit dem Maul nach dem Ei schnappen. Erst wenn alle Eier im Maul beisammen sind, wird das Gelege von einem Männchen mit einer Spermienwolke befruchtet. Es vergehen rund 3 Wochen, bis die Mutter die Jungfische zum ersten Mal aus dem Maul entläßt – normale Haltungstemperatur von 25–27 °C vorausgesetzt. In diesem Stadium müssen die Kleinen bereits sehr selbständig und unabhängig sein; denn sie werden darauf nicht mehr ins Maul zurückgenommen – auch nicht bei Gefahr. Von den artgleichen Verwandten droht sie nicht!

Als beliebteste aquaristische Art dieser Gattung kann man wohl *C. microlepidotus* ansehen. Geschlechtsaktive Männchen (siehe Zeichnung) tragen einen breiten, tiefschwarzen Saum an Rücken- und Afterflosse, der basale Teil dieser Flossen zeigt ein Muster aus grünen und blauen Tüpfeln. Die Flanken haben eine schokoladenbraune Grundfärbung, die sich bis in den oberen Kopf hineinzieht. Kehle, Brust und Bauch sind mittelblau, und über der braunen Körperfärbung liegt ein Muster aus unregelmäßig angeordneten kurzen Längsbinden. Die Schwanzflosse kann goldgelb, aber auch rußiggelb sein. *C. leptosoma*-Männchen haben eine rußigblaue Grundfärbung, eine gelbliche Kehle und Brust und – je nach Herkunft im Tanganjikasee – eine mehr oder weniger goldgelbe Schwanzflosse, die mit einem feinen hellblauen Rand versehen ist. Alle übri-

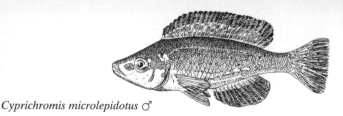

Cyprichromis microlepidotus ♂

gen Flossen sind blaugrundig und zeigen Übergänge in gelbe Töne. *C.-brieni*-Männchen erinnern in der schokoladenbraunen Grundfärbung an *C. microlepidotus,* doch sind auch alle Flossen in diese Tönung eingeschlossen. Über die Flanken dieser Tiere ziehen sich Längsreihen aus feinen, leuchtendblauen Tüpfeln, und in der Kopfpartie erkennt man ebenso gefärbte Partien. Farblich am bescheidensten zeigen sich die Männchen von *C. nigripinnis* mit ihrer graubeigen Grundfärbung, über der ein blaugelber Schimmer liegt und das rauchige Netzmuster überdeckt. Die Flossen sind leicht gelb und wirken wie schwärzlich gepudert. Die Weibchen all dieser Arten bleiben im äußeren Erscheinungsbild wesentlich zurück.

Grundelbuntbarsche

Gundelbuntbarsche nennt man eine Reihe von Arten, deren natürlicher Lebensraum hauptsächlich im oberen Bereich der Geröllzone zu suchen ist. Mit den Grundeln haben sie die Eigenschaft gemein, daß sie kaum einmal frei im Wasser stehen, dafür aber auf einem Beobachtungsplatz ruhen, auf dem sie sich mit Hilfe ihrer Bauch- und zuweilen auch Brustflossen abstützen. Sie erinnern damit auch stark an die sogenannten Korallenwächter oder Büschelbarsche (Familie Cirrhitidae), die viele Aquarianer aus dem Meerwasserbecken kennen. Grundelbuntbarsche sind Maulbrüter und sind trotz verschiedener gemeinsamer Merkmale in verschiedene Gattungen untergebracht: *Eretmodus, Spathodus* und *Tanganicodus*. Auch im äußeren Erscheinungsbild haben sie viel Gemeinsames, so daß der aufmerksame Aquarianer bald »ein Auge« für sie hat und sie in jedem Aquarium schnell erkennt.

Eretmodus cyanostictus

Eretmodus cyanostictus kommt vom Norden bis zum Süden in vielen Gebieten des Tanganjikasees vor. Die Tiere werden bis etwa 8 cm lang. Sie haben ein vorderständiges Maul wie auch ihre übrigen Verwandten. Lediglich der Oberkiefer ist ein wenig verlängert, so daß sie bei der bodennahen Futteraufnahme den Kopf senken müssen. Es sind verschiedene farbliche Varianten bekannt. Oft erkennt man in der unteren Flankenhälfte etwa 6 hellere Querstreifen und eine Zahl hellblauer, unregelmäßig verteilter Tüpfel über Kopf und Rücken, wie man sie auch bei *Tanganicodus irsacae* feststellt. Kopf und Körper haben eine blasse braunbeige Grundfärbung, über der sich zuweilen ein rötlicher Schimmer zeigt. Die Flossen haben eine ähnliche, jedoch mehr abgedunkelte Grundfarbe und meist einen feinen schwarzen Rand.

Spathodus-Arten (*S. erythrodon* und *S. marlieri*) erreichen eine ähnliche Länge, der letzte wird etwas größer. Die Vertreter beider Arten wirken jedoch bulliger, weil ihr wuchtiger Kopf mit dem stets leicht geöffneten, leicht unterständigen Maul und den aufmerksamen Augen im Gesamteindruck dominiert. Der »Nasenrücken« ist etwas tiefer nach innen durchgebogen, wodurch die Stirn wulstiger erscheint. Bei *S. marlieri* (s. Farbtafel 2, unten) ist das besonders augenfällig. Diese Art findet wegen ihrer lehm- bis sandfarbenen Tönung (ein blaßblauer Schimmer zeigt sich gelegentlich in der Kopfpartie) nur wenig Freunde in der Aquaristik. *S. erythrodon* hat dagegen den Rotschimmer und die blauen Tüpfel wie *E. cyanostictus,* doch fehlen bei dieser Art die erwähnten Querbinden.

Leider nur wenig eingeführt wird *Tanganicodus irsacae,* den man bisher nur im Norden des Tanganjikasees gefunden hat.

Tanganicodus irsacae

Mit einer Länge um 6 cm bleiben die Fische etwas kleiner als ihre vorher erwähnten Verwandten. Sie leben in den alleobersten Wasserschichten – dort, wo die Geröllzone in helles Sonnenlicht getaucht ist, dicke Algenpolster sich gebildet haben, in denen viele Insektenlarven angesiedelt sind – die hauptsächliche Nahrung dieser Fische. Mit ihren hellen Vertikalstreifen in der unteren Körperhälfte sind die Fischchen gut getarnt. Ihre Bezahnung mit den nach vorn gerichteten Vorderzähnchen gibt ihnen die Möglichkeit, die Insektennahrung wie mit einer Pinzette aus den Algenpolstern zu klauben. Trotz ihrer relativ geringen Größe soll man die Fische nur in einem Aquarium von über 80 cm Länge pflegen und dies entsprechend einrichten.

Grundelbuntbarsche sind Maulbrüter – das wurde bereits erwähnt. Sie unterscheiden sich jedoch von anderen Maulbrütern zuerst einmal dadurch, daß man ein Paar selten in der bekannten T-Stellung antrifft, die andere Maulbrüter beispielsweise zum Zwecke der Eibefruchtung im Maul des Weibchens einnehmen. Bei den Grundelbuntbarschen sind die Körper der Partner meist parallel gerichtet, wobei der Kopf des einen stets in der Analzone des anderen Tieres liegt. Kommt es zur Befruchtung der zuerst auf einem Substrat (Stein) abgegebenen Eier im Maul des Weibchens, so dreht das Männchen seinen Körper etwas zur Seite, um der Partnerin besseren Zugang zu seiner Genitalzone zu verschaffen. Die Zahl der abgegebenen großen Eier ist gering und liegt kaum einmal über 25. Während sie sich im Maul der Mutter entwickeln, bewacht der Partner die Umgebung des gemeinsamen Verstecks und vertreibt Störenfriede. Bei *E. cyanostictus* und *S. erythrodon* (deren Vertreter einander stark ähneln) sind auch die Männchen am eigentlichen Brutgeschäft beteiligt und übernehmen die sich entwickelnden Eier nach etwa 12 Tagen, um darauf die erwähnten Rollen zu tauschen. Die Weibchen der beiden übrigen Arten übernehmen die Brutpflege allein. Derartige Partnerschaften (»Ehen«) werden über einen langen Zeitraum beibehalten.

Julidochromis

Die Vertreter der Gattung *Julidochromis* gehören seit langer Zeit zu den beliebten, wenn auch oft schwierigen Pfleglingen. Sie kommen ausschließlich im Tanganjikasee vor. Trotz ihrer gestreckten, ähnlichen Körperform und der engen Verwandtschaft der Arten untereinander muß man von den 5 bisher wissenschaftlich beschriebenen 2 separieren, weil sie erstens (auch) in tieferen Wasserzonen anzutreffen sind (bis etwa 18 m) und zweitens mit 12–14 cm fast doppelt so lang sind wie die drei übrigen. Bei diesen beiden handelt es sich um *J. regani* und *J. marlieri,* deren Männchen mit zunehmendem Alter einen immer gewölbteren Stirnbuckel bekommen, der sich besonders bei Tieren der 2. Art zeigt. Beide haben eine lehmbeige Grundfärbung, über der ein Muster aus schwarzbraunen Binden und Streifen liegt (s. Zeichnungen). Die Flossen sind mehr oder weniger breit schwarz gesäumt, und unter diesem Saum liegt eine auffälligere hellblaue (submarginale) Binde.
Die Vertreter der übrigen 3 Arten, *J. ornatus* (6–7 cm), *J. transcriptus* (6 cm) und *J. dickfeldi* (8–9 cm), leben im See nur in einer Tiefe bis maximal 4–5 m im steinigen Biotop der Fels- und Geröllzonen.
J. ornatus, den man bisher nur im nördlichen Teil des Sees angetroffen hat, zeichnet sich durch seine wunderschöne goldgelbe Grundfärbung aus, von der sich das Muster der tiefschwarzen Längsbinden plastisch abhebt. Unter den ebenfalls schwarzen Säumen der unpaaren Flossen zeigt sich wiederum eine hellblaue (submarginale) Binde.
Das Vorkommen von *J. transcriptus* (s. Farbtafel 2, oben) ist eng begrenzt und liegt (soweit bis heute bekannt) nur im Nordwesten des Sees. Der bevorzugte Lebensraum der Tiere entspricht in etwa dem der vorgenannten Art. Die Färbung der

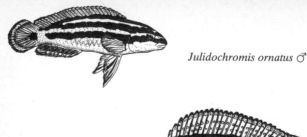
Julidochromis ornatus ♂

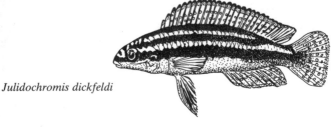
Julidochromis dickfeldi

Tiere variiert: Einmal überwiegt die weißliche oder goldene Grundfärbung, ein anderes Mal die schwarzen Zonen, deren Muster ebenfalls recht unterschiedlich ausfällt. Auch bei dieser Art tragen die unpaaren Flossen wieder einen schmalen schwarzen Saum, unter dem eine hellblaue (submarginale) Binde liegt.

J. dickfeldi ist der spitzköpfigste aller *Julidochromis*-Vertreter und wurde Mitte der 70er Jahre im Südwesten des Sees entdeckt. Eine attraktive Art, deren Grundfärbung man mit braunocker beschreiben kann, wobei die Körper- und Kopfzone unterhalb der tiefstgelegenen Längsbinde meist heller bleibt. Neben den auch hier gezeigten submarginalen hellblauen Binden in den Flossen ist bei diesen Tieren der Teil des unteren Längsbandes, der von der Oberlippe zum hinteren Kiemendeckel führt, mit einem hellblauen Strich unterlegt, und die Lippen zeigen ebenfalls einen blauen Anflug wie die Spitzen der Bauchflossen.

Julidochromis-Arten der letzten Gruppe kann man bereits in einem Becken unterbringen, das (nur) eine Länge von 60 bis 80 cm aufweist. Nicht harmonierende Tiere muß man jedoch rechtzeitig herausfangen, weil nicht akzeptierte Mitbewohner

Oben:
Neolamprologus spec. »White Tail« ♂

Mitte:
Neolamprologus spec. »cylindricus« ♂

Unten:
Neolamprologus spec. »daffodil« ♂

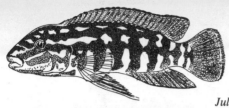

Julidochromis marlieri ♂

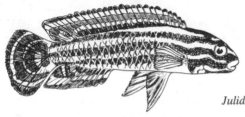

Julidochromis regani ♂

derselben Art bekämpft werden. Besser ist ein Aquarium von 100–120 cm Länge, in dem dann auch Reviere für 2 oder mehrere Paare eingerichtet werden können. Steinige Zonen mit vielen sich daraus ergebenden Höhlen und Spalten sollten von sandigem oder Feinkiesgrund umgeben sein. Pflanzen kennen die Fische normalerweise nicht und lassen sie auch unbchclligt. Die Fische nehmen viele Arten von Futter und bevorzugen fleischliche Kost.

Die Zucht ist insofern nicht ohne Probleme, als die Eltern bei Störungen empfindlicher reagieren, als man das von anderen Cichliden kennt. Es empfiehlt sich daher, auf einen ruhigen Ablauf der Brutpflege zu achten und selbst bei einem notwendigen Wasserwechsel so zu hantieren, daß dieser nicht störend empfunden werden kann. *Julidochromis*-Arten gehören zu denjenigen Felsencichliden, die ihr Gelege in Spalten verstekken, die so eng sind, daß Störenfriede kaum hinein können. Meist wird das Gelege am höchsten Punkt des Verstecks angeheftet. Beide Eltern übernehmen die Aufgabe der Brutbetreuung, doch kann man diese nicht als besonders intensiv bezeichnen. Die Gelege haben im Schnitt einen Umfang von 35–45 Eiern, aus denen bei 28 °C nach etwa 2–3 Tagen die Larven schlüpfen. Nach weiteren 3–4 Tagen sind die Jungfische freigeschwommen und halten sich vorerst noch im Schutz der Brutspalte auf und sollten jetzt sofort mit feinem Lebendfutter (Artemia) angefüttert werden.

Lepidiolamprologus
Lepidiolamprologus heißt eine der neuen Gattungen, deren Typ *L. elongatus* (BOULENGER, 1898) ist. Diese Art ist unverkennbar mit ihrem schwarzen Fleckenmuster auf graubeigem Grund, dem gelbgetönten Kopf und den weißen Fleckenlinien über Flanken und in den Flossenmembranen. Die Fische, die im Heimatbiotop eine eher räuberische Lebensweise führen, werden mit Längen von 6–8 cm eingeführt, können jedoch bis zu 20 cm lang werden. Sie leben stets in freierem Wasser und kommen hier überall und häufig vor. Sie vermehren sich nach Art der Höhlenbrüter.

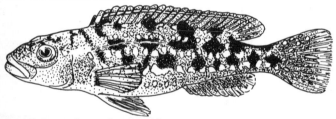

Lepidiolamprologus elongatus ♂

L. nkambae (s. Farbtafel 2, Mitte) und *L. kendalli* wurden erst im vergangenen Jahrzehnt erstbeschrieben, doch ist bisher nur die erste Art in unseren Aquarien eingeführt. Die Tiere stammen aus dem Süden des Sees (Nkamba Bay/Sambia) und leben dort in der felsigen Uferregion. Ihr tiefgespaltenes Maul läßt die räuberische Lebensweise erkennen. Die schlanken Tiere benötigen ein geräumiges Becken mit einer Reihe von Verstecken und Unterständen. Ihre Endgröße dürfte bei etwa 16 cm liegen. Die Nachzucht ist bereits gelungen (Versteckbrüter).
L. attenuatus, *L. cunningtoni* und *L. profundicola* lassen im äußeren Erscheinungsbild die Verwandtschaft mit der vorher

angesprochenen Art erkennen. Mit einer Gesamtlänge, die der von *L. nkambae* nahekommt, ist *L. attenuatus* der kleinste aus dieser Gruppe. Die beiden übrigen werden nach Freilandbeobachtungen bis etwa 30 cm lang und sind somit für viele Aquarianer von vornherein weniger interessant. Alle haben eine graubraunbeige Grundfärbung, über der ein unregelmäßiges Tarnmuster liegt. Bei *L. cunningtoni* besteht dies nicht aus der sonst üblichen Marmorierung, sondern aus vielen, sehr kleinen silbrigen Tüpfeln. Man kann diese Räuber im Aquarium bald an die übliche fleischige Kost gewöhnen, darf natürlich keine kleineren Fische als Mitbewohner einsetzen, weil diese sicher nur ein sehr kurzes Leben hätten.

Limnochromis
Die Gattung *Limnochromis* umfaßt nur wenige Arten, von denen *L. auritus* (s. Farbtafel 3, Mitte links) den Aquarianern am bekanntesten sein dürfte. Es werden nur relativ wenige Tiere importiert. Sie kommen nicht in unmittelbarer Nähe der Wasseroberfläche vor, sondern leben in größeren Tiefen, die für schwach ausgerüstete Taucher bzw. Fänger nicht leicht zu erreichen sind. Außerdem kann man gefangene Fische aus solchen Tiefen nicht sogleich an die Oberfläche bringen: Sie würden auf der Stelle sterben.

Ein Verwandter dieser Art, *L. permaxillaris*, der kaum eingeführt wurde, lebt in Tiefen bis zu 100 m und ernährt sich hier überwiegend von Plankton. *L. auritus* wird meist in Längen zwischen 6 und 10 cm eingeführt und angeboten und wächst im Aquarium auf 12–14 cm heran. Seine im Heimatbiotop erreichte Länge von bis zu 18 cm erreicht er hier selten. Die Art gehört zu den Maulbrütern, doch sind über ihre Nachzucht kaum Berichte bekanntgeworden. Es soll zu mehr als 100 Jungen kommen, die von beiden Eltern gepflegt werden, was für Maulbrüter nicht zur Normalität gehört, weil die Eier auch vom Männchen im Maul erbrütet werden.

Limnotilapia
Limnotilapia ist ebenfalls eine artenarme Gattung, aus der nur

1 Vertreter näher bekannt wurde: *L. dardennii*, der 24–26 lang werden kann. Man kann die Fische nicht als besonders farbig ansprechen: Silbrig ist ihre Grundfärbung, und zu den markanteren Kennzeichen zählen einige tiefschwarze Querbalken zwischen den Augen und über der Stirn. Sie sind jedoch nicht bei allen Tieren einheitlich. Stimmungsbedingt werden – mehr oder weniger intensiv – 2 dunkle Längsbinden in der oberen Körperhälfte gezeigt, über die sich 8 ebenso dunkle Querbinden bis etwa zur Mitte der unteren Körperhälfte ziehen. Die unpaaren und die Brustflossen haben einen gelblichen Schimmer, der sich in der Rückenflosse an der Vorderkante der Strahlen wie auch in einem Saum intensiviert. Der äußere Rand der Afterflosse ist bläulich. Männchen zeigen einen (?) Eifleck am hinteren Flossenrand, ein Hinweis auf das Fortpflanzungsverhalten: *L. dardennii* ist Maulbrüter.

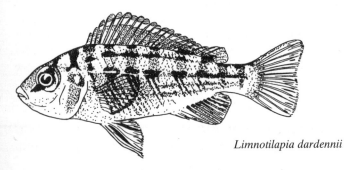

Limnotilapia dardennii

Lobochilotes

Lobochilotes ist eine Gattung, die bis heute monotypisch blieb. Ihr einziger Vertreter, *L. labiatus*, gehört zur Gruppe der Wulstlippenbuntbarsche, die wir in jedem der großen afrikanischen Seen antreffen – eine Parallelentwicklung, um eine ökologische Nische auszufüllen. Zebra-Wulstlippenbuntbarsch nennt man diesen Vertreter, der eine Länge bis zu fast 40 cm erreichen kann, dabei körperlich kompakt und hochrückig wird und als Nutzfisch rund um den See geschätzt ist. Im

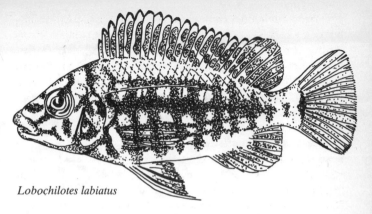

Lobochilotes labiatus

Aquarium treffen wir diese Tiere daher weniger an, als etwa die mit ähnlichen Lippen ausgestatteten Verwandten aus dem Malawisee, die nur etwa halb so groß werden.

Auch diese Art gehört zu den Maulbrütern; die Fische werden gelegentlich mit einer Länge von 10 cm eingeführt und sind dann bald auch fortpflanzungsfähig. Die Grundfarbe der Tiere ist silbrig und wird von messinggelben bis grünlichen Tönen überlagert. 11 oder 12 schwarzbraune Querbinden laufen über den Körper (zu zählen ab Kiemendeckelhinterrand). Mehrere, meist tiefschwarze Binden laufen über die Stirn, von denen die längste durchs Auge zum hinteren Rand der Oberlippe zieht. Die Flossen sind farblos, und nur die Rückenflosse ist mit einem feinen schwarzen Rand ausgestattet, unter dem eine blasse, orangefarbene Binde liegt. In der Afterflosse erkennt man mehrere orangerote Eiflecken, die von einem tiefschwarzen Rand (♂♂) umgeben sind.

Neolamprologus

Neolamprologus heißt der Name der neuen Gattung, in der heute die Mehrzahl der früher zu *Lamprologus* gestellten Arten zusammengefaßt ist. Diese Gattung, in der jetzt etwa 40 Arten untergebracht sind, dürfte sich in den nächsten Jahren insofern erweitern, als noch eine Reihe bisher wissenschaftlich nicht beschriebener Spezies bekannt ist, von denen die Mehrheit *Neolamprologus* zugeordnet werden dürfte. Alle Vertreter dieser Gattung gehören zu den Versteck- oder Höhlenbrütern, und wir finden viele alte Bekannte darin wieder. Zu den Schneckenbuntbarschen gehört eine Reihe von Arten, die in diese Gattung gestellt sind, darunter *N. brevis, N. hecqui, N. meeli, N. multifasciatus, N. ocellatus* und *N. ornatipinnis*. Bei einigen anderen bekannten Spezies steht eine wissenschaftliche Beschreibung noch aus (»*N. magarae*«, »*N. vaitha*« und anderen) oder ist umstritten (*N. wauthioni*).

Schneckenbuntbarsche haben fast alle eine relativ geringe Größe von 6–8 cm. Bei einigen Arten bleiben die Weibchen deutlich kleiner als ihre Partner, die dazu meist kurz und gedrungen erscheinen. Schneckenbuntbarsche rechnet man zur Gruppe der Höhlenbrüter, weil deren Weibchen die Gelege in die Windungen der leeren Schneckenhäuser legen. In den Fällen, in denen die Weibchen kleiner sind, kann selbst der Partner nicht zum Besamen der Eier ins Haus schwimmen und muß daher eine Spermienwolke in das Gehäuse spritzen. Bei einigen Arten kann es vorkommen, daß deren Vertreter sich im Aquarium bei der Fortpflanzung nicht sehr an Schneckenhäuser gebunden fühlen und Höhlen – falls diese den Tieren behagen – vorgezogen werden. Im letzten Fall kann das Männchen natürlich das jeweilige Gelege direkt befruchten. Das Verhalten der Fische beim Brutgeschäft ist somit als nicht einheitlich zu bezeichnen. Da die Gehäuse der im Tanganjikasee endemischen *Neothauma*-Schnecke zwar an manchen Stellen

Neolamprologus meeli ♂

des flachen Seegrunds zu Tausenden leer herumliegen, reicht deren Größe jedoch nicht über ein bestimmtes Maß hinaus. Im Aquarium kann man, falls *Neothauma*-Gehäuse vom Zoohandel nicht mitgeliefert werden können, solche von einheimischen Schnecken verwenden, die man zur Not auch im Feinkostgeschäft erwerben kann.

Im Aquarium sind Schneckenbuntbarsche nicht sonderlich anspruchsvoll. Wer es ihnen besonders recht machen will, verwendet ein Wasser zwischen 10 und 12° dGH und hält den pH-Wert unbedingt oberhalb der 7,5-Marke. Das Becken muß nicht besonders hoch, sollte jedoch dann gut abgedeckt sein. Man rechnet für das Revier eines Männchens zwischen 40 und 50 cm^2. Je mehr leere Gehäuse in diesem Revier herumliegen, um so besser. So sind es die Tiere auch von ihrem natürlichen Lebensraum gewohnt. Der Boden sollte nicht zu grob sein – am besten eignet sich etwas grober Sand oder ziemlich feiner Kies. Die Tiere mancher (aber nicht aller!) Arten neigen dazu, das Gehäuse ihrer Wahl in den Sand einzubuddeln, bis nur noch die Öffnung aus dem Sandgrund hervorschaut. Einem Männchen soll man mehrere Weibchen (und damit ein größeres Revier) überlassen. Auf zu engem Raum werden sich mehrere männliche Tiere ständig attackieren, zumindest aber bedrohen. Aus Erfahrung kann ich sagen, daß die Männchen der nur maximal 4 cm lang werdenden Art *N. multifasciatus* (Weibchen bis 3 cm) weniger Kampfeslust gegenüber Artverwandten zeigen. Dieses innerartliche Verhalten hat offenbar

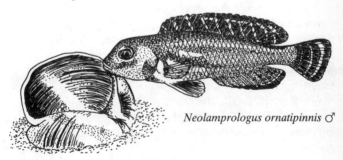

Neolamprologus ornatipinnis ♂

nichts mit der geringen Größe der Tiere zu tun; denn Störenfrieden gegenüber zeigen sie einen ausgeprägten Behauptungswillen und sind diesen Fischen gegenüber dann besonders aggressiv, wenn es Junge zu beschützen gibt. Das gilt auch für Gegner, die um ein Vielfaches größer sind als sie selbst. Andererseits kennen wir allein aus Fotos in Artikeln von Fachzeitschriften Bilder drohender Männchen, die dabei nichts anderes tun, als artgleichen Rivalen die Grenzen des selbst abgesteckten Reviers zu »erklären«. Meist befindet sich ein solches Revier (auch im Aquarium) im Besitz eines einzelnen Männchens, dem ein mehr oder weniger großer Harem untersteht. Nachkommen werden nur für einen begrenzten Zeitraum in diesem Revier geduldet. Werden sie halbwegs erwachsen, so müssen sie sich ein eigenes Revier suchen oder werden vertrieben. Im Aquarium heißt das: Die Jungen müssen rechtzeitig aus dem Becken der Alttiere entfernt und umgesetzt werden.

N. ocellatus ist der bekannteste unter den Schneckenbuntbarschen. Die etwa 6 cm (♂♂) groß werdenden Tiere haben eine sandgelbe Grundfärbung, über der man auf den Körperseiten 2 blaßschimmernde, blaue Längsbänder erkennt. Der namengebende Ocellus (Augenfleck) befindet sich unübersehbar auf der Mitte des hinteren Kiemendeckelrandes. Ähnlich in der Farbe und ebenfalls mit einem Augenfleck an der erwähnten Stelle versehen ist *N. wauthioni*. Bei diesen Tieren läuft der Kopf etwas spitzer zu, und die unpaaren Flossen zeigen eine Vielzahl kleiner und kleinster weißer Tüpfel. Die mit dem Händlernamen »*N. magarae*« belegte Art hat eine im hinteren Bereich weißgesäumte Rückenflosse, trägt einen gelben, runden Fleck oberhalb hinter den Augen und ein Muster von blauen Linien über Kopf und Nacken.

N. brevis hat eine attraktivere Färbung bzw. Musterung als die drei vorgenannten. Meist ist der Körper hellschokoladenbraun, doch bleibt die Bauchpartie weißlich. Die rund um den See verbreitete Art trägt ein Muster von 9 blaugrünen, schmalen Querbinden auf den Flanken. Ein goldener Fleck liegt auf dem hinteren Kiemendeckelbogen. Die gelblichen Flossen zeigen im unpaaren Bereich hellblaue Tüpfelreihen. Ober-

Neolamprologus buescheri ♂

lippe meist fein blau gerandet, und ein ebenso blauer Fleck ziert die Wangen (♂♂).
Mit *N. buescheri* wurde erst in neuerer Zeit eine Art beschrieben, deren Vorkommen bis heute erst im südlichen Teil des Tanganjikasees nachgewiesen ist (Sambia). Die etwa 8–10 cm lang werdenden Fische leben in einem spaltenreichen Gebiet der Felsenzone in einer Tiefe unterhalb von 16 m. Hellbeige ist die Grundfarbe, und die dunklen Körper- und Kopfzonen erscheinen wie rußig abgedeckt. Das Auge trägt oben und unten einen gelben Fleck, und auch die Brustflossen zeigen eine ähnliche Tönung. Die unpaaren wie die Bauchflossen tragen einen feinen, leuchtendblauen Saum, unter dem eine tiefschwarze Binde liegt.
Die Fortpflanzung von *N. buescheri* im Aquarium kann insofern Probleme bringen, als die innerartliche Aggression bei diesen Tieren recht hoch ist, so daß die Paarbildung nicht so einfach sein muß, wie man das bei einer Reihe von anderen Arten dieser Gattung vielleicht schon festgestellt hat. Die Männchen sind wählerisch bei der Suche der in der Größe kleineren Partnerinnen! Auch im Brutverhalten erinnern manche Paare an die von *Julidochromis*-Arten. Es kommt zu Gelegegrößen von rund 50 Eiern.
Neolamprologus calvus und *N. compressiceps* gehören zu den Arten, bei denen es in der Körperform viel Übereinstimmung gibt, und die deshalb in früheren Jahren als eine Art angesehen wurden. Am tief eingeschnittenen Maul erkennt man die Räuber, die mit ihren 13–15 cm Länge neben Krebstieren in erster Linie Jungfische erbeuten.
Der hochrückige *N. compressiceps* hat zweifellos die größere Verbreitung. Seine lehmgelbe bis braune Körperfärbung kann zur Tarnung abgedunkelt werden. Meist halten sich die Tiere

im Felsenrevier auf, wo sie ihre schwimmende Beute auch noch in engen Felsennischen aufspüren und jagen. Ihr seitlich stark zusammengedrückter (= komprimierter [Name]) Körper gibt ihnen dazu die Möglichkeit. Innerhalb des weitgestreuten Verbreitungsgebietes kommt es zu einer Reihe von farblichen Varianten, die im aquaristischen Handel unter entsprechenden Namen (z. B. »Goldkopf«, »Orangeflossen« u. a.) gehandelt werden.

Das Verbreitungsgebiet von *N. calvus* liegt dagegen im Süden des Sees (Sambia/Zaire). Diese Tiere haben eine mausgraue Grundfärbung und zeigen über Kopf und Körper ein Muster aus dunklen Binden. Mit Ausnahme der Brustflossen sind alle übrigen in das »Sternenhimmelmuster« der Flanken eingeschlossen: Feine, weißglänzende Tüpfel überziehen die erwähnten Zonen und werden zu den Flossensäumen hin immer kleiner.

Beide genannten Arten gehören zu den Höhlenbrütern, die verhältnismäßig leicht zur Nachzucht zu bringen sind. *N. compressiceps* laicht gern in großen Meeresschneckenhäusern ab, die, auf einen Stein gesetzt, als Höhle okkupiert und meist als Brutplatz ausgesucht werden. An der Betreuung der Brut beteiligen sich beide Eltern (= Elternfamilie). Die relativ kleinen Jungfische müssen mit Artemia-Nauplien angefüttert werden. Gute und nahrhafte Nahrung (nicht zu einseitig!) ist für die Jungen in den ersten Lebenswochen besonders wichtig.

Neolamprologus christyi ist eine Art, die erst relativ spät von TREWAVAS und POLL (1952) wissenschaftlich beschrieben wurde. Die Tiere zeigen in nicht zu großen Becken eine starke innerartliche Aggression, was einer der Gründe dafür sein mag, daß sie weniger Freunde in der Aquaristik fanden. Sie erreichen eine Länge zwischen 12 und 14 cm. Die Tiere haben eine schokoladenbraune Grundfärbung, die jedoch auch einer grauen Schreckfärbung mit noch dunkleren Teilquerbinden weichen kann. Bei Wohlbefinden oder dominierenden Männchen überzieht ein blauer Schimmer bestimmte Körperzonen (s. Farbtafel 5, oben links). Jungtiere zeigen eine blaßgelbe Färbung, und selbst unter ihnen zeigt sich bereits der erwähnte

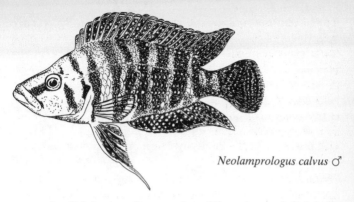

Neolamprologus calvus ♂

aggressive Trieb, was oft genug dazu führen kann, daß sich die Geschwister bereits bei Längen ab 3 cm um Versteckplätze balgen und die stärksten Tiere sich dabei sehr zuungunsten der schwächeren durchsetzen.

Neolamprologus elongatus heißt heute die Art, die den meisten Aquarianern besser unter dem Synonym *Lamprologus brichardi* bekannt ist. Die Gründe für diese Umbenennung wurden bereits an anderer Stelle erläutert (s. Seite 66). *N. elongatus* wird 8–9 cm lang und kommt nur in der nördlichen Hälfte des Sees vor (soweit wir bis jetzt wissen). Bei dieser seit langem bekannten Art handelt es sich um einen Bewohner des Felslitorals, wo man die Tiere hauptsächlich in Wasserzonen zwischen 4 und 10 m antrifft. Je nach Herkunft haben die Tiere eine ockerfarbene bzw. rötlichbraune Grundfärbung, die sich über Kopf und Nacken abdunkelt. Unter dem Auge liegt eine kurze, blau irisierende Längsbinde, die bis zur Oberlippe reicht. Von hier aus ist die untere Kopfhälfte mit einem Muster

Neolamprologus elongatus ♂ (bekannter unter dem Synonym *Lamprologus brichardi*)

blauer Linien und Tüpfel überzogen. Als klares Unterscheidungsmerkmal zu weiteren Formen dieser Gruppe mag die Anordnung von 2 schwarzen, gestreckten Flecken gelten, von denen der erste vom Auge über den vorderen Kiemendeckelrand hinausreicht (= längsgestreckt). Der zweite liegt dahinter, im Bereich des hinteren Kiemendeckelrandes und verläuft in vertikaler Richtung. Über beiden erkennt man unschwer einen runden oder ovalen Goldfleck (s. Zeichnung). Die Flossen sind etwas heller als die übrige Körpertönung und weisen in den Membranen eine Vielzahl feiner, orangefarbener Tüpfel auf. Außer den Brustflossen sind alle übrigen (besonders bei männlichen Tieren) lang ausgezogen und mit Filamenten versehen. Meist haben die Filamente wie der hintere Saum dieser Flossen eine reinweiße Farbe. Auffällig die tiefgegabelte Schwanzflosse, die wir auch bei den in der Folge angesprochenen Verwandten dieser Art finden.

Im Aquarium benötigt *N. elongatus* Raum und eine bis in die oberen Wasserzonen reichende »Felsenzone«, also aufgeschichtete Steine mit engen Spalten und einigen höhlenartigen Unterständen, in denen sich die Fische in Notfällen verstecken können. Im natürlichen Lebensraum der Tiere sind keine Pflanzen (wenn man einmal von den Algenpolstern absieht) vorhanden. Wer sie trotzdem in ein solches Aquarium einbringen möchte, kann davon ausgehen, daß diese Fische sie nicht behelligen.

N. elongatus ist in den letzten Jahren häufig zur Nachzucht gebracht worden. Die Fortpflanzung dieser Tiere stellt insofern eine Besonderheit dar, als sie nicht nur in ihrem natürlichen Biotop in großen Gruppen auftreten, sondern auch im Aquarium ihre Jungen ab einer bestimmten Länge nicht aus ihrer direkten Nähe vertreiben. Diese werden im Gegenteil geduldet und sind im weiteren Fortpflanzungsverlauf mit an der Pflege ihrer jüngeren Geschwister beteiligt. Eindringlingen gegenüber sind dann praktisch alle Tiere dieser Gruppe, die sich gebildet hat, aggressiv und vertreiben sie aus ihrem Revier.

Im Körperumfang recht ähnlich, jedoch in der Färbung auffällig heller sind die im Süden des Sees vorkommenden Vertreter von *N. pulcher*, einer Art, die im Jahre 1952 von TREWAVAS und POLL wissenschaftlich beschrieben wurde. 2 weitere Spezies, die vorerst noch unter den Händlernamen »*N. daffodil*« (s. Farbtafel 4, unten) und »*N. kasagera*« geführt werden, dürften ebenfalls diesen in der Körperform so ähnlichen Fischen angehören, die allgemein als »Elongatus-Pulcher-Komplex« angesprochen werden. Besonders der letzte (»*N. kasagera*«) hat viel Ähnlichkeit mit *N. elongatus*, doch lassen sich für einen aufmerksamen Beobachter die Unterscheidungen allein schon an den Formen und der Musterung der Kopfflecken vornehmen.

Neolamprologus savoryi

Eine nahe verwandtschaftliche Beziehung dieser Arten und Spezies besteht auch zu *N. savoryi* und der vorerst noch unter einem Händlernamen geführten Spezies »*N. walteri*«. Beim ersten handelt es sich um einen weniger oft eingeführten Fisch von mausgrauer Grundfärbung mit 6 breiten, dunklen Querbinden über den Flanken. Die Schuppen sind dunkel gesäumt, so daß ein netzartiges Muster über dem Kopf liegt. Alle Flossen sind schwach transparent und von blaßgrauer Farbe. Kommen die Tiere in Balzstimmung, überzieht eine blaue Tönung Kopf und Körper.

»*N. walteri*« dürfte allein deshalb mehr Freunde gewinnen, weil die Färbung dieser Fische eine mittelbraune Grundtönung hat. Auf jeder Körperschuppe liegt ein weißlicher, vertikaler Strich, hinter dem der schwarzbraune Schuppenrand die dreifarbige kleine Zone mittelbraun/weißlich/schwarzbraun abschließt. Der Kopf bleibt ziemlich einfarbig mittelbraun, und nur eine feine diagonale hellblaue Binde verläuft vom unteren Augenrand zur Oberlippe, die ebenso mit einer feinen blauen Linie gegen den Nasenrücken abgesetzt ist. Eine Musterung aus diagonal verlaufenden, weißlichen Binden überzieht die schwarzbraune Rückenflosse, deren oberer Rand (ebenso wie der der Schwanzflosse) tiefschwarz gesäumt ist. Eine reinweiße Längsbinde liegt darunter. Die schwarzbraune Schwanz- und die Afterflosse sind mit weißlichen Tüpfeln übersät.

Die Fische erreichen eine Länge von 7–9 cm und sind im Tanganjikasee Bewohner der küstennahen Geröllzone. Die Importe der 1. Art kommen vom nördlichen Teil des Sees, die der 2. Spezies vom südlichen. Trotz des relativ tief gespaltenen Maules sind die Fische im Aquarium verhältnismäßig friedlich und nehmen jedes Futter, darunter auch größere Stücke. Die Tiere gehören zu den Höhlenbrütern, die sich nicht so leicht wie ihre vorgenannten Verwandten zur Fortpflanzung bringen lassen, weil sehr auf gute Harmonie der Paare geachtet werden muß. Ist das erreicht, bildet sich eine Elternfamilie, bei der Mutter und Vater sich an der Pflege und Verteidigung der Nachkommen beteiligen. Die Nachzuchtrate ist nicht besonders groß; die Eltern sind, sobald mit Nachkommen zu rechnen ist, besonders aggressiv und beanspruchen ein größeres Revier, aus dem sie alle Störenfriede energisch vertreiben.

N. fasciatus wird rund 15 cm lang und hat eine sehr schlanke Körperform, was bei ausgewachsenen Exemplaren noch durch den stark vorspringenden Unterkiefer unterstrichen wird. Wie bereits der Artname erkennen läßt, weisen die Fische auf weißlich- bis goldgelbem Körper und Kopf eine Zahl von dunklen Querbinden auf, die zum Teil durch Linien miteinander verbunden sind. Auf dem hinteren Kiemendeckelrand wie auch über dem Ende des Schwanzstieles zeigt sich ein intensiv schwarzer Fleck. Alle Flossen haben die gelbliche Farbe der Grundtönung und weisen in den Membranen eine Vielzahl winziger blauer Tüpfel auf. Importtiere kommen von unterschiedlichen Stellen im See, darunter auch vom extremen Norden und extremen Süden.

N. fasciatus ist zweifellos in die Gruppe der räuberisch lebenden Bewohner des Tanganjikasees einzustufen, doch dürften seine diesbezüglichen Aktivitäten sich in der Hauptsache auf

Tiere kleinerer Arten oder Jungfische beschränken. Über die Zucht dieser Tiere wurde bisher nicht viel bekannt, doch ist zu erwarten, daß die relativ anspruchslosen Fische nicht schwer nachzuzüchten sind.

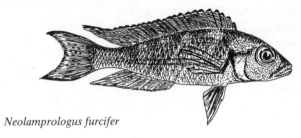

Neolamprologus furcifer

Neolamprologus furcifer ist ebenfalls von vielen Regionen rund um den See bekannt. Hier halten sich die Tiere vorwiegend in den steinigen Zonen (Fels und Geröll) des Litorals auf. Sie erreichen eine Länge bis etwa 15 cm und fallen durch ihr tief gespaltenes Maul und die häufig sichtbaren Hunds- oder Fangzähnchen auf. Die großen Augen lassen erkennen, daß *N. furcifer* die Nähe von Höhlen und Spalten sucht, und natürlich ist auch er Höhlenbrüter, der seine Eier meist an die Oberseite solcher Höhlen abgibt. Außerdem haben die Tiere die Angewohnheit, sich von Zeit zu Zeit mit dem Bauch nach oben (auch ohne Gelege!) an Höhlendecken aufzuhalten. Dieses »Direkt-über-dem-Fels-Stehen« drückt sich auch im geraden Bauchprofil der Fische aus.

Die Tatsache, daß *N. furcifer* nicht zu den besonderen Lieblingen der Aquarianer gehört, mag in erster Linie am räuberischen Aussehen dieser Fische liegen, sprich: tief gespaltenes Maul und unscheinbare Tarnfärbung. Dazu kommt eine äußerst ruhige, bewegungsarme Lebensweise. Entsprechend ihrer geringeren Beliebtheit hat sich auch die Nachzucht der Fische in Grenzen gehalten, bzw. ist es nur zu wenigen züchterischen Mühen in dieser Richtung gekommen, von denen einige erfolgreich waren.

Neolamprologus leleupi ist in verschiedenen Unterarten beschrieben worden. Dazu kommen noch farbliche Varianten, deren Vertreter erst in letzter Zeit eingeführt wurden. *N. leleupi* ist aufgrund seiner intensiv gelben Färbung eine Art, deren Mitglieder in vielen Aquarien zu Hause sind und stets gern gepflegt und auch vermehrt werden. Die Unterart *N.l. melas* stellt die farblich weniger attraktiven Tiere: Sie haben alle eine rußig-schwarze Färbung und zeigen als einzigen farbigen Anteil einen mehr oder weniger goldenen Fleck über den Augen. *N. l. leleupi* und *N. l. longior* sind die beiden goldgelben Unterarten, von denen die letzte noch gestreckter in der äußeren Erscheinung ist.

Der Goldcichlide, wie man diese Art mit deutschem Namen getauft hat, kann eine Länge von maximal 10 cm erreichen und ist daher für die aquaristische Haltung gut geeignet. Das bisher bekannte Verbreitungsgebiet dieser Unterarten liegt im nördlichen Teil des Tanganjikasees, wo man die Fische in Tiefen zwischen 3 und etwa 25 m antrifft. Sie ernähren sich hier von Insektenlarven und Wirbellosen. Hält man die Fische im Aquarium, so geht es den meisten Pflegern wohl um die schöne Gelbfärbung der Tiere, die sie deutlich von düsterer gefärbten Arten abhebt. Die aquatischen Bedingungen wie auch die Art der Ernährung können jedoch im Aquarium das Aussehen der Tiere insofern beeinflussen, als bei nicht stimmenden Wasserwerten und wenig karotinreichem Futter die Intensität der goldgelben Färbung mit der Zeit nachläßt.

N. leleupi (s. Farbtafel 5, oben rechts) braucht im Aquarium ein Wasser, das sich nicht von dem für andere Tanganjikasee-Arten abhebt. Sein pH-Wert muß (!) also deutlich im alkalischen Bereich liegen und somit mindestens 7,5 oder mehr haben. Auch wenn häufig zu lesen ist, daß im allgemeinen Fische noch einen Nitratwert bis zu dieser oder jener Marke gut vertragen (meist sind es 150–200 $mgNO_3/l$), so können es die Vorstufen dieses Endprodukts des Abbaus sein, und man sollte lieber öfter einen Teilwasserwechsel vornehmen, weil bei zu langen Standzeiten des Aquarienwassers meist auch sein pH-Wert gedrückt wird. Im Tanganjikasee liegt zwar der Nitratwert nicht im Nullbereich, wie wir das von vielen amazonischen Gewässern kennen, doch auch bei Werten um 10–15

mgNO$_3$/l kann man das Wasser des Tanganjikasees noch als äußerst nitratarm bezeichnen. Für die Ernährung der Fische ist eine gleichmäßige Gabe von Krebstieren wichtig, darunter also auch Daphnien (Wasserflöhe) und Cyclops (Hüpferlinge).
Der Aufbau des Aquarieninneren hält sich an die in diesem Buch häufiger gegebenen Hinweise für Felsreviere, also das Einbringen von Steinaufbauten im hinteren Beckenbereich bis fast unter den oberen Beckenrand. Goldcichliden stehen gern in engen Spalten und laichen bevorzugt in Höhlen ab. Die Zucht ist dann nicht schwer, wenn man ein gut harmonierendes Paar besitzt, die erwähnten Haltungsbedingungen stimmen und Störenfriede vom Paar möglichst ferngehalten werden. Beide Eltern übernehmen bei der Aufzucht der Brut ihren Part. Die später frei schwimmenden Jungfische sind anfangs noch winzig und müssen daher in den ersten Lebenstagen mit Artemialarven gefüttert werden. Haltungs- wie Zuchtbecken sollten möglichst nicht unter 80 cm lang sein. Die Gesellschaft mit anderen Tanganjikasee-Cichliden ist möglich. Pflanzen, im natürlichen Lebensraum der Fische nicht vorhanden, werden im Aquarium kaum angerührt.
Unter dem Händlernamen »*Lamprologus cylindricus*« wird eine Spezies angeboten, deren geringe Einfuhrrate anfangs horrende Preise nach sich zog. Nun, wo die Tiere in größeren Mengen nachgezüchtet worden sind, können sie auch vom normalen Aquarianer (bezogen auf die Brieftasche!) erworben werden. Die heute als »*Neolamprologus cylindricus*« (s. Farbtafel 4, Mitte) im Handel befindlichen Nachzuchten erinnern in ihrer Gestalt an *N. leleupi* und werden mit rund 10 cm ebenso groß wie diese. Ihre Grundfärbung ist weißlich, und 7–8 Querbinden laufen über die Körperseiten und ziehen sich noch in die Rückenflossenbasis hinein. Bauch und Brust bleiben von den Binden unberührt. Ein ebensolches Bindenmuster liegt über der oberseitigen Kopfhälfte. Die rauchigen Flossen lassen dunklere Stra'... n erkennen, auf denen Reihen weißlicher Tüpfel erkennbar sind. Mit Ausnahme der Brustflossen tragen alle übrigen ei... n leuchtend hellblauen Saum.

Für die Haltung dieser verträglichen Fische gilt ähnliches, wie es für *N. leleupi* angeführt wurde.

Neolamprologus lemairii wird zwar stets als Jungtier von etwa 6–8 cm Länge angeboten, kann sich aber in entsprechenden Becken bis zu einer Länge von 24–26 cm entwickeln. Durch diese Endgröße mit dem unscheinbaren Tarnmuster wurden diese Tiere keine besonderen Lieblingen der Aquarianer. Die bekannte Anpassung von Raubfischen ließ es auch bei dieser Art zu, daß sich die Tiere, die sich in jeder Art der unterschiedlichen Lebensräume des Sees wohl zu fühlen scheinen, überall im Tanganjikasee verbreiteten. Man trifft sie noch in Tiefen zwischen 30 und 40 m an. Die Fische zeigen nie besondere Aktivitäten, sondern warten geduldig auf vorüberschwimmende Tiere, denen sie auflauern, um sie dann durch schnelles Zupacken zu erbeuten. Die Fischfresser lassen sich höchstens im jugendlichen Alter mit größeren (!) Fischen vergesellschaften. Später brauchen sie ein Becken, in dem sie mit ebenso starken Tieren von ähnlichem Nahrungsbedarf zusammenleben können: Es müssen keine lebenden Fische sein! Fischfleisch genügt. Höhlenbrüter.

Neolamprologus modestus und *N. mondabu* wurden über lange Zeit als eine Art angesehen, das heißt: die zweite galt als Synonym der ersten. Dies konnte jedoch in neuerer Zeit widerlegt werden.

N. modestus kann 10–12 cm lang werden und ist dabei zwar von mäßig gestreckter Form, doch muß man seinen Vorderkörper im erwachsenen Alter als recht kompakt ansehen. Viel Farbe haben die Tiere nicht. Ihre Grundfärbung ist mausgrau – eine Farbe, die sich vom Kopf über den Körper und alle Flossen zieht. Jede Schuppe trägt einen sehr feinen weißlichen Saum, wodurch über dem Körper ein Rautenmuster entsteht. Die unpaaren wie die Bauchflossen zeigen Muster sehr feiner weißer Tüpfel und einen feinen schwarzen Saum, unter dem eine ebenso feine blaugraue Binde liegt. Bei Wohlbefinden zeigt der untere Kopf und die Kehle einen blau irisierenden Schimmer.

Die unter dem Namen *N. mondabu* im Handel befindlichen

Tiere sind ähnlich gefärbt, haben jedoch keine am Hinterrand gerade abgesetzte Schwanzflosse (wie *N. modestus*), sondern eine gerundete, die im oberen Bogen ein hellblaues Feld zeigt. Die Rückenflosse trägt einen feinen gelben Saum, und die Brustflossen zeigen ein gelb abgesetztes Strahlenmuster.
Beide Formen werden vom Süden des Sees eingeführt. Ihre Haltung im Aquarium bereitet keine Schwierigkeiten; sie beschädigen keine Pflanzen und machen von ihrer Kraft kaum einmal Gebrauch. Obgleich sie gelegentlich Verstecke brauchen, schwimmen sie auch – oder stehen – zeitweise in der freien Zone des Aquariums. Höhlenbrüter.
Neolamprologus mustax wurde erst Ende der siebziger Jahre von POLL beschrieben. Seine Verbreitung scheint sich auf den Süden des Sees (Sambia) zu beschränken. Es sind graue, graubraungelbe und (fast) völlig gelbe Tiere bekannt, die kaum länger als 8–10 cm werden. Meist bleibt die Bauchregion hell, fast weißlich. Beide Geschlechter sind gleich gefärbt und können nicht durch äußere Merkmale unterschieden werden. *N. mustax* ist ein Bewohner des Felslitorals, in dessen Lebensraum Pflanzen praktisch nicht vorkommen und der deshalb diese auch im Aquarium unbeschädigt läßt. Die Fische vermehren sich nach Art der Höhlenbrüter. Ihre Jungen sind nach dem Freischwimmen noch sehr klein und müssen mit Artemia-Nauplien angefüttert werden.
Neolamprologus obscurus und *N. niger* sind nahe Verwandte, die beide zu den Endemiten des Tanganjikasees gehören. Während allerdings *N. niger* eine zwar nirgends häufige, doch insgesamt über viele Regionen des Sees ausgedehnte Verbreitung zeigt, kennen wir von *N. obscurus* nur die Biotope im Süden des Sees (Sambia). Die 8–10 cm großen Exemplare dieser letztgenannten Art haben keine besonders attraktive Färbung, doch gab es in den ersten Jahren eine rege Nachfrage nach diesen Bewohnern der Fels- und Geröllzone. Die kleinen Räuber mit dem leicht vorgezogenen Unterkiefer haben eine schmutzigbraune Grundfärbung, die auch die Flossen einschließt und sich über dem Kopf weiter abdunkelt. 4 oder 5 Querbinden ziehen über den Körper (stets gerechnet ab hinterem Kiemen-

deckelrand!). Auffälliges Merkmal sind die bläulichen Tüpfel in der hinteren Körperhälfte. Ein bläulicher Schimmer überzieht bei Wohlbefinden auch die unteren Kopfpartien wie die unpaaren Flossen. Beide äußeren Strahlen der Bauchflossen zeigen eine mehr oder weniger intensive hellblaue Tönung.

N. obscurus (s. Farbtafel 5, Mitte) ist ein typischer Höhlenbrüter, bei dem das Weibchen sein Gelege oft an der Höhlendecke, aber auch an den Seitenwänden anheftet. An der Brutpflege beteiligen sich beide Eltern, doch liegt der Hauptanteil mit dem direkten Brutkontakt zweifellos bei der Mutter, während der Partner das Revier sichert und dabei ziemlich rabiat werden kann. Über *N. niger* liegen erst wenige Informationen bei der Nachzucht vor, doch schwimmen die Tiere inzwischen in den Becken mancher Züchter, so daß man in absehbarer Zeit auch hier mit Einzelheiten rechnen kann, obgleich sich diese nicht wesentlich vom vorher Gesagten unterscheiden werden.

Neolamprologus petricola ist, wie der Artname (*petra* = Fels; *cola* = Bewohner) aussagt, ein Bewohner der Fels- und Geröllzone im Tanganjikasee. Die Fische können eine Länge von 11–13 cm erreichen, bleiben im Aquarium jedoch meist etwas kleiner. In den meisten Fällen werden die Männchen größer – oft sogar ist der Größenunterschied zwischen den Geschlechtern erheblich. Anhand anderer, wie etwa farblicher Merkmale lassen sich die Geschlechter jedoch nicht unterscheiden. *N. petricola* hat eine schmutzigweiße Körper- und Kopfgrundfärbung, über der meist eine schokoladenbraune Tönung liegt, die über Kopf und Vorderkörper einheitlich verteilt ist. Im hinteren Flankenbereich wirken die braunen Zonen eher wie Binden. Bauch und Kehle bleiben in ihrer ursprünglich weißlichen Färbung erhalten. Die paarigen wie die unpaarigen Flossen haben eine gelbliche Färbung, die bei Rücken- und Afterflosse über der Basis weißlich bleibt und in der Dorsale zuerst in eine graue Tönung übergeht. Dafür ist hier der äußere Rand intensiver gelb gefärbt. Die Schwanzflosse zeigt einen schwarzen Saum und läßt in ihrer Mitte eine rußige, leicht gebogene Querbinde erkennen.

Auch bei dieser Art zeigt es sich wieder, daß eine schöne Färbung von guter Haltung und Ernährung abhängig ist, weshalb an dieser Stelle noch einmal daran erinnert sei, daß die Gesamthärte im Tanganjikasee zwar mit etwa 9–11° noch im mittelharten Bereich liegt, die Karbonathärte (bei den üblichen Härtemessungen nicht einbezogen!) mit 16–18° schon unter die Rubrik »ziemlich hart bis hart« fällt (vergleiche auch MAYLAND: »Aquarium für Anfänger«, ECON-Taschenbuch 20100). Der pH-Wert ist nicht überall gleichmäßig, liegt aber in jedem Fall mit rund 8,0–9,0 weit im alkalischen Bereich. Bei Unachtsamkeit kann dieser Wert leicht einmal in die saure Zone unterhalb der Neutralgrenze (= 7,0) abrutschen, was die Fische gar nicht mögen und was sich auch an ihrer Färbung erkennen läßt, die dann eher »schmuddelig« aussieht und die gelben Töne nicht recht entfaltet. Mit Lösungen von Hydrogenkarbonat (früher auch Bikarbonat genannt und weiterhin als doppeltkohlensaures Natron bekannt) kann übrigens ein abgesenkter pH-Wert wieder auf eine Höhe gebracht werden, die für diese Fische etwa um 8,0 liegen sollte. Ist der pH-Wert zu hoch, bekommt dies den Pflanzen nicht! Andererseits: Wenn man den Pflanzen Gutes tun will und das Aquarium mit gelöstem CO_2 (= Kohlendioxid) beschickt, kann der pH-Wert wiederum schnell in unerwünschte Gefilde abrutschen. Nicht vergessen: Gelöstes CO_2 ist Kohlensäure, und Säure macht sauer – logisch.

Oft neigen die Tiere von *N. petricola* dazu, Kämpfe auszutragen, bei denen die unterlegenen dann mehr oder weniger stark beschädigt werden können. Dies mag auch häufig an einer Streßsituation liegen, die in falscher Haltung begründet ist. Um solchen Situationen aus dem Weg zu gehen, hat es sich als klug erwiesen, einen Versuch nicht mit Importtieren anzustellen, sondern mit einer Gruppe von Nachzuchtexemplaren, die

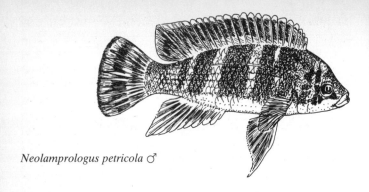

Neolamprologus petricola ♂

dann mit dem Erreichen der geschlechtlichen Reife bereits untereinander bekannt sind, und es auf diese Weise eher zu gut harmonierenden Paaren kommt. Ein Umstand, der sich übrigens für viele Paare in die Wege leiten läßt.

N. petricola gehört zu den Höhlenbrütern, wie die meisten seiner Verwandten im *Lamprologus*-Komplex. Es kann zu Gelegen von mehr als 100 Eiern kommen, wenn die Tiere eine optimale Pflege erhalten haben. Etwa 3 Tage nach der Eiablage schlüpfen die Larven und werden meist an einer glatten Fläche am Boden (!) angeklebt. Es vergehen weitere 10 Tage, bis die Jungen schließlich frei schwimmen und dann noch sehr klein sind. Oft wird dann, ohne einmal genauer hinzuschauen, gleich mit Artemia-Nauplien angefüttert. Nicht alle Kleinen sind jedoch in der Lage, dieses Futter schon aufzunehmen. Ihnen muß man noch feinere Nahrung anbieten, die natürlich rechtzeitig aufbereitet werden muß (Aufguß für Infusorienbildung: Zoohändler nach Präparaten fragen). Geschieht das nicht, so überleben diese Jungfische nicht.

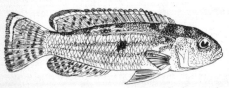

Neolamprologus pleuromaculatus ♂

Neolamprologus pleuromaculatus wird auch unter dem deutschen Namen Tanganjika-Bauchfleckenbuntbarsch gehandelt. Die interessanten Pfleglinge mit den relativ großen Augen bewohnen im heimatlichen Biotop vorwiegend Zonen mit Sandgrund und dringen hier bis in Tiefen zwischen 30 und 40 m vor. Trotz ihres nicht extrem tief gespaltenen Maules kann man die Fische als Räuber bezeichnen, was sich schon in der Zahl der Hunds- oder Fangzähne ausdrückt, die die Fische gelegentlich bei geöffneten Lippen erkennen lassen. *N. pleuromaculatus* zeigt bei Wohlbefinden eine für einen Räuber recht ansprechende Färbung: Auf lehmbeigem Grund erkennt man 3–4 silbrigblaue Längsbinden. In dieser Tönung zeigen sich auch um die goldene Iris einige feine Binden, und die Maulpartie kann eine ebensolche Tönung aufweisen. Als das eigentliche Tarnmuster kann man eine Reihe von dunklen Flecken in der ohnehin abgedunkelten Rückenpartie annehmen, von denen der auffälligste in der Körpermitte liegt und dem Fisch zu seinem deutschen Namen verhalf. Alle unpaarigen Flossen sind schwarz gerandet; bei älteren Tieren, die man am vorspringenden Unterkiefer erkennt, treten die Flossensäume der unteren Partien deutlich zurück. Rücken- und obere Schwanzflosse zeigen außerdem eine helle, submarginale Binde. Über die Zucht dieser Art liegen mir keine näheren Hinweise oder Erfahrungen vor. Länge bis zu 10 cm.

Neolamprologus tetracanthus ist ein mit 18–20 cm recht groß werdender Räuber, dessen Ernährungsweise zwar nicht ausschließlich aus dem Verzehr von Fischen besteht, der jedoch im Aquarium kaum einen kleineren Mitbewohner, den er noch verschlingen kann, auf die Dauer davonkommen läßt. Nur in sehr großen Becken wird die erwähnte Länge bei aquaristischer Haltung erreicht. Die gestreckten Fische trifft man in ihrem natürlichen Lebensraum an vielen Stellen des flacheren Wassers an – also nicht nur im felsigen oder steinigen Revier, sondern auch über Sandgrund. Neben kleineren Fischen erbeuten sie Insektenlarven und Krebstiere, durchstöbern aber auch den Sand nach Schalentieren. Es zieht sie jedoch meist immer wieder in die Geröllzone zurück. Man kann sie

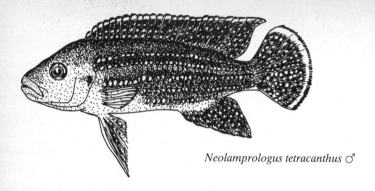

Neolamprologus tetracanthus ♂

daher am ehesten als Bewohner der Übergangszonen einordnen. Der Aquarianer, der diese Fische pflegt, hat mit Schnecken keine Probleme: Sie werden alle aufgespürt und ihre Gehäuse »geknackt«. *N. tetracanthus* hat eine graubraune Grundfärbung, die Kopf und Flossen (ausgenommen Brustflossen) einschließt. Kehle und Bauch bleiben etwas heller. Ein Muster von weißen Punkten bildet Längslinien über Flanken und Flossen. Rücken- und Schwanzflosse tragen einen schmalen, schwarzen Saum, unter dem eine etwas breitere, weiße (submarginale) Binde liegt. Kehle und Lippen zeigen bei Wohlbefinden einen bläulichen Ton.

Neolamprologus tretocephalus und *N. sexfasciatus* haben bei oberflächlicher Betrachtung eine gewisse Ähnlichkeit, die bei näherem Hinsehen jedoch in erster Linie darin besteht, daß bei diesen Arten dunkle breite Binden auf silbrigweißem Grund stehen und die Flossen zuweilen den Anflug einer bläulichen Färbung zeigen. Nun, 5 oder 6 dunkle Querbinden, wie sie diese beiden Fische tragen, kennen wir beispielsweise auch von *Cyphotilapia frontosa*, nur werden die Vertreter dieser Art viel größer. Als Jungtiere werden sie jedoch im Handel gelegentlich verwechselt. *N. tretocephalus* (= mit 5 Streifen) und *N. sexfasciatus* (= mit 6 Streifen) können beide eine Länge von etwa 15 cm erreichen. Der letztgenannte hat die gestrecktere Kopfform. Von ihm kennen wir eine gelbliche Farbvariante, die in den letzten Jahren von der Südostküste (Tansa-

Neolamprologus sexfasciatus ♂   *Neolamprologus tretocephalus*

nia) des Sees eingeführt und zur Nachzucht gebracht wurde. Beide Arten leben in der Felsen- und Geröllzone des Sees, doch sind Vorkommen von *N. sexfasciatus* bisher nur aus seiner südlichen Hälfte bekanntgeworden.

Probleme in der Haltung dieser Fische können sich in ihrer innerartlichen Aggression zeigen. Dabei kann es sogar zu tödlichen Unfällen kommen. Aus diesem Grunde ist es selbstverständlich, daß man den Tieren viele Verstecke im Becken anbieten muß. Überdies soll man sie nur mit ebenso robusten Mitbewohnern zusammenbringen. Geschlechtsunterschiede sind bei diesen Höhlenbrütern kaum erkennbar. Die Nachzucht ist von der Harmonie eines Paares abhängig, im positiven Fall jedoch nicht schwierig. Beckenmindestlänge 80–100 cm. Es kann zu Gelegen zwischen 100 und 200 Eiern kommen. Die Nachkommen schwimmen nach rund 10 Tagen (temperaturabhängig) frei. Beide Eltern kümmern sich um die Brut.

Eine neue Art, die unter dem Namen *N. spec.* »*White Tail*« (s. Farbtafel 4, oben) im Handel ist, soll von der Ostseite des Sees kommen. Genauere Informationen liegen zur Zeit, da ich dies niederschreibe, noch nicht vor. Die Fische stammen aus dem Süden von Tansania.

Ophthalmotilapia

Ophthalmotilapia ist eine altbekannte Gattung, die im Jahre 1903 von PELLEGRIN aufgestellt wurde. Der noch bekanntere Gattungsname *Ophthalmochromis* wurde erst 1956 von POLL ins Leben gerufen. Bisher wurden 2 aquaristisch bekannte Arten zu der von POLL geschaffenen Gattung gestellt, doch seit der Revision von LIEM (1981) sind diese beiden Arten zur erstgenannten Gattung umgestuft.

Ophthalmotilapia nasuta wurde erst 1962 von POLL und MATTHES wissenschaftlich beschrieben, und der Artname (= »mit einer Nase versehen«) trifft in der Tat zu. Allerdings handelt es sich bei dieser »Nase« nicht um ein Wahrnehmungsorgan. Diese Verdickung über dem Oberkiefer dürfte eher ein sekundäres Geschlechtsmerkmal sein, ein »Männlichkeitszeichen«, vergleichbar mit dem Stirnhöcker bei anderen Arten.
Die Art kommt im gesamten Tanganjikasee vor, ist jedoch nirgends häufig. In großen Becken können die Tiere auch im Aquarium eine Länge zwischen 16 und 20 cm erreichen. Die zu den Fadenmaulbrütern gehörenden Fische erkennt man relativ leicht an den stark verlängerten Bauchflossen, an deren Enden 2 gelbe Verbreiterungen liegen – Hautläppchen, die wahrscheinlich eine ähnliche Funktion übernehmen wie die von den verschiedenen Haplochrominen bekannten Eiflekken. Die Färbung der Männchen (♀♀ farblich unscheinbar) ist je nach Verbreitung verschieden. Die hauptsächlich aus dem Süden des Sees (Tansania) eingeführten Tiere bekommen nach der Eingewöhnung eine helle, goldgelbe Färbung, bei der in der unteren Körperregion noch weißliche Stellen frei bleiben. Alle Flossen sind goldgelb; oft erscheinen deren Ränder schwarz gepudert oder weisen einen unregelmäßig verlaufen-

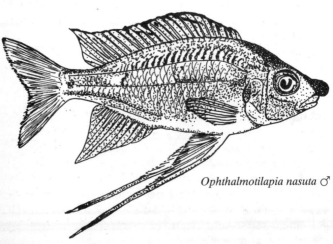

Ophthalmotilapia nasuta ♂

den schwarzen Rand auf. Der stark verlängerte 1. Strahl der Bauchflossen ist in seinem hinteren Teil meist hellblau und trägt am Ende die erwähnten, wie Eiflecken aussehenden Hautläppchen. Der oberseits bläuliche Kopf mit den großen Augen ist über dem First rußig abgedunkelt, und die »Nase« wird mehr oder weniger schwarz.

Wie der deutsche Name Fadenmaulbrüter erkennen läßt, werden die Eier bei diesen Fischen im Maul der Mutter erbrütet. Zur Werbung baut das männliche Tier im sandigen (!) Grund ein mittelgroßes Nest in der Form eines Kraters, in das laichbereite Weibchen gelockt werden sollen. Das Fortpflanzungsverhalten der Fische beginnt also an dieser Stelle bereits von dem anderer Maulbrüter abzuweichen. Ein laichbereites Weibchen folgt schließlich dem Männchen und gibt – nach einem Rundschwimmen über dem Grund des Kraters – seine Eier in Schüben ab, um sie gleich darauf ins Maul zu nehmen. Dabei ist das weibliche Tier allein (!), während der Partner das Umfeld beobachtet und Störenfriede vertreibt. Zwischen den einzelnen Eischüben schwimmt dann das Männchen in den Krater hinab und gibt dabei sein Sperma ab, das sich fädig an den Sand des Trichters heftet. Darauf ist wieder das Weibchen an der Reihe, nimmt die Samenschlieren ins Maul und befruchtet somit die Eier. Am Ende der Eiablage sind etwa 30 Eier im Maul der kommenden Mutter, die noch eine Zeitlang im Trichter umherschwimmt, um nach Eiern zu suchen (?) und auch Sperma aufzusaugen. Nach einiger Zeit »erklärt« der Erbauer des Kraters die Sache für beendet und vertreibt das weibliche Tier, das nun mit seinem Gelege im Maul allein ist. Nach 20–24 Tagen (temperaturabhängig) werden die schwimmfähigen Jungfische aus dem Maul der Mutter entlassen. Sie sind jetzt bereits rund 1 cm lang und müssen gefüttert werden. Der Hütetrieb der Mutter erlischt schnell, und die Jungen werden nicht mehr ins Maul zurückgenommen. Die Kleinen sind bereits in der Lage, verschiedenes Lebend- und Trockenfutter aufzunehmen, wobei sie weniger am Boden suchen als nach freischwebender Nahrung schnappen.

Ophthalmotilapia ventralis ist der 2. bekannte Fadenmaulbrüter, von dem 2 Unterarten bekannt sind: *O. v. heterodontus* und *O. v. ventralis* (die sogenannte Nominatform). Die Männchen beider Unterarten werden bis etwa 15 cm lang, weibliche Tiere bleiben nicht nur kleiner, sondern auch farblich blasser. Die Färbung der Männchen ist nicht einheitlich. Heute wird meist *O. v. ventralis* aus dem Süden des Sees eingeführt; die männlichen Tiere haben, wenn sie geschlechtsreif sind, eine kräftig blaue Grundfärbung, zu der sich – stimmungs- oder geographisch bedingt – (meist) dunkelgraue oder schwarze Töne gesellen und bestimmte Körperpartien überziehen. Von dieser dunklen Färbung können Teile des Kopfes, des Nackens oder auch der Flanken gezeichnet sein. Von tansanischen Importen kennen wir eine Variante, bei der die Rückenpartie fast weiß ist und die daher unter dem Händlernamen »White Top« gehandelt wird. Ebenso ist aus dem Süden eine Variante bekannt, bei der die Männchen eine fast schwarzbraune Körperfärbung zeigen, bei der sich nur eine leuchtendhellblaue Zone von der Stirn über den Nacken entlang dem Rückenfirst bzw. der Dorsalbasis erkennen läßt. Maskuline Tiere der Unterart *O. v. heterodontus*, deren Verbreitungsgebiet im nördlichen Teil des Tanganjikasees liegt, haben ebenfalls eine dunkle, braunschwarze Kopf- und Körperfärbung. Ihre Flossen sind im Zentrum mittelblau gefärbt und tragen einen breiteren, rußigen Saum.

Bei diesen Fadenmaulbrütern laufen Balz- und Laichverhalten ähnlich ab wie bei der vorgenannten Art. Aquarienbeobachtungen haben allerdings gezeigt, daß die Tiere durchaus in der Lage sind, innerhalb gewisser Grenzen zu variieren, also auch

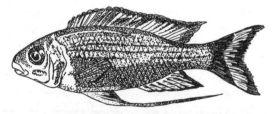

Ophthalmotilapia ventralis heterodon ♂

mit weniger Sandgrund auszukommen. In solchen Fällen werden flache Steine an geschützter Stelle als Eiablage- und Befruchtungsplatz gewählt.

Paleolamprologus

Die Gattung *Paleolamprologus* wurde erst 1985 von COLOMBE und ALLGAYER aufgestellt. Zu ihr wurde erst 1 Art gestellt: *P. toae*, ein Fisch, der gelegentlich aus dem mittleren Bereich des Tanganjikasees eingeführt wird (s. Farbtafel 3, oben links und rechts). Die Tiere werden im Aquarium kaum einmal länger als 10 cm – in ihrem Heimatbiotop etwa 12 cm. Erwachsene Tiere haben eine ziemlich eintönige graubraune Färbung und wären daher aquaristisch nicht sonderlich verbreitet, wenn nicht die Jungfische wären! Diese attraktiven Kleinen haben ebenfalls eine (etwas hellere) graubraune Grundfärbung, doch sind die unpaarigen klaren Flossen mit einem schwarzen Saum versehen, unter dem ein leuchtendweißer liegt. Über Flossen und Körper sind eine Unzahl weißer kleiner Tüpfel verstreut, die sich auf den Flanken zu feinen Längsbinden ordnen. Stimmungsbedingt zeigen die Jungfische eine blau irisierende Tönung über Körper, Kopf und Flossen. Ebenfalls auffällig bei den Jungen: die großen Augen und kämpferischen »Spiele«, die bereits bei Tieren um 3 cm Länge für Unterlegene einen tödlichen Ausgang haben können.
Die Art gehört zu den Höhlenbrütern. Während der Fortpflanzungszeit färben sich die Tiere sehr dunkel.

Perissodus

Die Gattung *Perissodus* umfaßt eine Reihe von Arten, deren Ernährungsverhalten unnatürlich erscheint: Es handelt sich um sogenannte Schuppenfresser. Das sind Fische, die sich von Schuppen und Hautteilen anderer Mitbewohner im See ernähren. Das Gebiß dieser Tiere ist besonders für diesen außergewöhnlich erscheinenden Nahrungserwerb ausgerüstet – mit nach innen gebogenen Zähnchen. Der Überfall auf das Opfer erfolgt derart, daß der Schuppenfresser blitzschnell mit geöffnetem Maul an den Körper des anderen Fisches heran-

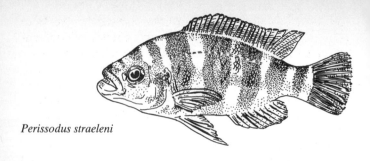

Perissodus straeleni

schwimmt, die Lippen gegen die Schuppen drückt und das Maul schließt. An dieser Stelle ist anschließend der Fremdfisch von Schuppen »befreit«. In anderem Zusammenhang bezeichnet man das gewöhnlich als eine ektoparasitische Lebensweise.

Die früher zur Gattung *Plecodus* gestellten Arten wurden mit der Revision von LIEM und STEWART (1976) mit denen von *Perissodus* vereint. Schuppenfresser kann man in keinem Gesellschaftsaquarium halten. Manche Aquarianer betrachten sie trotzdem als Studienobjekte, so daß einzelne Tiere immer wieder mit anderen Importen eingeführt werden. Von den bekanntesten Arten (*Perissodus microlepis*, *P. paradoxus* und *P. straeleni*) ist bisher der erste wohl am häufigsten importiert worden.

Im Gegensatz zu anderen Arten der Gattung hat *P. microlepis* eine gestreckte Körperform und einen leicht zugespitzten Kopf. Das Maul zeigt kräftige Lippen. Die Grundfärbung ist lehmgelb. Über die Flanken ziehen sich zu Längsbinden vereinte hellblaue Punktreihen. Hellblaue Tüpfel und Linien bestimmen auch die Musterung in den unpaaren wie den Bauchflossen. Vom Auge zieht eine dunkle Binde in den Schwanzstiel, die jedoch nur stimmungsbedingt gezeigt wird. Ebenso ist es mit den dunklen Querbinden, die sich im Bereich des Rückens in der Intensität verstärken.

P. straeleni wird etwa 15 cm lang, und *P. paradoxus* ist mit 30 cm ohnehin für die meisten Aquarien am Ende zu groß. Im Gegensatz zu den beiden übrigen Arten ist *P. straeleni* nicht von gestreckter Gestalt, sondern eher hochrückig. Die Tiere zeigen auf grausilbrigem Grund 5 meist nicht besonders intensiv dunkle Querbinden. Auch Stirn und Nacken sind von einem Bindenmuster überzogen. Die unpaarigen Flossen haben eine zartblaue Tönung, zu der noch ein Muster kräftig blauer Tüpfel kommt, das auch über den Flanken liegt. Auffällig ist das stets leicht geöffnete Maul mit den fleischigen Lippen.

Petrochromis
Die Gattung *Petrochromis* umfaßt etwa ein halbes Dutzend Arten, doch sind einige weitere Spezies mit unterschiedlich phantasievollen Namen im Handel. Wie der Gattungsname erkennen läßt (*petra* = Fels, Stein), ist das Leben dieser Tiere eng an das Felslitoral gebunden. Sie sind sehr revierbetont und lassen dies, besonders gegenüber artgleichen Tieren, erkennen. Maulkämpfen unter Männchen soll der Aquarianer insofern aus dem Wege gehen, indem diese Tiere sofort zu trennen sind. Es kann zu stärkeren Verletzungen kommen.
Petrochromis polyodon ist ein hochrückiger und dadurch gedrungen wirkender Fisch, dessen großer Kopf mit den dicken Lippen sofort auffällt. Bei den Fischen dieser Gattung trifft man dieses äußere Merkmal stets an. Es ist darauf zurückzuführen, daß *Petrochromis*-Vertreter bei der Nahrungsaufnahme (sie raspeln Algenpolster ab, den sogenannten Aufwuchs) die mit feinen Schabezähnchen bewachsenen Lippen vorstülpen, um auf diese Weise die Nahrung von den Felsen zu raspeln. Eine parallele Entwicklung (der Wissenschaftler spricht hier von einer Konvergenz) einer Art mit gleicher Nahrungsgewohnheit ist mit *Petrotilapia tridentiger* aus dem Malawisee bekannt.
Mit 14 cm Länge sind die schönen Fische mit der rostbraunen Grundfärbung in normalgroßen Aquarien ausgewachsen. Vom Rücken her ziehen 6–7 weiße Felder nach Art der sonst dunklen Querbinden über die obere Körperhälfte. Bei Wohlbefinden zeigen die Tiere (♂♂) grünliche Töne in einer Zone zwischen Augen und Oberlippe, in den hinteren Lappen von Rücken- und Afterflosse sowie in der gesamten Schwanz-

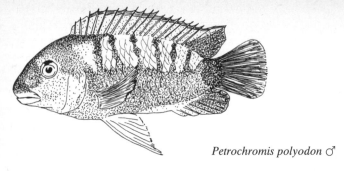

Petrochromis polyodon ♂

flosse. Rücken- und Bauchflossen sind mehr oder weniger orangefarben. Die erste trägt einen feinen dunklen Saum. Die Maulbrüter sind in der Vermehrung nicht sehr produktiv und bringen je Nachwuchsproduktion kaum mehr als ein Dutzend Junge zur Welt. Die Eier haben dafür eine beachtliche Größe und einen großen Dottervorrat. Als Folge davon können sich die Jungen später davon lange im Maul der Mutter ernähren und verlassen diese Zufluchtstätte erst, wenn sie bereits eine Länge von etwa 2 cm erreicht haben, sie sind dann schon recht selbständig. Das ist etwa nach rund 4 Wochen der Fall.

P. trewavasae gehört zu den inzwischen bekanntesten Arten der Gattung. Man nennt ihn den Witwenmaulbrüter, weil seine Grundfarbe ein tiefes Schwarzbraun ist, über dem – auf Kopf, Flanken und Dorsalbasis – feine weiße Tüpfel liegen. Diese Art wirkt nicht ganz so untersetzt wie die vorgenannte, was an einem etwas längeren Schwanzstiel liegen kann. Das Verbreitungsgebiet der Fische liegt – soweit bisher bekannt – am westlichen Ufer des Tanganjikasees. Die Nachzucht der Tiere erfolgt ähnlich wie bei der vorgenannten Art beschrieben.

Gelegentlich wird eine weitere, wissenschaftlich beschriebene Art, *P. famula*, eingeführt. Farblich haben diese Tiere jedoch nicht viel zu bieten: Kopf und Körper haben eine lehmbeige Grundfärbung. Die Schuppen sind im Zentrum mit einer dunkleren Zone versehen und tragen einen sehr schmalen hellen Rand. Durch diese Zeichnung entsteht ein plastisches Rautenmuster über dem Körper. In den fast transparenten, gelblich-beige getönten Flossen zeigen die Membrane hellblaue Pünktchen.

Reganochromis

Die Gattung *Reganochromis* ist monotypisch. Die einzige, dieser Gattung angeschlossene Art, *R. calliurus*, war in früheren Jahren zur Gattung *Leptochromis* REGAN, 1920, gestellt, doch mußte dieser Gattungsname wieder eingezogen werden, weil er bereits »besetzt« (= präokkupiert) war durch eine Beschreibung von BLEEKER aus dem Jahre 1876 für Meeresfische.
R. calliurus (s. Farbtafel 5, unten) wird nur selten eingeführt, weil die Fische aus Tiefen von meist 15–20 m emporgeholt werden und zeitaufwendig dekomprimieren müssen. Die Tiere leben hier über Sand- und Schlammgrund. Sie haben eine gestreckte Körperform mit einem ebenso gestreckten, spitz zulaufenden Kopf. Sie können 12–15 cm lang werden. Die Färbung geht aus dem Farbfoto hervor. Über die Nachzucht liegen keine eindeutigen Angaben vor.

Simochromis

Die Vertreter der Gattung *Simochromis* sind eng mit denen von *Tropheus* verwandt. Sie haben jedoch nicht die Farben, Zeichnungen und vor allem den Variantenreichtum der *Tropheus*-Arten, was ihrer allgemeinen aquaristischen Verbreitung mit Sicherheit abträglich war und ist. Nun wird aber seit einigen Jahren ein Vertreter eingeführt, dessen Art erst 1978 von NELISSEN wissenschaftlich beschrieben wurde: *Simochromis pleurospilus*. Diese Fische widerlegen das vorher Gesagte. Sie (♂♂) haben eine reinweiße Grundfärbung, die Kopf, Körper und Flossenbasen überzieht. Die Flossen sind milchig-transparent. Nur schwach ist die Rückenpartie abgedunkelt, so daß bei auffallendem Licht eine goldgelbe Zone erscheint. Auffälliges Muster auf der Flankenmitte stellen 7–8 unregelmäßig verlaufende Längsbinden dar, die sich aus orangeroten Punkten zusammensetzen. Am Ende der Afterflosse können sich mehrere Eiflecken zeigen.

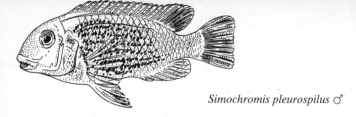

Simochromis pleurospilus ♂

S. pleurospilus ist ein Maulbrüter, bei dem nach der Eibefruchtung im Maul der Mutter dieses Tier allein die Fürsorge für die Nachkommen übernimmt. Die Fische kommen in der Felsenzone an der Westküste des Tanganjikasees vor.

Telmatochromis
Telmatochromis-Arten wohnen bodennah in der Geröllzone des Tanganjikasees und sind eng mit denen von *Chalinochromis, Julidochromis* und *Neolamprologus* verwandt. Im Augenblick sind, an wissenschaftlichen Beschreibungen gemessen, nur 5 Arten existent. Es sind jedoch weitere Spezies bekannt, die man wahrscheinlich dieser Gattung zurechnen kann, deren Beschreibungen jedoch noch ausstehen.
Telmatochromis bifrenatus (s. Farbtafel 3, Mitte rechts) hat, wie seine übrigen Verwandten, eine gestreckte Körperform, ist darüber hinaus aber der kleinste und schlankste der derzeit beschriebenen Arten. Die Fische werden kaum länger als 6 cm. Ihr weißlichbeiger Körper wird von 2 dunklen Längsbinden überzogen, von denen die obere genau über den Rückenfirst läuft, die zweite vom kleinen Maul unterhalb des Auges entlang bis zum Ende des Schwanzstiels, wo sie mit einem schwarzen Punkt endet. Die Stirn bleibt ziemlich flach. Ähnlich wie auch bei *T. vittatus* (?) erkennt man gelegentlich auftretende, besonders schwarz gezeichnete, kurze diagonale Zickzacklinien in der unteren Binde. Rücken- und Schwanzflosse sind mit einem schwarzen Saum versehen, unter dem eine sehr feine weiße Binde liegt. *Telmatochromis*-Arten gehören zu den Höhlenbrütern, die im Aquarium leicht zur Nachzucht zu bringen sind.

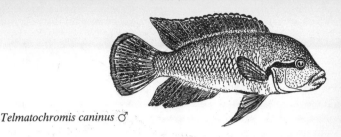

Telmatochromis caninus ♂

T. caninus wird etwa 12 cm lang und kann als äußerst rabiater Bursche mit starkem räuberischem Trieb bezeichnet werden. Man erkennt die Tiere daher leicht an ihrem aggressiven Verhalten, das sich mit der Nachzucht von Jungen so sehr steigern kann, daß die Hand des Pflegers, wenn sie einmal ins Aquarium getaucht wird, ohne Vorwarnung derart attackiert wird, daß nicht selten die Hand mitsamt dem Fisch aus dem Becken gerissen wird. Der Artname weist im übrigen darauf hin, daß die Tiere mit starken Canini (*caninus* = Eckzahn; in der Ichthyologie sind damit die sogenannten Hundszähne [= Fangzähne] gemeint) ausgestattet sind.

T. caninus beansprucht im Aquarium ein größeres Revier und sollte aus den erwähnten Gründen nur mit Fischen vergesellschaftet werden, die ähnlich stark sind und ein entsprechendes Durchsetzungsvermögen haben. Eine besonders attraktive Färbung haben die Fische nicht. Ihr gestreckter Körper mitsamt den Flossen wie auch der Kopf mit dem tief gespaltenen Maul haben eine lehmbeige Färbung, über der – stimmungsbedingt – in der oberen Körperhälfte eine dunkle, marmorierende Tarnfärbung liegen kann. Vom Hinterrand des Auges aus zieht eine gerade dunkle Binde zum hinteren Kiemendeckelrand, um von hier aus zur Basis der Brustflossen abzubiegen. Die unpaarigen Flossen tragen in den Membranen kleine weiße Tüpfel; die Dorsale zeigt in der vorderen Region einen orangebraunen Saum, der sich nach hinten in bläuliche Töne umfärbt. Darunter liegt eine weiße Längsbinde. Im Schwanzflossensaum treten die weißen Farben zurück. Von verschiedenen Teilen des Sees eingeführte Tiere wiesen abweichende Färbungen auf. Die Höhlenbrüter haben eine größere Nach-

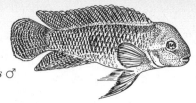

Telmatochromis temporalis ♂

kommenschaft: Es kann zu Gelegen bis etwa 500 Eiern kommen.

T. temporalis gehört aus aquaristischer Sicht sicherlich zu den am besten geeigneten Pfleglingen unter den Arten dieser Gattung. Die Tiere erreichen eine Länge von 9–11 cm und leben in ihrem natürlichen Biotop in der ufernahen Geröllzone. Ihre Färbung ist nicht sonderlich attraktiv: Meist lernen wir die Fische in einem hellen oder etwas dunkleren beigegrauen Farbkleid kennen, dessen auffälliges Merkmal allein eine schmale blaue Binde zu sein scheint, die sich vom Auge zum Maulwinkel zieht. Revierbesitzende Männchen oder solche in Fortpflanzungsstimmung (oft geht das eine mit dem anderen einher) zeigen jedoch, daß auch sie an Farbe zulegen können: All ihre Flossen (ausgenommen Brustflossen) wie auch Unterkiefer und Kehle sind in leuchtendes Blau getaucht, und auch über den Flanken liegt ein leichter Blauglanz. Wenn man dabei noch das Wabenmuster der Flanken und die Tüpfelmusterung auf den unpaaren Flossen in Betracht zieht, kann man diesen (möglichen) Gesamteindruck trotzdem schön nennen. Dieser Endemit aus dem Tanganjikasee hat den relativ höchsten Stirnbuckel aller Gattungsverwandten. Männliche Tiere entwickeln sich stärker als die Weibchen. Als Jungtiere sind sie noch schlank, werden erst später kompakter. Alte Männchen bekommen einen hohen Rücken, wodurch sich der Stirnbuckel weiter ausprägt. Die Balz der Fische hält sich in Grenzen, wobei das männliche Tier nicht viel Aktivitäten zeigt. Das Gelege wird in einer Höhle nach Wahl des Weibchens untergebracht und befruchtet. Schutzverhalten gegenüber den Nachkommen zeigen beide Partner erst dann, wenn es sich als notwendig erweist. Dies gilt für die weißen, etwa 2 mm großen

Eier ebenso wie für die nach 10–12 Tagen (temperaturabhängig) frei schwimmenden Jungen. Oft ist es so, daß junge Mütter mit diesem wenig fürsorglichen Verhalten nur eine relativ geringe Rate an Nachkommen »hochbringen«. Das aber bessert sich fast immer mit folgenden Zuchten.

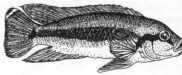

Telmatochromis vittatus ♂

T. vittatus wird 8–10 cm lang und kommt an vielen Stellen im See vor, wo er, wie seine Verwandten, die Felsen- und Geröllzonen im oberen küstennahen Wasserbereich bevorzugt. Seine Färbung ist lehmgelb, und meistens ist der Körper der Tiere von einer breiten dunklen Längsbinde überzogen in der, ähnlich wie bei *T. bifrenatus,* Zickzacklinien über der hinteren Körperhälfte erkennbar sind. Die Stirnwölbung des Kopfes ist bei *T. vittatus* jedoch wesentlich gerundeter, und der weniger gestreckte Körper wirkt wuchtiger. Vom Maulwinkel zieht eine dunkle Binde am Augenunterrand vorbei zum hinteren Kiemendeckelrand, um darauf zur Basis der gelblichen Brustflossen abzuknicken.

Im Aquarium sind die Fische ziemlich friedlich und lassen Pflanzen, die sie aus ihrem Heimatbiotop nicht kennen, unbehelligt. Sie brauchen viel Steine, dazu Höhlen, in die sie sich nach Belieben zurückziehen können. Die Zucht wird nach Art der Höhlenbrüter betrieben. Laichwillige Paare überführt man zweckmäßigerweise aus einem Gesellschafts- in ein Zuchtaquarium. Die recht kleinen Jungfische sind hier vor Nachstellungen noch sicherer.

Triglachromis

Triglachromis ist eine monotypische Gattung geblieben, seit sie im Jahre 1974 von POLL und THYS aufgestellt und der Gattungstyp *T. otostigma* aus der Gattung *Limnochromis* übernommen wurde.

T. otostigma lebt bodennah über sandigem wie auch leicht verschlammtem Grund in Tiefen zwischen 10 und 50–60 m. Die Tiere haben ein flaches Bauchprofil, relativ lange Bauchflossen und tief angesetzte Brustflossen. Ihre Färbung ist als durchschnittlich graubraun zu bezeichnen. Durch andersfarbene Schuppentönung entsteht über den Flanken ein Muster diagonal nach hinten verlaufender Querlinien. THYS schlug in einem Artikel über diesen Fisch (DATZ, 1974) den deutschen Namen Tanganjika-Knurrhahn vor, weil festgestellt wurde, daß die Fische in der Lage sind, knurrende Geräusche auszustoßen.

Eine geschlechtliche Unterscheidung ist bei diesen Maulbrütern kaum möglich, und Nachzuchten sind bisher im Aquarium nur wenige gemeldet worden. Gemäß ihrer Lebensweise scheinen die Tiere dunkel gehaltene Becken zu bevorzugen, bzw. sie meiden die hellen Stellen im Aquarium und sind recht versteckssüchtig, wenn das Becken zu hell beleuchtet ist.

Tropheus

Der *Tropheus*-Komplex stellt im Augenblick eine sehr große Formenvielfalt dar, deren Mitglieder nur den 4 Arten *Tropheus brichardi, T. duboisi, T. moorii* und *T. polli* angehören. Bei der Entwicklung der verschiedenen Varianten in Teilen des Sees ist die Evolution wahrscheinlich in vollem Gange, doch eben noch nicht so weit abgeschlossen, daß die sich entwickelnden unterschiedlichen Merkmale zur Beschreibung neuer Arten reichen würden.

Tropheus-Arten, und hier besonders die Varianten aus der Art *T. moorii,* sind praktisch im ganzen Tanganjikasee verteilt. Sie gehören heute zu den teuer gehandelten Lieblingsfischen vieler Aquarianer. BOULENGER beschrieb die Art bereits 1898 und benannte sie nach Prof. Moore, dem Entdecker und Sammler vieler neuer Arten in Afrika.

Bei dieser Gelegenheit sei noch einmal auf die Tatsache hingewiesen, daß BOULENGER den Namen Moores stets vor der Verwendung als Artnamen latinisierte und erst über »Moorius« zu »moorii« kam. Der Autor BOULENGER hat etwa ein knappes Dutzend Fische nach dem sehr aktiven Sammler benannt, und bei jedem neuen Artnamen wurde wie erwähnt verfahren. Es gibt somit *keinen* Namen, der sich »*moorei*« schreiben würde! Genauso wurde übrigens mit dem Namen des deutschen Dr. Ansorge verfahren: Bei den nach ihm benannten Fischarten (etwa 30, alle von BOULENGER beschrieben) steht am Ende das doppelte »i«, und die internationalen Regeln schreiben ausdrücklich vor, daß »die ursprüngliche Schreibweise eines Namens als ›korrekte ursprüngliche Schreibweise‹ beizubehalten ist, es sei denn, daß sie im Gegensatz zu einer der verbindlichen Vorschriften steht« (Art. 32a). Es ist somit nicht möglich, diese Artnamen in Verbindung mit verschiedenen Gattungsnamen einmal »ei« und ein anderes Mal »ii« enden zu lassen!

Die Verbreitung der verschiedenen Farbrassen, wie wir sie von *T. duboisi* und *T. moorii* kennen, erstreckt sich immer nur über einen begrenzten Raum, der – je nach dem räumlichen Unterwasserzusammenhang – in der Küstenlänge stark variieren kann. Die Ausbildung solch unterschiedlicher Farbrassen ist also geographisch bedingt: Diese *Tropheus*-Arten haben zwar eine weitgestreute Verbreitung, doch ist ihre starke Bindung an felsigen Grund zweifellos darauf zurückzuführen, daß allein diese Zonen einen sicheren Nahrungserwerb zulassen. Nun darf man nicht glauben, daß die Ufer des Tanganjikasees rundum durchgehend, sozusagen nahtlos, aus Felsen bestehen. Zwischendurch wird die Felsenzone durch Geröllzonen und die als Barriere besonders abgrenzende Sandzone unterbrochen. Diese Sandzonen sind für die Bewohner des Felslitorals praktisch unüberwindbar: Keine angemessenen Verstecke, keine gewohnte Nahrung und dazu mögliche Räuber, denen die *Tropheus,* würden sie einen solchen Ausflug wagen, sicher eine schnelle Beute wären.

Wie man aus den vorhergegangenen Ausführungen feststellen kann, haben die Fische nur die Möglichkeit, sich innerhalb eines zusammenhängenden Felslitorals anzusiedeln, Fortpflanzungspartner zu suchen und sich zu vermehren. Sie bilden hier Populationen, die bestimmte Farbformen entwickeln und – langfristig gesehen – auch Entwicklungen zu eigenständigen Arten durchmachen könnten. Eine Vermischung mit Tieren benachbarter Populationen ist aus den dargelegten Gründen auf natürliche Weise nicht möglich. Die Barrieren sind unüberwindlich. Vermischt man allerdings die Tiere solcher geographischen Rassen, so kommt es zu fortpflanzungsfähigen Bastarden. Aus dieser Tatsache geht hervor, daß wir es bei den Farbformen nicht mit Tieren selbständiger Arten zu tun haben. »Die reproduktive Isolation einer biologischen Art, der Schutz ihres gemeinsamen Genpools gegen Verunreinigung durch Gene anderer Arten führt nicht nur zu einer Diskontinuität des Genotypus der betreffenden Art, sondern auch zu einer Diskontinuität der Strukturen und anderer Erscheinungsformen des Phänotypus, die durch diesen Genotypus bewirkt werden. Das ist der Tatbestand, auf dem das Verfahren der Taxonomie beruht« (MAYR: Grundlagen der zoologischen Systematik, 1975).

Tropheus brichardi erreicht eine Länge von ungefähr 12 cm und ist nur aus dem Nordosten des Tanganjikasees bekannt. MATTHES (1962) beschrieb die Spezies bereits früh als neue Farbrasse, doch stellten NELISSEN und THYS im Jahre 1975 fest, daß die abweichenden Merkmale ausreichten, der ehemaligen geographischen Rasse bereits zu diesem Zeitpunkt den Status einer selbständigen Art zu verleihen. Als Schokomoorii waren und sind die Fische im Handel, doch ist das aquaristische Interesse an ihnen wegen der schwarzbraunen Grundfärbung mit dem Goldfleck im Basalbereich der vorderen Rückenflosse nicht sonderlich groß. Andere, farbigere Rassen haben diesen Tieren den Rang abgelaufen. Haltung und Zucht entsprechen weitgehend denen von *T. moorii*.

Tropheus duboisi (s. Farbtafel 6, unten) wurde, im Gegensatz zur vorgenannten Art, schon früher von MARLIER als eigenständige Art erkannt und im Jahre 1959 beschrieben. Die Tiere werden 11–13 cm lang und halten sich im Felslitoral des Sees in Tiefen bis etwa 14 m auf. Man hat die Tiere bisher nur in bestimmten Regionen der nördlichen bzw. nordöstlichen Seehälfte festgestellt.

Der Vergleich zwischen Tieren von *T. duboisi* und *T. moorii* läßt sich allein schon am Kopf der Duboisi-Verwandten erken-

Tropheus duboisi, geflecktes Jungtier

nen. Die samtschwarze Kopf- und Körperfärbung wird vom Maul bis zum hinteren Kiemendeckelrand von schieferblauen Tönen überlagert, die den Eindruck von Schlieren erwecken, wie manche Aquarianer sie zuweilen bei Diskusfischen feststellen, wenn diese beim Führen der Jungen eine aufgequollene Schleimhaut tragen. Die schwarze Grundfärbung kann einfarbig bleiben; meist sind die Fische jedoch von einer mehr oder weniger breiten Körperbinde gekennzeichnet, die in Höhe der vorderen Rückenflossenstrahlen um die Flanken läuft. Die Binde kann goldgelb, aber auch fast silbrigweiß sein – eine Frage der Herkunft. Geschlechtsunterschiede kann man daraus nicht ableiten, weil Tiere beiderlei Geschlechts sehr ähnlich gefärbt sind. Hinweise könnten höchstens die Bauchflossen geben, deren vorderer Strahl bei erwachsenen Männchen (wahrscheinlich) stets länger ausgezogen ist. So werden von Händlern Geschlechtsbestimmungen ausschließlich (wenn überhaupt!) nach Unterscheidungen im Bereich der Genitalöffnungen vorgenommen – ein Vorgang, der bei unsicherer Handhabung auch Fehler in sich birgt (vergleiche MAYLAND, Große Aquarienpraxis, Bd. III, S. 65).

Im Gegensatz zu Jungfischen aller übrigen Arten und deren geographischen Rassen sind die Jungfische von *T. duboisi* leicht an ihrem Farbmuster zu erkennen. Bei ihnen stellt man auf tiefschwarzem Grund Muster von kleinen weißen Tüpfeln fest, die sich kontrastreich von der Grundfärbung abheben.

Tropheus moorii wurde bereits 1898 von BOULENGER beschrieben. Die Vertreter dieser Art sind in weiten Bereichen der felsigen Küstenzonen rund um den See beheimatet. Viele dieser Zonen sind noch nicht erforscht, so daß man immer wieder mit dem Bekanntwerden neuer Farbrassen rechnen muß.

12–14 cm können die Tiere maximal lang werden. Sie leben, im Gegensatz zu ihren Duboisi-Verwandten, hauptsächlich in Felsenzonen, die nicht wesentlich unter 5–6 m hinabreichen. Dieser Teil der Unterwasserwelt hat eine höhere Sonneneinstrahlung und besseren Algenwuchs, was für die Algenfresser von ausschlaggebender Bedeutung sein kann.
Für die aquaristische Haltung dieser Moorii-Verwandten gilt daher: eine Felsenlandschaft schaffen, die bis an die obere Beckenbegrenzung heranreicht. Ein Moorii-Becken soll eine Länge von mindestens 120 cm haben. Da die Bestimmung der Geschlechter am schwimmenden Aquarientier kaum möglich, die Kenntnis der Geschlechter vor dem Einsetzen jedoch von großer Bedeutung ist, soll man den Händler fragen. Ist er ein Cichlidenkenner, so kann er die Tiere durch eine optische Prüfung des Genitalbereichs (die Fische müssen dazu aus dem Wasser und in die Hand genommen werden) aufteilen. Männliche Tiere der gleichen Art dulden keinen gleichgeschlechtlichen Mitbewohner in der näheren Umgebung ihres Revierzentrums. Werden also 2 Männchen in ein relativ kleines Becken gesetzt, so wird bald ein Tier dominieren und das unerwünschte 2. Tier ständig attackieren. Jetzt zeigt sich, wie wichtig Höhlen und andere Verstecke sind. Da das 2. Männchen auf Dauer keine Chance zur Entfaltung hat, soll man es aus dem Becken entfernen. Anders ist die Zusammenstellung der Weibchen: Von ihnen kann man einen Schwarm anschaffen, weil der »Chef« sich gern mit einem Harem umgibt.
Es wurde bereits an anderer Stelle geschrieben, daß sich die verschiedenen Farbrassen untereinander kreuzen lassen. Das soll jedoch kein Aquarianer tun, will er nicht Bastarde in die Welt setzen lassen, die am Ende in kein farbliches Schema passen. In ein bereits »eingefahrenes« *Tropheus*-Aquarium neue Tiere einzusetzen ist nicht einfach, weil die alteingesessenen Tiere Neuankömmlingen gegenüber ziemlich aggressiv sind. Das kann so weit führen, daß diese Neuen in kürzester Zeit umgebracht werden! Man soll deshalb *vor* dem Zusammenstellen einer Aquarienpopulation daran denken, daß die Tiere untereinander so aggressiv sind und ein späteres Zusetzen

arteigener und rasseeigener Verwandter kaum möglich sein wird.

Die Zucht von *T. moorii* ist bei allen geographischen Rassen gleich und nicht sonderlich schwer, wenn erst einmal Ruhe innerhalb der Aquarienpopulation eingetreten und Harmonie eingezogen ist. Die von vielen Aquarianern hochbegehrten Fische mögen deshalb im Preis so hoch geblieben sein, weil sich die Nachzuchtrate mit der anderer Cichliden (wie etwa der süd- und mittelamerikanischen *Cichlasoma*) keinesfalls vergleichen läßt. So bleibt die Zahl der großen Eier, die das Maul der Mutter aufnehmen kann, mit oft weit weniger als einem Dutzend gering. Große Eier aber haben in erster Linie auch einen großen Dotter. Dieser bewirkt, daß die Larven nach dem Schlüpfen und Weiterentwickeln zu Jungfischen noch eine lange Zeit im Maul der Mutter verharren. Hier haben sie den für sie notwendigen Schutz, die mütterliche Geborgenheit. Sie verlassen (bei Wassertemperaturen zwischen 26 und 28 °C) diesen Schutz erst nach rund 30 Tagen und sind nun bereits etwa 15 mm lang und recht selbständig. Jetzt kommt es darauf an, welche Mitbewohner sich im Aquarium befinden und wie viele Verstecke die Einrichtung aufweist. Da die meisten Aquarien- und Tropheusfreunde in solchen Becken Räuber fernhalten (auch die meisten Vertreter aus dem *Lamprologus*-Komplex gehören dazu!), haben alle Jungen eine reelle Chance zu überleben, zumal sie bereits jetzt so groß sind, daß sie verschiedene Futterarten mühelos aufnehmen können. Kommerz ist leider auch in der Zierfischzucht heute in großem Maße zu finden, doch sehen es die meisten Aquarianer nicht gern, wenn sie feststellen müssen, daß gewissenlose Züchter die trächtigen Weibchen aus dem Zuchtbecken fangen, um ihnen die erst halbwegs im Maul entwickelten Jungen »auszuschütteln«, um diese dann gesondert oder – wie man es auch nennen könnte – künstlich aufzuziehen. Hier hat die Hoffnung, daß die Mutter bald wieder das Maul erneut voll hat, die Liebe zur Kreatur übertölpelt!

In den bisher erforschten Gebieten des Tanganjikasees konnten mehr als 30 geographische Rassen von *T. moorii* festgestellt werden, und ein Ende solcher Entdeckungen ist noch nicht abzusehen, weil die Westseite des Sees, die zu Zaire gehört, bisher aus politischen Gründen für die meisten Aquarienfreunde (darunter auch Wissenschaftler) weitgehend verschlossen blieb.

Von den Farbrassen, die in den letzten 10 Jahren mehr oder weniger bekannt wurden, sind hier in der Folge diejenigen angeführt, die viele Freunde fanden und auch heute fast überall nachgezüchtet werden.

Die gelb-rote Rasse kann man als die am längsten bekannte ansehen. Die Tiere wurden zu Beginn der Tanganjikasee-Aquaristik Anfang der 70er Jahre am häufigsten ausgeführt. Sie stammen vom nordöstlichen Teil des Sees (Rutunga), der zu Burundi gehört, dem Land, in dem der so überaus aktive Belgier Pierre Brichard seine Exportstation hat. Da gelb und rot die Nationalfarben Belgiens sind (»die Farben von Brabant«), ist diese Variante auch als Brabantbuntbarsch bekannt geworden. Dabei kann der farbige Gürtel bei den Tieren sehr unterschiedlich ausfallen. Meist verengt er sich über der Flankenmitte. Er setzt auch nie (?) mit dem vorderen Dorsalstrahl ein, sondern meist erst mit dem vierten. So sind dann die 4 oder 5 folgenden Strahlen samt ihren verbindenden Membranen rot. Die darunter folgende Zone ist über den Schuppen gelb, und meist ist darauf die in der Bauchpartie liegende Farbzone wieder rot. Der übrige Körper ist samtschwarz, doch können die Schuppen verschiedener Flankenzonen am Hinterrand mit einem gelben Strich geziert sein.

Die orangefarbene Rasse kommt von der nordwestlichen Seite des Sees, nahe des Ortes Bemba. Dieser Teil gehört bereits zu Zaire, und der Abschnitt, wo man die Fische mit der breiten orangefarbenen Binde genau über der Körpermitte findet, ist relativ klein.

Die Schwanzstreifenrasse (s. Farbtafel 6, Mitte) ist auch unter dem weiteren Handelsname »Chipimbi« bekannt und stammt von der südwestlichen Seeseite, nahe der Ortschaft Moliro (Zaire). Sie gehört zu den Tieren mit der gefragtesten Musterung: Kopf, Rücken- und Schwanzflosse sind schwarz gefärbt, doch hat der basale Bereich der Dorsale starke Rotanteile. Kehle und Analbasis zeigen bläuliche Töne. Der Körper ist – stimmungsbedingt – mehr oder weniger rosafarben. Eine kirschrote Längsbinde liegt über dem Schwanzstiel und zieht in das hintere Flankendrittel hinein.

Katonga-Rasse nennt sich eine weitere Form, bei der die Rückenflosse zitronengelb gefärbt und von hellblauen Tüpfeln überzogen ist. Kehle und Bauch (nebst Bauchflossen) zeigen ebenso gelbe Töne. Oberkopf und Flanken haben eine graubraune Grundfärbung, die sich bis in die Schwanzflosse hineinzieht. Auf den Flanken erkennt man etwa 6 weißlichgelbe Querbinden. Die Tiere stammen aus einem Gebiet auf der tansanischen Ostseite des Sees, das ungefähr gegenüber der zairischen Stadt Kalémié liegt.

Red Rainbow (s. Farbtafel 6, oben) heißt ein Name, den der Exporteur aus gutem Grund gewählt hat. Die Tiere kommen aus dem äußersten Süden des tansanischen Teils, hart an der Grenze zu Sambia. Ihre Grundfärbung ist grau, wobei der Kopf gegenüber den Flanken dunkler abgesetzt ist. Etwa 8 gelbliche schmale Querbinden überziehen die Flanken. Farblich dominiert die Rückenflosse, die dieser Rasse den Namen gibt: Sie ist durchgehend purpurrot gefärbt. Alle übrigen Flossen haben eine mausgraue Tönung und zeigen bei Wohlbefinden in einigen Bereichen einen bläulichen Schimmer, wie man ihn auch über dem Kopf feststellen kann.

Die uns als Blutkehlrasse bekannte Variante wird als »Cherry-cheek-Moorii« gehandelt. Diese Tiere kommen im Süden des Sees vor – ein Gebiet, das noch zu Sambia gehört. Graubraun ist die Grundfärbung, über die sich – stimmungsbedingt – ein blauer Schimmer legen kann, der sich in einigen basalen Zonen der ebenfalls braungrauen Flossen verstärkt. 8–9 schmale blaßgelbe Querbinden laufen über die Flanken, eine weitere zieht zwischen den Augen über die Stirn. Die namengebende Rotfärbung erkennt man in Farbflecken auf der Kehle und zuweilen auch auf den Wangen.

Die schwarz-rote Rasse wurde vor etwa einem Jahrzehnt im Süden des Sees (Cameron Bay/Sambia) entdeckt. Bei dieser

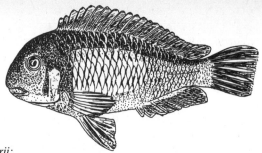

Tropheus moorii;
Orangefleck auf dunklem Grund

Variante muß man davon ausgehen, daß die Grundfärbung ein tiefes Weinrot ist, eine Tönung, die sich bei Schreckverhalten intensiver zeigt als bei Normalverhalten. Diese Grundfärbung wird von schwarzen Tönen überlagert, leuchtet jedoch besonders im vorderen Teil der Rückenflosse, der Kehle und im basalen Teil der vorderen Afterflosse durch.

Als Orangefleckrasse werden unter der Handelsbezeichnung »Mupulungu« Tiere eingeführt, die ebenfalls aus dem Süden des Tanganjikasees stammen. Bei ihnen kann die Grundfärbung von Kopf und Körper zwischen mausgrau und schwarzbraun stimmungsbedingt wechseln. Auf der vorderen Flankenmitte liegt ein unübersehbarer, meist oval geformter orangeroter Fleck, der besonders dann wirkt, wenn man viele Tiere zusammenstehen sieht. Papageienmoorii hat man sie auch genannt. Ihr Lebensraum liegt in der Nähe des Ortes Muzumwa, an der Grenze zwischen Sambia und Tansania.

Sehr begehrt ist auch der Kaisermoorii, eine fast tiefschwarze Variante, bei deren Vertreter eine sehr breite goldene Querbinde von 2–3 cm Breite die Flanken überzieht. Die Tiere stammen von einem ausgedehnten Küstenabschnitt am zentralen Ostufer (Tansania). Am besten und intensivsten gefärbt sind die dominierenden Männchen (das ist in den meisten Fällen so!), doch kann bei Unwohlsein der Fische die gelbe Farbe nicht nur verblassen, sondern unter Umständen ganz verschwinden. Bei vielen Exemplaren zieht sich die Goldfärbung bis weit in die Rückenflosse und auch in den vorderen Bereich der Afterflosse hinein.

Goldtropheus oder grüne Rasse nennt man die Tiere, die auch als »Green Wimple« (= Grüner Schleier) importiert werden. Ihr Lebensraum im See erstreckt sich in etwa über eine Felslitoralzone, die südlich der Malagarasimündung beginnt und sich bis zur Mündung des Lugufu (südlich von Kigoma/Tansania) ausdehnt. Die schwarzbraune Grundfärbung beherrscht Kopf und Körper wie auch alle Flossen. Stimmungsbedingt kann sich die untere Körperpartie heller – ins Gelbliche – färben. Eine gelbgrüne Nackenbinde, die sich auf dem unteren Flankenbereich verjüngt, hat in der vorderen Dorsalbasis eine Breite von etwa 5 Flossenstacheln. Die Größe dieser Querbinde kann variieren. Eine hellblaue Iris stellt einen guten Kontrast auf dem sonst dunklen Kopf dar.

Eine Rasse, die als Doppelfleck- oder Kirschfleckvariante im Handel ist, kommt in einem Gebiet vor, das rund 150 km südlich von Kigoma auf der tansanischen Seite gelegen ist, dort, wo die Kungwe-Berge den größten Landvorsprung in den See treiben. Die Tiere haben eine anthrazitfarbene Grundtönung, die sich – stimmungsbedingt – bis in Mausgrau umfärben kann. 2 orangerote Zonen von unterschiedlicher Ausdehnung liegen im mittleren und hinteren Flankenbereich. Sie können bei der Balz oder anderem Imponieren kräftig leuchten, oder die Intensität kann, im umgekehrten Sinn, auch zurückgenommen werden.

Eine weitere Rasse kennen wir als Zitronen-Variante, die unter dem Handelsnamen »Kalambo« aus Sambia (Südende des Sees) eingeführt wird. Die Tiere haben eine schwarzgraue Grundfärbung, die stimmungsbedingt heller oder dunkler sein kann. Etwa 8 schmale gelbe Binden laufen über den Körper, lassen aber die schwarzgrauen Flossen unberührt. 2 weitere, sehr kurze Binden liegen über dem Nacken. Über der Flankenmitte liegt eine zitronengelbe Zone, die in ihrer Ausdehnung sehr variieren kann. Viele Tiere tragen feine gelbe Tüpfel auf der Stirn. Um die Augen erkennt man einen orangefarbenen Ring, in dem kleine blaue Tüpfel stehen.

Als Regenbogenmoorii wird eine Rasse aus dem Süden des Sees (Sambia) eingeführt, die nach einer wissenschaftlichen Beschreibung von NELISSEN als Unterart eingestuft und *Tropheus moorii kasabae* heißen muß. Es ist nicht einfach, die Färbung dieser Rasse zu beschreiben: Als Grundfärbung kann man von einem Schwarzbraun ausgehen, das sich über den Flanken insofern aufhellt, als die Schuppenzentren beige Töne aufweisen, deren Ränder jedoch wiederum schwarzbraun gesäumt bleiben. Vom Rücken her sieht man, wie blasse, helle und schmale Querbinden über den Körper ziehen, sich aber im Beige der Flanken verlieren. Dorsalbasis und Unterkopf weisen rostfarbene Töne auf, die sich über Kehle und Bauch intensivieren. Der Kopf und die intensiver gefärbte Kehlpartie sind mit sehr feinen, weißlichblauen Tüpfeln übersät.

Tropheus polli wurde 1977 von Glen AXELROD beschrieben, als der Autor die frühere Gabelschwanzrasse (= tief gegabelte Schwanzflosse) in den Rang einer selbständigen Art erhob. Die Tiere kommen an der zentralen Ostseite des Sees vor (Gebiet des Bulu-Point und der Bulu-Insel) und werden im Vergleich mit *T. moorii* um durchschnittlich 4–5 cm länger. Graubraun ist die Grundfarbe der Tiere. Sie wird von 8–9 unregelmäßig begrenzten, aber klar erkennbaren, weißlichbeigen Querbinden überlagert. Die Iris ist größtenteils hellblau. Bei recht alten männlichen Tieren können die Querbinden weichen, so daß die Tiere dann nur ihre Grundfärbung zeigen. Dafür verlängern sich die hinteren Spitzen von Rücken-, After- und Schwanzflossen. Die Weibchen behalten ihre Querbindenmusterung bei. Man kann somit bei dieser Art von einem unterschiedlichen Erscheinungsbild der beiden Geschlechter sprechen, eine Tatsache, die in der Wissenschaft als Sexualdimorphismus bezeichnet wird. Im Aquarium sind die Tiere dieser Art nicht anspruchsvoller als die übrigen *Tropheus*-Arten, doch sollte man ihnen kein Becken bieten, das eine geringere Länge als 120 cm aufweist.

Variabilichromis

Die von ALLGAYER und COLOMBE (1985) geschaffene Gattung

Oben links:
Neolamprologus christyi ♂, juv.

Oben rechts:
Neolamprologus leleupi ♂ »Flieder«

Mitte:
Neolamprologus obscurus ♂

Unten:
Reganochromis calliurus ♂

Variabilichromis moorii;
dunkel ausgefärbtes erwachsenes Tier

Variabilichromis ist zur Zeit nur einem Vertreter vorbehalten. Der Name weist auf die Veränderlichkeit der Tiere zwischen Jugend- und Erwachsenenfärbung hin. Die Autoren führen die Sonderstellung der Gattung auf unterschiedliche Merkmale im Schädelskelett zurück.

Variabilichromis moorii wird kaum länger als 10 cm. Die Fische bewohnen die Felsen- und Geröllzone im Tanganjikasee, doch die Importe kommen stets aus dem südlichen Teil des Sees. Im Gegensatz zu vielen Arten aus dem *Lamprologus*-Komplex, deren Vertreter eine mehr oder weniger gestreckte Körperform aufweisen, ist die Form dieser Tiere auffällig hochrückiger, was sich besonders bei erwachsenen Fischen der Art abzeichnet. Zwischen der Färbung junger und erwachsener Tiere besteht ein auffälliger Unterschied: Jungfische haben eine beinahe goldgelbe Färbung, bei der blaue Töne nur in Säumen der unpaaren Flossen wie auf einem fast horizontalen Strich unter den Augen erscheinen. Nach der Geschlechtsreife ändert sich das Farbkleid in ein durchgehendes Kaffeebraun, wobei der silbrigglänzende feine Strich auf jeder Schuppe, den man bereits in der Jungendfärbung erkennt, ebenso erhalten bleibt wie die erwähnten Blautöne. Geschlechtsunterschiede sind nur schwer zu erkennen, erst bei älteren Männchen lassen die deutlich erkennbaren Filamente der Bauchflossen eine derartige Unterscheidung zu.

Die Tiere der Gattung sind relativ leicht zu pflegen, wenn sie nicht von revierbetonten stärkeren Mitbewohnern geplagt werden. Man sollte ihnen ein Becken von mindestens 100 cm Länge zubilligen, in dem auch andere Arten aus einem steinigen Biotop untergebracht werden können.

Zur Zucht wird vom Weibchen eine Höhle ausgesucht, in der die Nachkommen herangezogen werden, wobei beide Eltern recht harmonisch die Arbeit am Brutgeschäft unter sich aufteilen. Wenn die Jungfische nach etwa 8 Tagen bei 25–27 °C zur ersten Nahrungsaufnahme vor der Höhle erscheinen, bleiben sie in dichtem Schwarm beieinander. Das Anfüttern gelingt meist problemlos mit Artemia-Nauplien. Bugsiert man eine kleine Futtertablette vor den Höhleneingang, so kann man bald beobachten, wie sich die Kleinen auch um dieses Futter balgen.

Xenotilapia

Xenotilapia umfaßt eine Gruppe von Fischen, deren Bauchflossen anders gebaut sind, als das meist bei Cichliden der Fall ist: Bei ihnen sind nicht die vorderen Flossenstrahlen verlängert, sondern die hinteren. Diese Flossen dienen den Bodenbewohnern als Stützorgane. Ihr Lebensraum ist der Sandgrund nicht nur der küstennahen, sondern auch der etwas tieferen Zonen im Tanganjikasee. Die gestreckte Körperform, die bei einigen Arten steil abfallende Stirn mit den hoch angesetzten großen Augen, das gerade verlaufende Bauchprofil, das tief am Kopf sitzende, jedoch vorderständige Maul und die meist sandfarbene bis silbrige Grundtönung weisen eindeutig auf das Leben im erwähnten Biotop hin. Es hat Jahre bedurft, bis sich einige dieser Arten aquaristisch durchgesetzt haben. Heute gehören aber auch sie zum aquaristischen Allgemeingut, auch wenn sich bisher nicht jede Art aus dem Dutzend der wissenschaftlich beschriebenen durchsetzen konnte.

X. melanogenys wird 14–15 cm lang; der Körper ist sehr gestreckt und von sandgelber, zuweilen silbrig schimmernder Grundfärbung. Stimmungsbedingt zeigen die Tiere etwa 10 sehr kurze dunkle Querbinden, die etwa in Augenhöhe auf den Flanken stehen. 6 Reihen hellblau irisierender Tüpfel, zu Längslinien angeordnet, geben den Körperseiten einen farblichen Kontrast. Einige ebenso gefärbte Tüpfellinien erkennt man auch auf den Wangen des gestreckten Kopfes, auf dessen hinterem Kiemendeckel ein schwarzer Fleck erkennbar ist.

Die ebenfalls lehmgelben Rücken-, After- und Bauchflossen zeigen intensiv blaue Muster. Die erste ist mit einem goldgelben Saum gezeichnet, die beiden übrigen tragen einen anthrazitfarbenen Rand, wie ihn auch die blaugolden gemusterte Schwanzflosse der Männchen zeigt. Weibliche Tiere fallen farblich ziemlich ab.

Alle Arten dieser Gattung bevorzugen ein Leben in Gruppen und benötigen ein Aquarium mit möglichst großer Bodenfläche und sandigem Grund. Der rückwärtige Beckenteil kann eine »Geröllwand« haben, um andere Cichliden des Tanganjikasees zu vergesellschaften. Man achte beim Kauf darauf, daß die Tiere gut eingewöhnt sind. Auf die Wasserwerte im Tanganjikasee sei bei dieser Gelegenheit erneut hingewiesen: pH-Wert über 7,5 und Härte bei 600–650 μS. Die Wassertemperaturen sollten zwischen 25 und 27 °C betragen.

Xenotilapia-Arten gehören zu den Maulbrütern, bei denen die Weibchen die Brut übernehmen. Die männlichen Tiere bauen flache Sandgruben, um laichbereite Weibchen anzulocken. Die Befruchtung erfolgt in der Grube, und erst darauf werden die Gelege ins Maul genommen. Nach rund 18 Tagen (temperaturabhängig) entläßt die Mutter die schwimmfertigen Jungfische.

X. ochrogenys ist ein weiterer Vertreter, der jedoch durch sein steileres Stirnprofil auffällt. Die Fische sind empfindlich in der Eingewöhnungszeit, danach aber ohne Probleme zu pflegen. Die bis etwa 12 cm lang werdenden Tiere haben eine goldgelbe Grundfärbung (♂♂) über Körper und Flossen; der Kopf bleibt silbrig. Die Flanken werden von 5–6 Längsreihen silbrigblauer Punkte überzogen. Blaue Längsbinden finden sich auch in Rücken-, After- und Bauchflossen. Auf dem hinteren oberen Kiemendeckelrand liegt ein schwarzer Fleck. Die nicht besonders auffälligen, mittelgroßen Augen sitzen hoch am Kopf. Haltung wie bei vorgenannter Art beschrieben. POLL beschrieb mit *X. o. bathyphilus* (1956) eine Unterart, die aus tieferen Wasserschichten stammt, jedoch (nach POLL) keinen erwähnenswert größeren Augendurchmesser, dafür ein gerundeteres Bauchprofil aufweist.

Der größere Augendurchmesser scheint nicht unbedingt ein Merkmal für ein Leben in größeren Tiefen zu sein, zumindest kommen diese Fische, wie etwa *X. sima* oder *X. boulengeri,* auch in Flachwasserzonen vor (POLL.) Von *X. nigrolabiata* wurden Exemplare aus Tiefen um 10 m, aber auch aus 100 bis 160 m Tiefe (!) geborgen. Die letztgenannten 3 Arten verfügen alle über Augenpaare von überdurchschnittlicher Größe.

Endemiten aus dem Malawisee

Im direkten Vergleich mit den Cichliden aus dem Tanganjikasee muß man feststellen, daß Malawisee-Cichliden im Durchschnitt weitaus farbenprächtiger sind. Wenn zur Zeit trotzdem einige Buntbarsche aus dem Tanganjikasee in der Aquarianergunst vorn liegen, so hat das wahrscheinlich kommerzielle Gründe: Vor allem gibt es bei den Fischen aus dem langgezogenen Tanganjikasee häufiger einmal Neuheiten, auf die sich zuerst die vielen Züchter stürzen - kosten sie, was sie wollen. Die Buntbarsche aus dem Malawisee sind ebensogut erforscht, doch haben sie den »Nachteil«, daß sie sich praktisch in jedem ordentlich eingerichteten Becken zur Nachzucht bringen lassen. Cichliden aus dem Malawisee sind ausnahmslos (!) Maulbrüter. Diese Aussage gilt, wohlverstanden, nur für die Fische, deren Lebensraum *im* See liegt, also in den Felsenrevieren, den Sandzonen oder dem freien Wasser. Andere Arten, wie solche aus den angeschlossenen Sumpfzonen, können ebenfalls Maulbrüter sein (wie etwa *Pseudocrenilabrus philander dispersus*), müssen es aber nicht.
Mit der Einführung vieler relativ neuer oder auch altbekannter Spezies und Arten hat die Freude an den bunten Fischen aus dem südlichsten der 3 großen afrikanischen Seen wieder neuen Aufschwung bekommen. Zu diesen beliebtesten gehören die vielen Formen der Gattung *Aulonocara,* die zweifellos zu den prächtigsten Aquarienfischen überhaupt gehören.
Gibt es aquatische Unterschiede zwischen den beiden Seen? Der Limnologe (= Süßwasserforscher) würde dieser Frage un-

bedingt zustimmen, denn immerhin ist der alkalische Wert des Wassers im Tanganjikasee im Durchschnitt (9,0 : 8,4) sechsmal höher und der Wert für die Gesamthärte (11° : 5° dH) ist doppelt so hoch wie der des Malawisees. Vergleicht man die Karbonathärte beider Seen, so kommt man auf ein Durchschnittsverhältnis von 17° dKH für den Tanganjikasee und 7° dKH für den Malawisee. Bei der elektrischen Leitfähigkeit, nach der sich die meisten Züchter richten, weil sie *alle* Minerallösungen einschließt, liegt der Durchschnitt für den Tanganjikasee bei 620 μS, für den Malawisee bei nur 220 μS. Zu unser aller Glück sind die Cichliden beider Lebensräume recht anpassungsfähig und zeigen nur dann ein gewisses Unwohlsein, wenn der pH-Wert unterhalb der Neutralgrenze von 7,0 liegt. Derartige Abfälle können immer einmal vorkommen, wenn der pH-Wert nicht in gleichmäßigen Abständen gemessen wird. Der pH-Wert ist keine unbedingt stabile Sache, aber: Vorhandene Karbonathärte puffert diesen Wert, hält ihn stabiler. Andererseits sollte man bedenken, daß die heute so oft gepriesene CO_2-Düngung von Pflanzen in einem Becken, in dem kein saurer pH-Wert erwünscht ist (gelöstes CO_2 [Kohlendioxid] ist Kohlensäure, und Säure macht logischerweise sauer!), tunlichst unterbleibe oder zumindest nur unter strenger Kontrolle durch ein Dauermeßgerät eingesetzt werden soll.

Aristochromis

Die Gattung *Aristochromis* ist aquaristisch nicht besonders wichtig, weil der einzige Vertreter, *A. christyi,* zu den groß werdenden Räubern gehört, für die man ein Becken von mindestens (!) 2 Metern benötigt. Man trifft die Tiere, deren besonderes Merkmal der relativ große Kopf mit dem Nasenhökker und dem geraden, doch tief gespaltenen Maul ist, über weite Gebiete im Malawisee an. Sie halten sich meist in Wasserzonen oberhalb der 8-m-Marke vor dem und im Felsgebiet auf. Ihre Beute besteht in erster Linie aus Buntbarschen solcher Größen, die sie beim Patroullieren durch blitzschnellen Überfall packen können. Dabei ist es möglich, auch recht

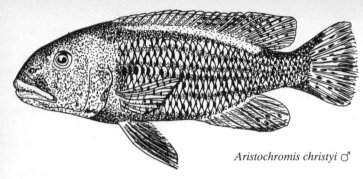

Aristochromis christyi ♂

große Opfer zu überraschen, denn *A. christyi* kann 24–26 cm lang und wuchtig werden.

Da das Leben im Aquarium wohl kaum seinen natürlichen Bedürfnissen entspricht, muß man damit rechnen, daß die Tiere in Gefangenschaft etwas kleiner bleiben. Die Fütterung in einem entsprechend großen Becken muß dem Verlangen nach grober, kräftiger Nahrung angepaßt sein. Aus Kostengründen wird man die Tiere mit Fischfleisch ernähren (nicht mit den teureren Shrimps oder ähnlichem Krebstierfleisch), das sie nach einer Eingewöhnungszeit meist auch gern nehmen.

Importierte Tiere haben meist nicht die gewünschte (Männchen-) Blaufärbung, sondern sind hellbeige getönt und zeigen günstigenfalls einen blassen Gelbschimmer. Abgesehen davon, daß man diese Art problemlos an der typischen Kopfform erkennen kann, zeigen die eingeführten Fische beiderlei Geschlechts, die dann etwa 12 cm lang sind, die Weibchenfärbung, bei der sich über der erwähnten Grundtönung 2 schwarze Längsbinden erkennen lassen, von denen die untere dann etwa 1 cm hinter den Augen und dem Rückenfirst beginnt und sich schräg nach hinten zur Mitte des Schwanzstiels zieht. Die 2. Längsbinde ist nicht immer klar abgegrenzt: Sie beginnt ungefähr mit dem Rückenflossenansatz und zieht sich beiderseits des Rückenfirsts zum Ende der oberen Schwanzstielkante. Männliche Tiere nehmen mit eintretender Geschlechtsreife (12–14 cm) je nach Herkunft entweder eine himmelblaue Gesamtfärbung über Körper und Flossen an oder ein

anderes Blau, bei dem auch Gelbtöne über Kopf, Flanken und Flossen einbezogen sind. Diese männlichen Exemplare bekommen dann einen eher grünlichen Kopf und eine gelbe Afterflosse. Die Körperzone unter bzw. über der Rücken- und Afterflossenbasis ist ebenfalls gelb (s. Zeichnung).
A. christyi ist in Gefangenschaft bereits zur Nachzucht gebracht worden. Das maulbrütende Weibchen bringt dabei 50 bis 60 Junge zur Welt, die nach der Entlassung aus dem Maul der Mutter bereits gut fressen und sich schnell entwickeln.
Andere, unter dem Gattungsnamen *Aristochromis* gehandelte und bisher wissenschaftlich unbeschriebene Haplochrominen gehören keineswegs dieser Gattung an!

Aulonocara

Die Gattung *Aulonocara* wurde bereits vor einigen Jahrzehnten (REGAN, 1921) aufgestellt, doch wissen Cichlidenfreunde, daß außer den inzwischen 6 wissenschaftlich beschriebenen Arten noch rund zwei Dutzend oder mehr Formen existieren, die auf eine weitere Überarbeitung der Gattung (in Vorbereitung) warten.
Eines der besonderen Merkmale der *Aulonocara*-Vertreter, Sinnesgruben am Kopf, war auch für die Namensgebung der Gattung verantwortlich (*aulon* = Grube, Kanal; *kara* = Kopf). Diese Tatsache ließ die Vermutung zu, daß alle diese Fische in Höhlen und ähnlich dunklen Behausungen leben müßten. Einige Beobachtungen schienen dieser Pauschaltheorie recht zu geben – bis Populationen entdeckt wurden, die sich nicht an diese aufgestellte »Regel« halten.
Aulonocara nyassae ist wohl die inzwischen bekannteste Art dieser Gattung, dennn es gibt nicht nur reinblaue Populationen, sondern auch solche mit rotem Bauch. Die als »Blue Regal« eingeführte Spezies kommt beispielsweise von der Mbenji-Inselgruppe. Die rotbäuchige Variante, heute kaum erhältlich, kommt von der der Insel Likoma gegenüberliegenden Seite auf dem Staatsgebiet von Mosambik.
Der Kaiserbuntbarsch, wie man *A. nyassae* auch nennt, lebt überwiegend in Gebieten der Übergangszonen zwischen Fels-

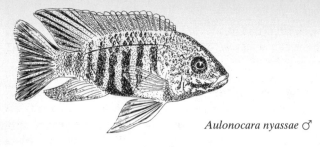

Aulonocara nyassae ♂

und Sandlitoral. Seine Vorliebe für steinige Verstecke ist auch für viele andere Bewohner der steinigen Lebensräume bezeichnend. Die in diesen Biotopen festgestellten Längen bis zu 18 cm erreichen die Tiere bei aquaristischer Haltung kaum einmal. Sie werden im Aquarium durchweg bis zu 14 cm lang. Die Grundfärbung der männlichen Tiere ist ein kräftiges Mittelblau, das über dem Kopf meist einen metallisch schimmernden Glanz hat. Je nach Herkunft treten Rot- oder Goldtöne in bestimmten Zonen von Körper und/oder Flossen als geographisches Erkennungsmerkmal auf. Die Weibchen sind gegenüber dem anderen Geschlecht unscheinbar und innerhalb der Arten oder Varianten nicht leicht auseinanderzuhalten. Ihre Grundfärbung ist ein mehr oder weniger blasses Graubraun, das über den Flanken von 9 oder 10 dunklen Querbinden überdeckt wird. Zudem sind weibliche Tiere etwas kleiner. Jüngere Tiere tragen alle noch die Weibchenfärbung, wie auch nichtdominierende Männchen dieses Farbkleid noch nach der Geschlechtsreife beibehalten können. In der Natur würden sie mit dem Gründen eines eigenen Reviers die Männchenfärbung zeigen; im Aquarium liegen die Dinge anders, weil das Alphatier – das dominierende Männchen im Becken – einen ebenso gefärbten Konkurrenten um die Gunst der Weibchen auf diesem relativ engen Raum bekämpfen würde. Oft erkennt man halbwegs umgefärbte Männchen, die sozusagen ihre Männlichkeit »in Wartestellung« zeigen. In ihren blauen unpaaren Flossen zeigen viele Männchen (wie übrigens auch Weibchen) goldgelbe Eiflecken in der After- und zuweilen auch in der Rückenflosse, wo sie jedoch weniger auffällig sind und mit zunehmendem Alter zurücktreten.

Wie alle Cichliden des Malawisees gehören auch die *Aulonocara*-Arten zu den Maulbrütern, bei denen die Weibchen die Brutpflege allein übernehmen, während die Männchen stets fortpflanzungsfähig und somit balzbereit bleiben. Abgelaicht wird in einem Versteck, wobei eine Steinplatte als Laichsubstrat dient. Man kann also einem Männchen mehrere Weibchen derselben Art zugesellen und wird mit vielen Nachkommen rechnen können. Die Mutter hält ihre Eier bzw. Larven bis zum Freischwimmen der Jungen rund 3 Wochen im Maul (25–27 °C). Dann ist die Nahrung im Dottersack aufgezehrt, und die Jungfische müssen selbst auf Nahrungssuche gehen. Das kann auch im Gesellschaftsaquarium (mit entsprechender Wasserqualität!) erfolgen, doch muß man darauf achten, daß keine Jungfischfresser anwesend sind. Die Kleinen sind mit dem Freischwimmen etwa 1 cm lang und nehmen neben Artemia-Nauplien auch bereits Cyclops und Staubfutter oder die Stoffe einer zerfallenen Tablette, wie wir sie beispielsweise als TabiMin kennen.

Aulonocara baenschi wurde erst 1985 beschrieben. Die Art wurde früher als »New Yellow Regal«, »Nkhomo« oder »Benga« eingeführt – alles Händlernamen, die heute ungültig geworden sind. Die Tiere stammen aus der Region eines unterseeischen Riffs nahe bei Nkhomo südlich der Chia Lagoon am westlichen Seeufer. Die nächste größere Ortschaft ist Benga. Goldgelb ist die Grundfarbe der Fische, wenn sie sich wohl fühlen. Die Kopfunterseite (die Grenze zieht durch das Auge) zeigt ein Muster aus blauen und schwarzen Zonen. Blaue Linien und Bögen durchziehen die Schwanzflosse und bilden hier unterschiedliche Muster. 6–8 feine, oft kaum wahrnehmbare Querbinden überziehen die Flankenmitte der Männchen. Die Rückenflosse ist weiß gesäumt.

Aulonocara maylandi wurde im Jahre 1984 wissenschaftlich beschrieben. Sie steht für die Tiere, die in früherer Zeit mit dem Händlernamen »Sulphur Head« belegt waren, was dem deutschen Namen Schwefelkopf-Aulonocara entspräche. Die Grundfärbung ist eine mausgraue Tönung, die über Kopf und Körper liegt. Alle Schuppen sind anthrazitfarben gesäumt,

Aulonocara maylandi ♂

wodurch ein Netzmuster entsteht. 8 anthrazitfarbene, mittelbreite Querbinden ziehen über die Flanken, und auch Rücken, Kehle sowie alle Flossen tragen diese beinahe schwarze Farbe. Von der Oberlippe zieht ein goldgelbes, unregelmäßig begrenztes Band zwischen den Augen hindurch über den Nacken in den vorderen basalen Bereich der Rückenflosse und setzt sich in dieser in einem ebensolchen unregelmäßig begrenzten Saum fort. Eine Verlängerung findet sich in einer feinen gelben Linie entlang des Schwanzstielrückens in den oberen Strahl der leicht nach innen gebogenen Schwanzflosse. Auch die Afterflosse zeigt einen etwas blasseren goldfarbenen Saum; der vordere Strahl der Bauchflossen ist bei allen Männchen weiß.
Auf der Kande-Insel an der westlichen Seeseite des Malawisees gibt es eine Art, die *A. maylandi* sehr ähnelt, nur daß bei diesen Tieren das Rückenband hellblau gefärbt ist. Sie sind unter der Handelsbezeichnung »Kande Island Blue Orchid« im Handel, und es könnte sich hierbei um eine geographische Variante von *A. maylandi* handeln.
Aulonocara stuartgranti kommt vom hohen Norden des Malawisees und wurde früher unter dem Händlernamen »Chilumba Aulonocara« eingeführt und gehandelt. Die Fische (♂♂) haben eine intensiv blaue Färbung, die Kopf, Körper und alle Flossen einbezieht. Stimmungsbedingt können 9–10 dunkle, mittelbreite Querbinden gezeigt werden. Rückenflosse mit weißem Saum; ebenso ist der vordere Strahl der Bauchflossen weiß-blau gerandet. In der leicht heller getönten Schwanzflosse stehen Muster meist längsgerichteter, orangefarbener

Aulonocara stuartgranti

Linien und Flecke, die dunkelblau gerandet sind. Die Iris ist rostbraun gefärbt.

Noch weiter nördlich, über Chilumba hinaus im Gebiet um die Chitendi-Insel, kommt die Spezies vor, die im Augenblick noch unter der Handelsbezeichnung »Aulonocara northern« gehandelt, jedoch sehr selten eingeführt wird. Tiere beider Geschlechter (meist Weibchen und noch nicht geschlechtsreife Männchen) werden in dieser Region bereits in einer Tiefe von 3 m angetroffen, aber die Vorkommen von fortpflanzungsbereiten und somit geschlechtsreifen Tieren findet man erst ab einer Tiefe von 6–7 m. Auch bei dieser Spezies bleiben die Weibchen kleiner und sind, wenn laichaktiv, diesen sehr ähnlich gefärbt: Kopf und Körper sind tief samtschwarz. Rücken- und Afterflosse zeigen blauviolette Zonen zwischen der Basis und dem äußeren Rand. Im hinteren Bereich dieser Flossen erkennt man goldene Punkte und Striche, die man zum Teil als Eiflecken auslegen kann. Zuweilen zeigen die Tiere auch eine blauviolette Kehlpartie. Der goldene Augenring fällt deutlich auf.

Unter dem Händlernamen »Usisya Aulonocara« (s. Farbtafel 7, Mitte) werden herrliche Exemplare einer dort vorkommenden Spezies eingeführt. Der Ort gleichen Namens liegt nördlich von Nkhata Bay am westlichen Seeufer. Hier gibt es an verschiedenen Stellen aus dem Sandgrund herausragende Felsenriffe, in deren Gebiet die begrenzten Populationen in etwa 8 m Tiefe leben. Ähnlich erscheinende Tiere wurden aus dem Gebiet bei Jaro nördlich von Nkhotakota in einem Unterwasserriff rund 4 km von der Küste entfernt gefunden. Diese Tiere sind jedoch größer als alle anderen bekannten *Aulonocara*-Arten. Der Grund ist wenig überraschend: Untersuchungen haben ergeben, daß »Aulonocara Jaro« nicht in diese Gattung gehört und zu einer anderen Haplochrominen-Gruppierung gerechnet werden muß. Die Tiere beider Spezies haben viel Ähnlichkeit miteinander, die in erster Linie auf farblicher Übereinstimmung beruhen: ein gelber Körper mit blauem Kopf, auf dem man metallisch glänzende Zonen erkennt, eine blaue oder bläuliche Rückenflosse mit weißem Saum. Über den Flanken laufen 8–9 blasse, mittelbreite Querbinden. Vergleicht man beide Spezies morphologisch genauer, so stellt man bald fest, daß die als »Jaro« eingestufte Spezies hochrückiger ist und in der Färbung darüber hinaus Abweichungen in der hinteren Körper- und Kaudalpartie aufweist: Ab Körpermitte geht die Gelbfärbung in blaue Töne über, die auch über dem Schwanzstiel und in der Schwanzflosse dominieren.

Unter der Bezeichnung »Aulonocara Blue/Gold« sind Spezies auf dem aquaristischen Markt, zu denen man die Herkunft, die dem Namen meist beigefügt ist, beachten sollte. So kommen bestimmte Tiere beispielsweise aus dem südlichen Gebiet um Cape Maclear, andere – und das ist die häufiger angebotene Variante – kommen von der Nachbarinsel Likomas, von Chisumulu. Sie kommen nur hier vor und nicht in den Gewässern um Likoma! Diese Blau-Gold-Variante wird bereits seit vielen Jahren importiert, und die Tiere leben auf der östlichen Inselseite im Gebiet von Felszonen über Sand in einer Tiefe zwischen etwa 9 und 12 m.

Eine 3. Variante kommt von der Westseite des Sees von der Kande-Insel, die nahe der Ortschaft Bandawe, gegenüber von Likoma und Chisumulu liegt. Nahe Verwandte? Möglich; nur sollte man nicht vergessen, daß zwischen Chisumulu und Kande rund 50 km offener See liegen! Gewisse farbliche Übereinstimmungen können zweifellos festgestellt werden: Auf zum Teil blaßblauer Grundfärbung erkennt man 7–10 dunkle Querbinden. Im Brustbereich und über den Flossen liegen mehr oder weniger intensiv getönte gelbe Zonen. Die Rückenflosse der Chisumulu-Form hat einen weißen Saum. Die

Männchen beider Varianten tragen eine größere Zahl von Eiflecken in der Afterflosse.
Möglicherweise liegen zur vorher erwähnten Benennung im Handel Verwechslungen vor, denn von der Ostseite der Insel Likoma wird eine Spezies eingeführt, die als »Aulonocara White Top« oder als »Night Aulonocara« von Malawi exportiert wird, und deren Exemplare ebenfalls über eine (sogar recht intensive!) Blau-Gold-Färbung verfügen. Mit dem »White Top« ist zweifellos der unübersehbare weiße Rand gemeint, der die schwarzblaue Rückenflosse säumt. Nach meiner Kenntnis ist die blaue Grundfärbung bei diesen Tieren wesentlich farbkräftiger, und auch der gelbe Anflug der unteren Körperpartien wie der Schwanzflossen ist auffälliger. Viele Eiflecken auch in der Anale dieser Variante.
»Aulonocara Red Flash« (s. Farbtafel 7, oben) ist eine sehr schöne Variante, deren Vertreter am östlichen Seeufer vorkommen. Die Tiere haben eine leuchtendblaue Färbung, die über Kopf, Körper und Flossen reicht. Die Flanken werden von 8–9 dunklen Querbinden überlagert, die – stimmungsbedingt – mehr oder weniger intensiv gezeigt werden können. Entscheidend für das äußere farbliche Erscheinungsbild dieser Fische ist eine feuerrote Zone, die praktisch hinter den Kiemendeckeln beginnt und die Basen von Brust- und Bauchflossen, wie auch die Bauchflossen selbst, einbezieht. Der vordere Bauchflossenbereich geht in orangefarbene Töne über, und der vordere Strahl ist, ebenso wie die Rückenflosse, weiß gesäumt. Die blauen Glanzzonen am hinteren Kopf bekommen bei einigen Tieren auch noch etwas Rot ab.
Eine unter der Handelsbezeichnung »Special« eingeführte Spezies mit goldener Nackenbinde (♂♂) stammt von der Insel Likoma. Es handelt sich in ausgewachsenem Zustand um prächtige Tiere, wie unser Titelfoto zeigt.
Zwei bereits 1935 von TREWAVAS beschriebene Arten, *A. macrochir* und *A. rostrata,* sind bisher noch nicht wiederentdeckt und somit auch noch nicht eingeführt worden. Darüber hinaus gibt es eine Zahl weiterer Varianten, auf die ich hier nicht näher eingehen kann.

Cynotilapia

Aus der Gattung *Cynotilapia* wird gelegentlich ein Felsencichlide aus der Gruppe eingeführt, die die Einheimischen als »Mbuna« bezeichnen, ein Name, der in der aquaristischen Literatur allgemein für diese Fische (auch der Gattungen *Labidochromis, Melanochromis, Petrotilapia* und *Pseudotropheus*) übernommen wurde.

Cynotilapia afra erinnert im Aussehen an die blaugrundige, dunkelgestreifte Form von *Pseudotropheus zebra,* bleibt aber mit rund 10 cm Länge hinter dieser zurück. Auffällig bei diesen Exemplaren ist, daß sich die schwarzen Binden (6–8) auch in der Rückenflosse fortsetzen.

Cyrtocara

Haplochromis ist der Name für eine Gattung, die früher für sehr viele Arten eingerichtet war. Nach der Teilrevision von GREENWOOD wurde der Gattungsname für die im Malawisee lebenden Arten eingezogen. Er ist somit ungültig. Nach den internationalen Regeln gilt an seiner Stelle der älteste für diese Fische verfügbare Gattungsname, und das ist *Cyrtocara*. Er wurde einst von BOULENGER für *C. moorii* eingeführt.

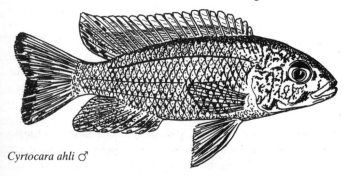

Cyrtocara ahli ♂

Mit *C. ahli* wird eine Spezies bezeichnet, die unter dem Händlernamen »Electric Blue« eingeführt wird. Meist kommen die Fische von der Insel Likoma. Sie haben eine gestreckte Körperform und eine Blaufärbung, die über Kopf, Körper und

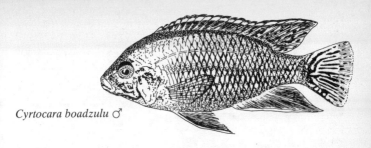

Cyrtocara boadzulu ♂

Flossen zieht. In der Rückenflosse liegt eine weiße Randzone, deren Färbung jedoch je nach Herkunft mehr oder weniger intensiv sein kann. Die Schwanzflosse trägt einen unregelmäßig begrenzten, rußigen hinteren Saum, und die Afterflosse ist wiederum – herkunftsbedingt – außerhalb der Basalzone weinrot oder rußig-schwarz.

C. boadzulu kommt von der gleichnamigen Insel im Süden des Sees. Diese Art gehört zur sogenannten Utaka-Gruppe, das sind Fische, die sich überwiegend im Freiwasser aufhalten und daher auf schwebende Nahrung (wie Plankton) angewiesen sind. Sie lassen sich aber trotzdem im Aquarium problemlos pflegen. *C. boadzulu* hat eine blaue Grundfärbung, die über der Körpermitte sowie im unteren Flankenbereich in kräftiges Weinrot übergeht. Die Kopfpartie glänzt metallisch. In allen blaugrundigen Flossen erkennt man rote Farbelemente, die sich in Rücken- und Schwanzflosse zu Mustern vereinen. Die Rückenflosse hat einen auffällig weißen Saum, doch sind die Spitzen jedes einzelnen Flossenstrahls darüber hinaus mit einer feinen weißen kurzen Binde versehen. Bauch- und Afterflossen sind sehr fein blaßblau gesäumt.

C. compressiceps ist ein aquaristisch gern gepflegter Räuber, der sich über kleinere Fische hermacht und deshalb nicht mit ihnen im Aquarium gehalten werden soll. Die Art wird rund 20 cm lang. Dominierende Männchen geben farblich viel her. Sie haben eine blaue Grundfärbung, die sich in den unpaaren Flossen intensiviert und dort stellenweise von einem kräftigen Rotton überlagert wird. Besonders die Afterflosse zeigt viel von diesem Rot. Eiflecke erscheinen dann weißlich und sind

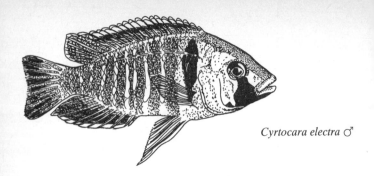

Cyrtocara electra ♂

dunkel gerandet. Auffällig sind der seitlich stark komprimierte Körper (Artname) und das tief eingeschnittene Maul.

C. electra kommt auch in der felsigen Uferzone vor, jedoch nicht im flachen Wasser, sondern in etwa 20–25 m Tiefe. Man hat die Fische daher auch als Tiefwasserhaplochromine bezeichnet. Die Fische haben einen relativ gestreckten Kopf. Weibchen und nicht dominierende Männchen zeigen eine silbrige Grundfärbung, über der 6–8 Querbinden über den Flanken zu sehen sind, von denen die ersten beiden auffällig intensiver als die übrigen gezeigt werden. Dies ist das typische Unterscheidungsmerkmal gegenüber anderen Arten. Unterhalb des Auges zieht eine weitere kurze Binde zur Kehle. Revierbesitzende Männchen zeigen eine leuchtendblaue Färbung. Es genügt fast immer, in einem Becken mittlerer Größe (bis 120 cm) nur ein männliches Tier einzusetzen, weil weitere unterdrückt würden. Weibchen können dagegen in höherer Zahl eingesetzt werden. Die Fische werden 20–22 cm lang.

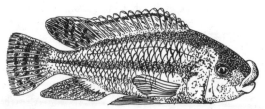

Cyrtocara euchilus ♂

Oben:
Tropheus moorii »Red Rainbow«

Mitte:
Tropheus moorii »Chipimbi«

Unten:
Tropheus duboisi m. gelber Binde

C. euchilus wird ebenfalls um die 20 cm lang, ist aber hochrückiger und wirkt, vor allem auch wegen seines Kopfes mit den dicken Lippen, wuchtiger. Wulstlippenbuntbarsch hat man diese Fische getauft, weil sie über fleischige, nach außen gewölbte Lippen verfügen, mit denen sie die Algenpolster auf den Felsen nach hartschaligen Nahrungstieren (Insektenlarven u. a.) abtasten. Auch hier wieder: Dominierende Männchen bekommen eine sehr farbintensive Tönung, bei der Blautöne überwiegen, und zeigen dazu viel Rot in den Flossen. Weibchen bleiben demgegenüber eher lehmfarben und tragen nur eine schwarze Längsbinde. Ausgezeichnete Pfleglinge für Becken ab 120 cm Länge.

C. fenestrata ist ein gültiger Name, unter dem eine besonders schöne und großflossige Art aus dem Süden des Malawisees, von den Maleri-Inseln, eingeführt wird. Voll ausgefärbte Männchen sind hochrückige Prachtstücke, die 12–14 cm lang werden können. Wenn man weiß, daß in früheren Jahrzehnten die Fische meist tot gesammelt wurden, kann man verstehen, daß Namen oft nach den Schreckfärbungen der Tiere (Bindenmuster usw.) gegeben wurden. Die Fische leben in Tiefen zwischen 4 und 8 m, und die Färbung der Männchen fällt bereits unter Wasser auf: Sie haben einen goldenen Körper, auf dem

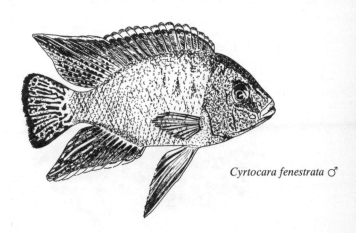

Cyrtocara fenestrata ♂

gelegentlich und stimmungsbedingt 9–11 dicht beieinanderstehende Querbinden sichtbar werden. Der Kopf hat eine blau abgesetzte Färbung und leuchtet metallisch. Dieselbe Grundfärbung haben auch Rücken- und Schwanzflosse; beide tragen einen unauffälligen schwarzen Saum, unter dem in der Rückenflosse eine submarginale, hellblau irisierende Längsbinde liegt, unter der sich wiederum eine rußig-schwarze Zone befindet. Im hinteren Bereich erkennt man schwarze Tüpfelreihen. Die blaue Schwanzflosse ist von rostroten Linien und Punkten überlagert, und in der eng ausgezogenen rußig-schwarzen Afterflosse mit dem blauen Saum erkennt man einige goldene Linien und feine Striche. Die Bauchflossen sind ebenfalls sehr dunkel und an der Vorderkante hell gesäumt. Weibliche Tiere fallen gegenüber der erwähnten Männchenprachtfärbung farblich stark ab. Sie tragen, wie übrigens auch Jungfische und nichtdominierende Männchen, auf silbrigem Grund das bei den Männchen erwähnte Bindenmuster über den Flanken.

Vorausgesetzt, daß diese beschriebene Spezies wirklich den gültigen Namen verdient, muß man davon ausgehen, daß es eine Reihe recht ähnlich gefärbter naher Verwandter im See gibt, von denen einige unter allen möglichen Handelsnamen eingeführt werden.

C. labrosa ist neben *C. euchilus* der bekannteste Buntbarsch aus dem Malawisee mit fleischig verdickten Lippen. Die Art scheint jedoch seltener vorzukommen als *C. euchilus*. Es wird sich im Verlauf weiterer Untersuchungen an den Wulstlippenbuntbarschen dieses Sees herausstellen, ob die Tiere, die wir heute dieser Art zuordnen, wirklich die früher beschriebenen sind. Mit rund 14 cm Länge sind die Fische ausgewachsen. Normalerweise kennt der Aquarianer nur graubraune Exem-

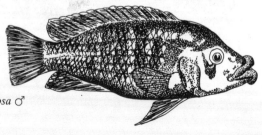

Cyrtocara labrosa ♂

plare mit etwa 8 dunklen breiten Querbinden über den Flanken.
Eine weitere Spezies, mit nur 5 dunklen Querbinden, wurde mit einem unsinnigen Phantasienamen belegt, auf den ich hier nicht eingehen möchte. Diese letzte Form kann man jedoch nicht für *C. labrosa* halten, weil diese Fische ursprünglich als *Melanochromis* beschrieben wurden, denen sie keinesfalls ähneln. Dominierende Männchen zeigen auch bei dieser Art eine schöne Blaufärbung, zu der sich noch ein grün irisierender Schimmer gesellt. Man soll diese Tiere nur in Becken halten, die eine Mindestlänge von 120 cm aufweisen.

C. livingstonii ist ein häufiger eingeführter Endemit aus dem Malawisee, der zwar mit einer Endlänge von über 20 cm relativ groß, jedoch bereits mit 6–8 cm Länge eingeführt oder als Nachzuchttier ähnlicher Größe verkauft wird. Wer die relativ anspruchslosen Fische halten will, soll sich bewußt sein, daß es sich um einen Fischfresser handelt, der kleinere Tiere, wie Jungfische von Mitbewohnern, als Beute ansieht. Die Fische haben eine weißlichgelbe Grundfärbung, über der sich auf den Flanken ein Fleckenmuster aus größeren schwarzbraunen, unregelmäßigen Feldern ausdehnt. Auch auf der unteren Kopfhälfte erkennt man solche Flecken, während die obere Hälfte von 2 Binden zwischen den Augen überquert wird.

C. mloto (s. Farbtafel 8, oben) ist ein Fisch von 12–14 cm Endlänge, von dem wir eine Reihe von geographischen Varianten kennen. Auch diese Art gehört der sogenannten Utaka-

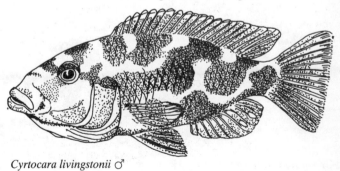

Cyrtocara livingstonii ♂

Gruppe an, Fischen des Freiwassers, deren überwiegende Nahrung aus Plankton besteht. Männliche wie weibliche Tiere haben eine graue bis anthrazitfarbene Grundtönung. Unregelmäßig breite und ebenso angeordnete Querbinden überziehen die Flanken. Bei besonders schönen Exemplaren ist die Grundfärbung blau (♂♂), die Rückenpartie (bei den meisten Fischen zum Schutz nach oben abgedunkelt) ist aufgehellt und zeigt im Nacken gelbe Töne. After- und Bauchflossen sind rostrot. Die körperblaue Rückenflosse ist mit einem feinen weißen Saum versehen.

C. moorii ist der Typus der Gattung *Cyrtocara*. Man nennt ihn auch den Blauen Delphin, und trotz allem Auf und Ab in der Aquaristik konnte diese Art ihren Platz im Herzen vieler Aquarianer behalten. Die Tiere leben in der Sandzone des Litorals, werden aber auch im Malombesee für den Export gefangen, einem Gewässer, zu dem sich der einzige Abfluß des Malawisees, der Shire, ausweitet, nachdem er den Malawisee

Cyrtocara moorii ♂;
der Stirnbuckel kann bei vielen Tieren enorme Ausmaße annehmen

verlassen hat (vergleiche Mayland: »Der Malawi-See und seine Fische«, Hannover 1982).

C. moorii ist nicht auf eine bestimmte Nahrung spezialisiert. Sie benötigt bei aquaristischer Haltung ein Becken von minimal 100 cm Länge – mehr ist vorteilhafter! Mit rund 20 cm haben die Tiere ihre größte Körperlänge erreicht. Die in der Jugend noch auf grauem Grund gefleckten Fische entwickeln ihre spätere typische Form erst langsam, und ihre mittelblaue Färbung nimmt dabei zu. Männliche Exemplare bekommen mit zunehmendem Alter einen unübersehbaren Stirnhöcker, der ihnen, zusammen mit dem konkaven Knick im Kopfprofil vor den Augen, das arttypische, unverkennbare Aussehen verleiht.

C. polystigma ist, ebenso wie die vorher aufgeführte *C. livingstonii*, ein Fischräuber. Sie ist nicht an einen bestimmten Lebensraum gebunden und streift auf ihrer Nahrungssuche über die steinigen, sandigen und mit Pflanzen bewachsenen ufernahen Regionen. Mit einer Maximallänge von 22–24 cm werden die Fische für viele Aquarien zu groß, denn bei guter Fütterung (mit Mückenlarven usw. nur bei Jungtieren; Erwachsene brauchen Krebs- und Fischfleisch) wachsen sie schnell heran. Jüngere Tiere beider Geschlechter, aber auch erwachsene Weibchen zeigen ein Tarnmuster aus unregelmäßig begrenzten und durchgefärbten schwarzbraunen Punkten und Flek-

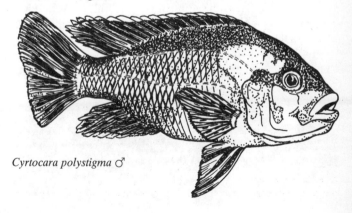

Cyrtocara polystigma ♂

ken, die auf den Flanken größer, über Kopf und Flossen kleiner sind. Erwachsene und dominante Männchen zeigen eine goldgelbe, metallisch schimmernde Färbung von Kopf (einschließlich Lippen) und Körper; nur Wangen und Schulter werden blau übertönt. Der Rücken wie auch alle Flossen (ausgenommen die Brustflossen) wirken wie mattschwarz gepudert. Die Dorsale trägt einen schmalen goldenen Saum. Man soll jeweils nur ein Männchen in einem Becken üblicher Größe (120–180 cm) halten, ihm aber mehrere Weibchen wie auch andere Fische dieses Biotops zugesellen (soweit diese nicht zu klein sind!).

C. venusta heißt mit deutschem Namen Pfauenmaulbrüter und ist sicherlich einer der schönsten Fische aus dem Malawisee. Der Nachteil dieser Tiere liegt in ihrer Endgröße von immerhin 24–26 cm, die ein Becken von 150–180 cm voraussetzt. Man kann die Art nicht als Fischräuber bezeichnen, wenngleich sich die Maulbrüter auch von kleineren Fischen ernähren, wenn sie sie erbeuten können. Ansonsten aber durchstreifen erwachsene Tiere ein weites Revier und nehmen verschiedenartige Nahrung auf, darunter beispielsweise auch Schnecken. Wer's nicht glaubt, der mache im Aquarium einen entsprechenden Versuch! Die Geschlechter sind bei diesen Fischen gut zu unterscheiden, weil die Weibchen nur ihr arttypisches Fleckenmuster auf beigegelbem Grund zeigen, wohingegen männliche Tiere mit Eintritt der Geschlechtsreife einen blauen Kopf und die gelbe Rückenlängsbinde bekommen, die von der Oberlippe über die Stirn führt, um sich darauf in einem breiten Band am oberen Rand der Rückenflosse fortzusetzen. Das rautenförmige Fleckenmuster, wie es auch die Weibchen

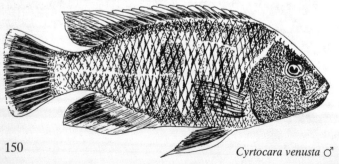

Cyrtocara venusta ♂

zeigen, tragen männliche Tiere nur bei Unwohlsein oder als Schreckfärbung, also auch dann, wenn sie mit einem gleichgeschlechtlichen, aber dominierenden Artgenossen im gleichen Becken zusammen gepflegt werden (was man tunlichst vermeiden sollte). Die Zucht läßt sich in entsprechend großen und mit einer ausreichenden Zahl an Verstecken (Steinaufbauten) versehenen Becken erreichen, wozu man einem Männchen mehrere Weibchen zugesellt. Das Paar kommt lediglich zur Fortpflanzung zusammen; eine weitere bzw. längere Bindung besteht nicht. Die Mutter übernimmt die Brutpflege der rund 100 Nachkommen. Man soll das Tier nur so lange im Gesellschaftsbecken belassen, bis sich die Brut im Maul gut entwickelt hat. Normalerweise wird die Mutter ihre Jungen rund 20 Tage nach dem Ablaichen (bei 25–27 °C) aus dem Maul entlassen. In diesem Fall aber würden sicherlich nur wenige der Jungen überleben. Man fängt daher Mutter und Junge (im Maul) 4–5 Tage vor dem errechneten Entlassungstag aus dem Gesellschaftsbecken und überführt sie in ein kleineres, in dem möglichst gleiche (Wasser-)Voraussetzungen geschaffen wurden. Nun kann man die Kleinen, nachdem sie selbständig im neuen Becken umherschwimmen, auch ohne Mutter aufziehen. Der Hütetrieb des Alttiers erlischt oft schon nach wenigen Tagen. Die Jungen lassen sich problemlos mit verschiedenen Futtersorten heranziehen.

Genyochromis

Schuppenfresser gibt es nicht nur im Tanganjikasee. Im Malawisee gehört der bekannteste Schuppenfresser der Gatttung *Genyochromis* an. *G. mento* wird kaum einmal, auch nicht zufällig, importiert. Gelegentlich bringen reisende Aquarianer Exemplare dieser Art mit. Hier ist Vorsicht geboten, weil die goldgelben Männchen und die grünlichgrauen Weibchen auch im Aquarium von ihrer Vorliebe für Schuppen oder Hautfetzen Gebrauch machen. Ein besonderes Merkmal dieser Tiere ist der leicht vorspringende Unterkiefer, der die Ursache dafür ist, daß das Maul leicht nach oben gerichtet erscheint.

Labeotropheus

Die Gattung *Labeotropheus* ist nahe mit *Pseudotropheus* verwandt. Wir kennen nur 2 Arten, doch haben sich beide in verschiedenen Farbformen aquaristisch durchsetzen können und bis heute als beliebte Aquarienfische gehalten. Arttypisch ist für beide das unterständige Maul, mit dem die Bewohner des Felslitorals – flach an den Stein gedrückt – die Algenpolster abweiden können. Die Bezahnung der dreispitzigen gleich langen Raspelzähnchen hilft dabei zusätzlich. Beide Arten kommen nur im Malawisee vor und sind somit hier endemisch.

Labeotropheus fuelleborni (s. Farbtafel 8, unten) ist, wie der folgend beschriebene nahe Verwandte, mit dem deutschen Namen Schabemundmaulbrüter belegt, dieser ist der hochrückige, wohingegen *L. trewavasae* als der gestreckte bezeichnet wird. Mit einer Gesamtlänge von 13–15 cm ist *L. fuelleborni* der größere von beiden; vor allem können alte Tiere auch in der Körperhöhe recht kompakt werden und brauchen dann auch entsprechend voluminöse Becken. Die Tiere beider *Labeotropheus*-Arten weisen, wie beispielsweise auch die von *Pseudotropheus zebra,* eine interessante Vielfarbigkeit (Polymorphismus) auf, bei der es nicht nur zu unterschiedlichen Färbungen von Flanken und Flossen kommt, sondern darüber hinaus noch zu gescheckten Exemplaren, bei denen schwarze Fleckenmuster Kopf, Körper und Flossen überziehen können. Für die sogenannte Standardform der Männchen kann man ein kräftiges Himmelblau annehmen, das alle Partien von Kopf, Körper und Flossen einbezieht. Stimmungsbedingt wird ein Muster von einem Dutzend schmaler dunkler Querbinden gezeigt. Bei einer Variante aus dem Norden des Sees (Chilumba) liegt zusätzlich ein goldenbeiger Ton über 2/3 der oberen Körperhälfte. Die gescheckte Form wird überwiegend von weiblichen Tieren gebildet, deren Grundfärbung durchweg blasser ist. Männliche Exemplare sind seltener, dafür auch farblich intensiver, weil ihr Körper zusätzlich blau irisiert. Sie sind als »Marmalade Cats« im Handel und teurer.

Labeotropheus trewavasae ist, wie erwähnt, schlanker als die vorgenannte Art. Mit einer Länge von maximal 12 cm sind die

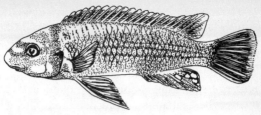

Labeotropheus trewavasae ♂

Männchen ausgewachsen – die Weibchen bleiben meist kleiner. Auch von diesen Tieren hat man eine Reihe von Farbvarianten gefunden, auch weibliche und männliche Tiere, die schwarz gescheckt sind. Besonders schön ist hierbei die männliche »Marmalade-Cat«-Variante mit roter Rückenflosse (s. Farbtafel 8, Mitte).

Als Standardform kann man wohl die am häufigsten verbreiteten blauen Tiere bezeichnen (♂♂), bei denen es allerdings auch farbliche Abweichungen in Form von roten Tönen über dem Kopf und dem Rücken oder Tiere mit roter Dorsale gibt. Bei weiblichen Tieren sind die jeweiligen Farben auffallend blasser – gleich, um welche es sich handelt. Im übrigen kam – ebenfalls in den letzten Jahren – auch aus dem Gebiet um das nördliche Chilumba eine entsprechende Variante mit goldokkerfarbenem Körper und blauen Flossen. Weibchen aus dem Süden des Sees weisen zum Teil rein orangefarbene Gesamttönungen auf.

Labidochromis

Die Gattung *Labidochromis* ist vor einigen Jahren einer Revision unterzogen worden (LEWIS, 1982), doch konnte sie leider nur zur Verunsicherung vieler Aquarianer beitragen. Es wurde zwar eine hohe Zahl neuer Arten beschrieben, doch wenn man in unserer Zeit derartig umfangreiche Arbeiten so dürftig illustriert, darf das geringe Interesse nicht verwundern. Andererseits: Wissenschaftliche Arbeiten dieser Art werden nicht primär für die Aquarianer dieser Welt geschrieben. Hier ist die Wissenschaft Selbstzweck!

Melanochromis

In der Gattung *Melanochromis,* die 1935 von TREWAVAS aufgestellt wurde, ist etwa ein Dutzend Arten zusammengefaßt. Wenngleich in letzter Zeit berufene Stimmen laut wurden und dieser Gattung aufgrund zum Teil nur schwer zu definierender Unterscheidungsmerkmale gegenüber *Pseudotropheus* die Existenzberechtigung absprechen, kann hier nicht der Platz sein, die angeschlossenen Arten nach *Pseudotropheus* zu überführen.

Melanochromis auratus ist einer der bekanntesten Fische aus dem Malawisee, auch wenn die Pflege dieser Tiere in den letzten Jahren zurückgegangen ist. Das auffallende Merkmal aller *Melanochromis*-Vertreter ist die Verschiedenfarbigkeit der Geschlechter, wobei die männlichen Tiere eine Musterung aus hellen Längslinien auf dunklem Grund haben und die Weibchen (wie auch Jungfische) die konträren Zeichnungen: dunkle Längslinien auf hellem Grund. Die Fische haben eine gestreckte Körperform und leben in ihrem natürlichen Habitat in der Felsen- und Geröllzone des Malawisees endemisch. Man nennt die Vertreter von *M. auratus* auch Türkisgoldbuntbarsche; sie werden rund 10 cm lang. Männchen haben eine samtschwarze Grundfärbung, über die sich eine hellblaue breite Längsbinde in der Flankenmitte bis zum Ende des Schwanzstiels zieht. Eine 2. solche Binde läuft über den Rückenfirst und tangiert hier die Dorsalbasis. Der basale Teil der Rückenflosse ist meist bräunlich, der obere Teil blaßblau. Alle übrigen Flossen sind schwarzgrundig und mit blauen Tönen gemustert. Weibliche Tiere haben eine goldgelbe Grundfärbung und zeigen (als Parallelen zu den Binden der Geschlechtspartner) 2 tiefschwarze Längsbinden, die beiderseits weiß gesäumt sind. Die Köpfe der Tiere zeigen in der oberen Hälfte Muster in den jeweiligen Bindenfarben.

Obgleich diese Tiere sicherlich nicht zu den Riesen im Aquarium gerechnet werden können, brauchen sie trotzdem ein Becken von mindestens 100 cm Länge, das mit vielen Steinaufbauten eingerichtet ist. Auch für die Pflege dieser Malawisee-Arten gilt: Nie den pH-Wert unter 7,0 in den sauren Bereich absinken lassen. Darüber hinaus sei daran erinnert, daß die Härte des Malawiseewassers relativ gering ist (4–5° dGH und rund 220 μS). Die bekannte innerartliche Aggression der meisten dieser Arten erlaubt eine zu enge Behausung für die Fische nicht. Darüber hinaus soll man auch je Art nur jeweils ein männliches Tier mit mehreren Weibchen einsetzen und sie stets in Gesellschaft anderer Malawiseefische pflegen, um so den aggressiven Trieb abzubauen. Außerdem sollen alle fremdartigen Mitbewohner robust und wehrhaft sein.

M. auratus, wie auch alle anderen Arten der Gattung, gehören den sogenannten Mbuna an, von denen sich die meisten in erster Linie Nahrung aus den Algenpolstern auf den Steinen suchen. Nun heißt das aber nicht, daß sie ausschließlich auf diese Nahrung angewiesen wären! Im Aquarium verschmähen sie kaum eine der angebotenen Futterarten.

Die Zucht der Tiere läuft in vielen Fällen ohne besondere Vorkehrungen seitens des Pflegers ab. Hierbei legt das Weibchen die Eier auf einem geschützt liegenden Stein ab, um sie gleich darauf ins Maul zu nehmen, wo sie vom Männchen befruchtet werden. Nach etwa 3 Wochen werden (bei Wassertemperaturen zwischen 26 und 28 °C) die schwimmfähigen Jungfische aus dem Maul entlassen. Es hat sich als vorteilhaft erwiesen, die Mutter einige Tage vor dem (theoretischen) Entlassen der Jungen aus dem Becken zu fangen (was am einfachsten nachts geschieht, vorausgesetzt, der Pfleger kennt den Standplatz bzw. das Versteck des Tieres) und in ein kleineres Aquarium mit gleichen Wasserwerten umzusetzen. Hier können dann die Nachkommen in Ruhe und ohne Freßfeinde über die ersten Lebenswochen herangezogen werden. Die Mutter wird schon bald wieder zurückgesetzt.

Melanochromis chipokae wird mit 12–14 cm Länge etwas größer als die vorgenannte Art. Wie der Artname bereits aussagt, liegt ihr Verbreitungsgebiet im Südwesten des Sees, in den Chidunga Rocks nahe der Ortschaft Chipoka. Auch bei den Tieren dieser Art gibt es einen deutlichen optischen Unterschied bei der Geschlechtsunterscheidung: Männliche Tiere haben eine samtschwarze Grundfärbung, von der bei dominierenden und mit mehreren Weibchen vergesellschafteten Fischen nur noch die untere Flankenhälfte und die Kehlpartie übrigbleibt. Eine hell irisierende, blaue Längsbinde über der Körpermitte und die ebenso gefärbte Rückenflosse bilden die kräftigere Färbung; die Zone dazwischen wirkt wie hellblau überpudert, wobei der obere Kopf eingeschlossen ist. Alle übrigen Flossen sind schwarzgrundig und mit mehr oder weniger breiten, hellblauen Säumen versehen. Unterhalb des hinteren Winkels der Afterflosse erkennt man mehrere hellgelbe, schwarz gerandete Eiflecke. Weibliche Tiere zeigen wieder eine konträre Färbung: 2 schwarze Längsbinden stehen auf goldgelbem Grund. Haltung ähnlich wie bei der vorgenannten Art beschrieben.

Melanochromis johanni gehörte ursprünglich der Gattung *Pseudotropheus* an, wurde jedoch später zu *Melanochromis* gestellt. Männliche Tiere dieser 8–10 cm lang werdenden Art besitzen eine Komposition aus schwarzen, mittelblauen und weißblauen Tönen, wobei die untere Körperzone (siehe Zeichnung) mittelblau ist. Weibchen zeigen keine nennenswerte Musterung; ihr Körper hat eine durchweg goldgelbe Tönung. Haltung ähnlich wie bei *M. auratus* beschrieben.

Melanochromis melanopterus wird 12–14 cm lang, und die vom

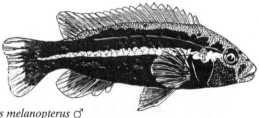

Melanochromis melanopterus ♂

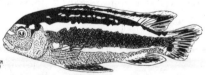

Melanochromis johanni ♂

Malawisee exportierten Tiere stammen aus dem südlichen Teil dieses Gewässers, wo man die Exemplare in 2 Männchen-Farbformen antrifft: die eine mit einer hellblauen oberen Hälfte der Rückenflosse, die andere (wie Zeichnung) mit einer sandgelben, wobei dann meist auch noch die Schwanzflosse mit einem breiten Saum gelblichbeiger Färbung abgeschlossen wird. Ansonsten hat der Körper (♂♂) eine samtschwarze Grundfärbung und trägt eine weiß-blaue Längsbinde über der Flankenmitte. Stirn, Nacken und Rücken sind bei der 2. Variante von einer dunkelbraun-beigen Zone überlagert. Weibliche Tiere zeigen wiederum eine konträre Musterung, die auf sandfarbenem Grund 2 dunkle Längsbinden erkennen läßt. Haltung wie bei *M. auratus* angegeben.

Petrotilapia
Die Gattung *Petrotilapia* umfaßt 3 Arten der sogenannten Nagelbrettcichliden. Dieser lustige Name weist auf die Ernährungsgewohnheiten und die Bezahnung hin: Ihre Lippen sind so stark mit kleinen Zähnchen zum Abraspeln der Algen besetzt, daß manche Tiere stets das Maul leicht geöffnet haben. Die Fische überragen andere Mbuna-Verwandte an Länge und können eine Größe bis zu 24 cm erreichen. Auch von ihnen kennen wir eine starke innerartliche Aggression, die meist dann besonders auffällig in Erscheinung tritt, wenn man zu einer aneinander gewöhnten Aquarienpopulation neue Tiere derselben Art setzt. Das kann dazu führen, daß die Neuankömmlinge kurzerhand umgebracht werden.
Neben den beiden erst 1983 von A. C. MARCH beschriebenen neuen Arten *P. genalutea* und *P. nigra* (letztere aus dem Gebiet um Monkey Bay) ist vor allem *P. tridentiger* durch viele Importe bekannt geworden. Doch können sich hinter den vielen bereits eingeführten Varianten, die aus unterschiedlichen Gebieten stammen, auch neue Spezies verbergen. Allein 14 davon beschreiben A. J. RIBBINK, B. A. MARSH et al. in einer Arbeit von 1983.
Die beliebteste Form von *P. tridentiger* (s. Farbtafel 7, unten) dürfte diejenige sein, die wir unter dem Handelsnamen »Yel-

low Chin« kennen, die Goldkehlvariante von den Maleri-Inseln. Bei diesen Tieren (♂♂) ist die Grundfärbung ein intensives Königsblau, das alle Flossen – ausgenommen die Brustflossen – einbezieht. Maulpartie, Kehle und Brust zeigen im schönen Kontrast dazu einen tiefen Goldton, von dem auch einige Flossenränder noch ihren Teil abbekommen haben. Stimmungsbedingt können 8–9 mittelbreite Querbinden intensiviert werden.

Bei einer anderen Variante, die optisch eher dem blaugrundigen und mit schwarzen Querbinden gemusterten Standardtyp aus dem *Pseudotropheus-zebra*-Komplex entspricht, ist das aquaristische Interesse nicht so groß. Diese Tiere kommen hauptsächlich (?) von der Insel Likoma.

Bei allen mir bekannten Varianten haben die weiblichen Tiere eine mehr oder weniger graue Grundfärbung, zu der sich eine Musterung aus dunklen Querbinden gesellt. Trotz verschiedener Ähnlichkeiten mit Vertretern anderer Gattungen sind die Tiere praktisch am stets leicht geöffneten Maul und dem bis auf die Vorderlippen vorgeschobenen Zähnchenbewuchs gut zu erkennen.

Pseudotropheus

Zu den wichtigsten Gattungen des Malawisees – zumindest aus aquaristischer Sicht – gehört *Pseudotropheus*. Alle angeschlossenen, mehr als ein Dutzend beschriebenen und über mehrere Untergattungen aufgeteilten Arten werden der Gruppe der Mbuna, der Felsencichliden, zugerechnet. Die meisten von ihnen haben eine intensiv farbige Tönung im Kleid der männlichen Tiere, wohingegen sich die Weibchen wiederum (wie bei den *Melanochromis*-Arten) durch konträre Färbung absetzen. Neben einer gewissen Standardfärbung kennen wir von diesen Arten jeweils eine Reihe von Standortvarianten, deren Lebensräume durch unüberwindbare Barrieren, wie Sandgürtel oder Tiefwasserzonen, voneinander getrennt sind, so daß sich die jeweiligen Populationen in diesen Biotopen unabhängig voneinander weiterentwickeln und so im Verlauf längerer Zeiträume neue Spezies hervorbringen, die in wissenschaftli-

chen Arbeiten zu neuen Arten beschrieben werden können. So schreitet die Evolution unaufhörlich voran, nur sind die erwähnten Zeiträume in ihren Dimensionen so groß, daß sie nicht mit normalen Begriffen definiert werden können.
Im Jahre 1984 hat die britische Wissenschaftlerin, Frau Dr. E. TREWAVAS, unter anderem auch die Gattung *Pseudotropheus* und den Gattungstyp *P. williamsi* einer Überarbeitung unterzogen und dabei eine neue Untergattung *Tropheops* aufgestellt, der eine weitere Untergattung, *Maylandia,* im selben Jahr (MEYER & FOERSTER) folgte.
Pseudotropheus-Arten sind Nahrungsspezialisten, die zum besonderen Nahrungserwerb ausgebildete Gebisse entwickelt haben und in der Hauptsache vom größten Angebot in der Felsenzone, dem Algenbewuchs auf den Gesteinen, leben. Nun leben in den Algenpolstern auch wiederum verschiedene kleine und mikroskopisch kleine Lebewesen, die verständlicherweise auch dem Appetit dieser Fische zum Opfer fallen. Die Mbunas benötigen im Aquarium somit ebenfalls Steinaufbauten bis unter die rückwärtige Beckenoberkante, die nicht nur solide miteinander verankert, sondern auch versteckbildend aufgeschichtet sein sollten. Mbunas sind sehr territorialbewußt, das heißt, sie verteidigen ein einmal bezogenes Revier gegenüber Artgenossen (hauptsächlich ♂♂ gegen ♂♂) oder anderen Störenfrieden. Darauf ist bei der Besetzung eines entsprechenden Cichlidenbeckens Rücksicht zu nehmen. Die erwähnte Nahrungsspezialisierung scheint jedoch nur im heimatlichen Biotop Gültigkeit zu haben, denn im Aquarium machen die Fische vom (hoffentlich) reichhaltigeren Angebot ihres Pflegers schnell Gebrauch.
Pseudotropheus aurora gehört in die Untergattung *Maylandia* und erreicht eine Länge von etwa 10 cm. Die bisher bekannten Fundgebiete liegen auf der Insel Likoma am Rand des Felslitorals, wo die Sandzone beginnt. Zusätzlich sind sie in einer Region bei Tumbi West von einem früheren Exporteur eingesetzt worden. Der Körper der männlichen Tiere ist mittelblau, und die Flanken werden von 6–8 mittelbreiten, stimmungsbedingt intensiv gezeigten Querbinden überlagert. Maulpartie,

Kehle und Brust sind von goldenen Tönen ebenso überlagert wie alle Flossen, womit eine Komposition wie die Morgenröte (Artname) entsteht. Viele Tiere tragen Eiflecken in der Afterflosse; die Weibchen ebenso wie die Männchen. Bei den weiblichen Tieren fehlt die Goldfärbung, und das Blau ist nicht so intensiv, doch ganz so unscheinbar sind auch sie nicht.

Pseudotropheus crabro wurde bei der Erstbeschreibung im Jahre 1982 von RIBBINK und LEWIS zur Gattung *Melanochromis* gestellt, von TREWAVAS 1984 jedoch in diese Gattung umquartiert. Es handelt sich hierbei um die Art, die in früheren Jahren unter dem Händlernamen »*P. chamaeleo*« eingeführt und vermehrt wurde. Die nicht sonderlich farbenfrohen Tiere haben eine weite Verbreitung im See und sind unter anderem vom Süden (Eccles Reef, Maleri-Inseln) über die Mbenji-Inseln bis nach Likoma und Chisumulu nachgewiesen. Ihr territoriales Verhalten ist nicht so aggressiv wie das anderer Arten, das mag auch daran liegen, daß ihre Bindung nicht ausschließlich auf das Felsrevier beschränkt ist (RIBBINK et al.), sondern sich auch auf die Übergangszonen ausdehnt. Die Tiere ernähren sich hier u. a. von Hautparasiten großer Welse (*Bagrus*) und erbeuten Eier dieser Stachelwelse vom steinigen Substrat. Außerdem ernähren sie sich neben Algen auch von Zoo- und Phytoplankton. Männliche Tiere haben eine goldgelbe Grundfärbung, über der ein Muster aus meist tiefschwarzen Querbinden (siehe Zeichnung) liegt. Der Kopf wie auch die gelblichen Flossen erscheinen rußig überpudert; die Schwanzflosse trägt einen etwas helleren, gelblichen Saum. Im hinteren Winkel der Afterflosse stehen mehrere Eiflecken. Der deutsche Name <u>Chamäleonmaulbrüter</u> deutet an, daß die Fische ihre Normal-

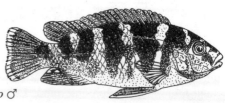

Pseudotropheus crabro ♂

Oben:
Aulonocara spec. »Red Flash«

Mitte:
Aulonocara spec. »Usisya«

Unten:
Petrotilapia tridentiger »Yellow Chin«

färbung recht schnell verändern und dabei recht dunkel oder fast einfarbig gelb aussehen.

Pseudotropheus elongatus ist eine sehr schlanke Art (Name), von der wir fast zwei Dutzend unterschiedlich gefärbte und gemusterte Varianten kennen, wobei noch nicht alle Lebensräume im See einbezogen sind. Man kann daher von einem Elongatuskomplex sprechen. Spätere Arbeiten werden zeigen, wo sich bereits selbständige Arten gebildet haben. Als »echter« Elongatus wird eine Form bezeichnet, die wegen ihrer intensiven wie kontrastreichen Färbung mit dem Händlernamen »Aggressive« belegt wurde. Bei diesen Tieren (♂♂) ist nicht nur die schwarzblaue Tönung über Kopf, Körper und Flossen eindrucksvoll, sondern auch ihr Verhalten, das ebenso dem Handelsnamen entspricht: *P. elongatus* gehört zu den aggressivsten Cichliden unter den Mbunas. Die Tiere aller Varianten werden etwa 12 cm lang.

Unter den Handelsnamen »*P. spec. ornatus*« und »*P. spec. reef*« sind 2 Varianten im Handel, die sich recht ähnlich sehen (♂♂). Die Vertreter der ersten kommen von der Insel Likoma, die der zweiten vom Eccles- bzw. vom Westreef. Neben den blaugrundigen gibt es auch gelbgrundige, wie die *P. elongatus*-Formen »Dhingani« und »Gold Bar«, die von der Insel Cinyankwasi bzw. der Insel Chisumulu stammen.

Pseudotropheus fuscoides wird rund 10 cm lang, und die einzelnen Exemplare können wiederum farblich differieren. Dadurch wird die Unterscheidung zu anderen nahestehenden Arten, besonders zu *P. fuscus,* nicht erleichtert. Es gibt sogar Stimmen (RIBBINK et al.), die beide als eine Art ansehen, wobei dann *P. fuscus* als Name Priorität hätte. Meist wird die goldgelbe Variante dieser Mbunas für die Aquaristik eingeführt und nicht die dunkelbraune. Die Flossen zeigen meist bläuliche Töne. In der gesamten Erscheinungsform wirkt diese Art gedrungen, was auch daran liegen mag, daß der Kopf gegen den Körper durch steileren Anstieg der Kehlpartie stärker als üblich abgesetzt ist. Meist sind diese Fische recht vermehrungsfreudig. Wer also schnell zu Nachwuchs kommen möchte, ohne besondere Kenntnisse mit Malawisee-Cichli-

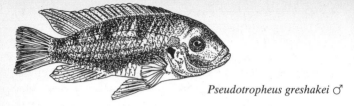

Pseudotropheus greshakei ♂

sumulu umgebenden Felsregion im Nordosten des Sees, nahe den, der sollte mit einer Art wie dieser beginnen und sich ein Männchen und mehrere Weibchen anschaffen. Pflege wie bei *Melanochromis auratus* angegeben.

Pseudotropheus greshakei ist eine sehr schöne Art, deren Vertreter bis etwa 10 cm lang (im Aquarium vielleicht auch etwas mehr) werden können. Die Tiere haben einen relativ gedrungenen Körper mit wuchtigem Kopf. Männchen zeigen eine mittelblaue Grundfärbung, die sich über Stirn, Nacken und Rücken etwa mit graubeigen Tönen abdunkelt. Die Rückenflosse ist rotorange und mit einem feinen hellblauen Saum versehen. Mit Ausnahme der Brustflossen sind alle übrigen blaugrundig, doch zeigt die Schwanzflosse noch starke farbliche Überlagerungen aus dem Rotorange der Rückenflosse. Afterflosse mit einer Reihe von schwarzgesäumten, dottergelben Eiflecken in der hinteren Hälfte. Auch die braunbeige gefärbten Weibchen, bei denen sich nur wenige bläuliche Töne im Dorsalsaum und in den Bauchflossen zeigen, tragen solche Eiflecken. *P. greshakei* ist zur Untergattung *Maylandia* geordnet und wurde als deren Typus beschrieben.

Pseudotropheus hajomaylandi ist als Goldkopfmaulbrüter oder unter dem früheren Händlernamen »*P. spec. greberi*« bekannt geworden. Die neue Art stammt von der die Insel Chi-

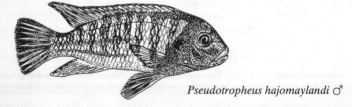

Pseudotropheus hajomaylandi ♂

sumulu umgebenden Felsregion im Nordosten des Sees, nahe der Grenze zu Mosambik. Sie erreichen eine Gesamtlänge zwischen 10 und 12 cm und leben in einer Wassertiefe von 5–8 m und kommen hier bevorzugt in Gebieten der Übergangszone (zwischen Felsen- und Sandregion) vor.

Bei dieser Art ist der Kopf goldgelb, eine schöne Färbung, die auch die Kehle noch mit einbezieht. Körper und Flossen haben eine leuchtende, mittelblaue Grundfärbung. Etwa 8 nach unten spitz zulaufende und nicht allzu dunkle Querbinden ziehen sich etwa bis in Höhe der goldenen Brustflossen, bleiben im hinteren Flankenbereich jedoch noch weiter zurück. Die äußeren Zonen der unpaaren wie auch der Bauchflossen zeigen goldene Töne, die sich besonders im hinteren Bereich der Schwanzflosse niederschlagen. Bei Wohlbefinden zeigen die männlichen Tiere, für die diese Farbbeschreibung gilt, goldenfarbige Überlagerungen der Querbinden. Der feine hellblaue Saum der Rückenflosse ist nur schwach wahrnehmbar. Am hinteren Rand der Afterflosse erkennt man einige dottergelbe Eiflecken. Bei nicht voll geschlechtsaktiven Männchen kann es entsprechende farbliche Abschwächungen geben. Weibliche Tiere haben eine blauviolette, zum Teil auch von Grautönen überlagerte Grundfärbung, die Oberkopf, Flanken und Rückenflosse einschließt. Schwanz-, After- und Brustflossen sowie die Kehlpartie sind bei Wohlbefinden mehr oder weniger gelb gefärbt.

Die Fische zeigen im Aquarium ein innerartlich aggressives Verhalten, weshalb man die Tiere zweckmäßigerweise in einem größeren Becken ab 100 cm Länge mit anderen Arten aus dem See unterbringt. Hierbei wird die Aggression merklich gedämpft. Zusätzlich sollte man noch durch ausreichenden Versteckeinbau in der steinigen Einrichtung genügend Zufluchtsstätten für angegriffene Tiere schaffen. Die Zucht läuft nach dem bekannten Muster ab (siehe *Melanochromis auratus*), bei dem das Weibchen allein die Brutpflege im Maul übernimmt. Die Jungen sind bereits recht groß, wenn sie gut schwimmfähig das Maul der Mutter verlassen, und können verschiedene Futterarten nehmen.

Pseudotropheus lanisticola ist neben *P. livingstonii* der einzige Schneckenbuntbarsch, den wir derzeit aus dem Malawisee kennen. Es gibt Stimmen, die beide als eine Art ansehen, wobei der erstgenannte Name in die Synonymität geriete. In ihrer letzten Arbeit (TREWAVAS, 1983) führte die britische Wissenschaftlerin beide Arten gleichrangig und stellte sie in die neue Untergattung *Maylandia*.

Die bisher bekannten Fundgebiete dieses Fisches liegen im Sandzonengebiet um Cape Maclear, in dem der kommerzielle Fischfang heute nicht mehr gestattet ist. Im Gegensatz zu den Schneckenbuntbarschen des Tanganjikasees, die ihr Leben zum großen Teil in den relativ kleinen Gehäusen der *Neothauma*-Schnecken verbringen, sind die Vertreter von *P. lanisticola* in ihrem bevorzugten Lebensraum auf das Vorhandensein einer anderen, etwas größeren Schneckenart, *Lanistes nyassanus,* angewiesen. Diese über den ganzen See verbreitete Schnecke, deren leere Häuser manches Mal größere Sandzonen unterhalb und außerhalb des Wasserspiegels bedecken, sind auch eine spezielle Nahrung bekannter Cichliden (z. B. *Chilotilapia rhoadesii)*, deren Gebiß besonders zum Knacken der starken Gehäuse ausgebildet ist.

Dieser Schneckenbuntbarsch wird nur etwa 6–7 cm lang und wirkt dabei im Habitus ziemlich kompakt. Geschlechtsunterschiede sind wegen der Ähnlichkeit nur schwer vorzunehmen, weil bei diesen Tieren die bekannte Verschiedenfarbigkeit der Mbuna fehlt. Auch ist die von den Tanganjika-Schneckenbuntbarschen bekannte starke Bindung an ihre Behausung, die jenen Versteck, Schlafhöhle und Brutstätte zugleich ist, nicht gegeben. Das mag daran liegen, daß diese Cichliden zu

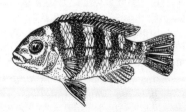

Pseudotropheus lanisticola ♂

den Maulbrütern gehören, doch brauchen auch sie zum Wohlbefinden pro Tier mindestens ein Haus, in das sie gut hineinpassen. Im Vergleich mit *P. livingstonii* muß festgestellt werden, daß es sich bei diesen in der Relation um Riesen handelt, die nur als Jungtiere in der Lage sind, ein solches Schneckenhaus zu bewohnen. Ausgewachsene Tiere werden fast doppelt so groß.

Pseudotropheus livingstonii ist einer der beiden Schneckenbuntbarsche aus dem Malawisee. Für diese Fische gilt im Prinzip auch das, was für die vorige Art angeführt wurde. Das Vorkommen von *P. livingstonii* ist über weite Teile des Sees nachgewiesen, so zum Beispiel auch in Biotopen um Likoma, vor allem aber im südlichen Teil, während RIBBINK et al. (1983) feststellen, daß es die Fische nicht bei Nkhata Bay gibt. Die Färbung männlicher geschlechtsreifer Tiere ist blauviolett mit 5–6 blassen, braunblauen Querbinden, die jedoch nicht bis in die untere Körperhälfte reichen. Die Brust ist goldgelb, der Bauch gelblichblau gefärbt. Auffällig die Tönung der Rückenflosse: Im basalen Bereich ist sie ebenfalls blauviolett, die äußere Zone hat dagegen eine orangegelbe Färbung und orangefarbene Tüpfel im hinteren Lappen. Die Schwanzflosse ist goldgelb und trägt hellblaue Membranen; die Afterflosse ist graublau und weist 1–3 gelbe Eiflecken auf. Die Weibchen bleiben blasser, haben eine bräunliche Grundfärbung, über der ein bläulicher Schimmer liegt, und zeigen 6–7 dunkle Querbinden, die in der Hauptsache die obere Flankenhälfte überziehen.

Die Tiere leben grundsätzlich über sandigem Grund, gelegentlich aber auch in der Übergangszone in einer Tiefe zwischen 3 und 40 m. Die »Standardwohnung« der Jungfische befindet sich in leeren Gehäusen der im Malawisee stark verbreiteten Schnecke *Lanistes nyassanus*. Maximale Länge 15 cm.

Pseudotropheus lombardoi ist eine häufig gepflegte Art, bei der der Sexualdimorphismus auffällig vorhanden ist. Die Art ist ausschließlich im Gebiet um die Mbenji-Inseln verbreitet, und ihre Vertreter erreichen eine Länge von 12–14 cm. Die erwähnte Verschiedenfarbigkeit ist wieder recht kontrast-

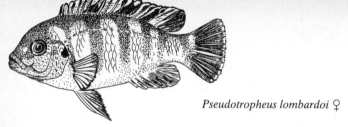

Pseudotropheus lombardoi ♀

reich: Weibliche und Jungtiere (♂♂ bis zur Geschlechtsreife) tragen eine hellblaue Grundfärbung, die über Kopf, Schwanz- und Afterflosse abgedunkelt ist. Weit auseinanderliegende (5–6), dunkelblaue Querbinden liegen über den Flanken und ziehen sich in die hellblaugrundige Rückenflosse hinein. Mit einer Länge von 3–4 cm färben sich in einem Jungfischschwarm die ersten männlichen Tiere um und nehmen eine sich mehr und mehr intensivierende gold- bis orangegelbe Färbung an. Diese geschlechtliche Verschiedenheit steht somit im Gegensatz zu der sonst üblichen Längsstreifung der *Pseudotropheus*- und *Melanochromis*-Arten, bei denen außerdem die Männchen die dunklere und die Weibchen die hellere, meist in Gelbtönen erscheinende Färbung zeigen.

Die Zucht ist relativ einfach, doch zeigen sich die Tiere in Bekken von nicht ausreichender Größe sehr unverträglich. Man pflegt sie niemals im Artenbecken, sondern stets in Gesellschaft mit anderen Arten aus dem Malawisee. Zudem gibt man einem Männchen mehrere Weibchen bei. Das Weibchen übernimmt nach der Befruchtung der Eier im Maul der Mutter die Brutpflege allein und entläßt die schwimmfertigen Jungen nach rund 3 Wochen (bei 26–28 °C) aus dem Maul. Die Kleinen sehen nun bereits attraktiv aus und zeigen die intensive blaue Weibchenfärbung mit den vertikalen Binden.

Pseudotropheus microstoma, von der es wieder eine Reihe von Varianten in Färbung und Musterung gibt, ist in einer Untergattung (*Tropheops*) mit *P. tropheops, P. macrophthalmus* und *P. novemfasciatus* zusammengeschlossen. Die Vertreter aller 4 Arten wie auch deren Varianten sind nicht leicht voneinander zu unterscheiden. Die meisten eingeführten Aqua-

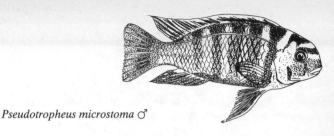

Pseudotropheus microstoma ♂

rienfische kommen aus dem Süden des Malawisees. Wenn man von einer Standardform sprechen kann, dann sind es Tiere in der Musterung, wie sie unsere Zeichnung wiedergibt. Sie kommen von einem Gebiet um die Ortschaft Monkey Bay. Auffällig ist der kurze Kopf mit dem steil abfallenden Stirnprofil, das vor den Augen einen konvexen Knick macht. Grundfärbung ist ein leuchtendes Mittelblau, über das in den beiden vorderen Flankendritteln eine Musterung aus 5 dunklen Querbinden gezeigt wird, die bis in die untersten Körperzonen reichen. Das Blau reicht bis in die unpaaren Flossenbasen hinein, wird dann aber in Rücken- und Afterflosse von schwarzen, in der Schwanzflosse von goldgelben Tönen verdrängt. Über dem Kopf liegt ein Muster aus 2 oder 3 Querbinden.

Eine der beliebten Varianten wird von einigen Wissenschaftlern als eine Form von *P. tropheops* angesehen (?), aber als *P. microstoma* gehandelt. Bei diesen Tieren zeigen sich goldgelbe bis orangefarbene Zonen auf beiden Kopfseiten, was ihnen den Beinamen »rotwangig« oder »red cheek« eintrug.

Pseudotropheus tropheops ist ein alter Bekannter der Malawisee-Cichlidenfreunde. Bei ihnen treffen wir auch wieder die inzwischen bekannte Zweifarbigkeit bei den Geschlechtern an – dazu eine vertikale Streifung bei den Männchen. Für sie gilt auch das, was anfangs bei der vorgenannten Art angeführt wurde. Männliche Tiere (siehe Zeichnung) haben eine metallisch schimmernde, mittelblaue Grundfärbung. Jede Schuppe ist im Zentrum abgedunkelt und mit einem fast schwarzen Rand versehen. Dadurch entsteht über den Flanken ein feines Wabenmuster. Rücken, Kopf und Bauch sind wiederum etwas dunkler. Die unpaaren wie die Bauchflossen sind dunkelgrau

Pseudotropheus tropheops ♂, Standardform

bis schwarz wie die 6 Querbinden, die in den vorderen beiden Flankendritteln über die Seiten ziehen. Lediglich die Rückenflossenbasis ist heller und steht damit in gutem Kontrast zu der submarginalen schwarzen Längsbinde, über der ein weißer Saum liegt. Weibliche Tiere sind im Gegensatz dazu völlig goldgelb und zeigen bei Wohlbefinden keinerlei Binden. Nur ein noch intensiver gefärbter Saum ziert die Rückenflosse.

Auch von dieser Art gibt es eine Zahl von geographischen Varianten. Die eingeführten Tiere kommen durchweg aus dem Süden des Sees, und Tiere der beschriebenen Färbung werden meist im Gebiet der Insel Cinyamwezi gefangen. Es steht jedoch außer Zweifel, daß es auch Vertreter dieser Art weiter nördlich gibt, wie beispielsweise bei der Mbenji-Inselgruppe und um Likoma. Man darf sich bei Unterwasserbeobachtungen jedoch nicht täuschen lassen, denn nicht jedes goldfarbene Tier ist ein Weibchen dieser Art! Die Fische erreichen eine Länge von 12–14 cm; einige Tiere können bis zu 15 cm lang werden. Zucht ähnlich wie bei *Melanochromis auratus* beschrieben.

Pseudotropheus zebra ist die Art, von der die meisten Farbvarianten eingeführt und noch mehr in der Literatur beschrieben wurden. Es hat sich herumgesprochen, daß einige Wissenschaftler bereits seit Jahren daran arbeiten, diese bekannteste Art der Gattung nebst ihrem umfangreichen Variantenkomplex »in den Griff« zu bekommen. So ist zu erwarten, daß Formen wie das »Rote Zebra« oder »Bright Blue« endlich den Status einer selbständigen Art erlangen.

Pseudotropheus zebra ♂, gestreifte Standardform

P. zebra und seine Varianten kommen rund um den Malawisee vor, wobei man neben den erwähnten die blaugrundige (♂♂) Standardform und die gescheckte Form unterscheidet. Männchen der blauen Form haben meist eine leuchtendmittelblaue Grundfärbung, die auch die Flossen mit einbezieht. Eine unterschiedlich hohe Zahl von dunkelblauen bis schwarzen Querbinden überzieht die Körperseiten bis zum Bauchprofil; bei vielen Tieren werden sie nur in den beiden vorderen Körperdritteln intensiv gezeigt, so daß das hintere Drittel dann einfarbig mittelblau bleibt. Die untere Kopfhälfte wie die Brust sind dunkelblau, und über die Stirn laufen 2 oder 3 dunkle Binden. Weibliche Tiere zeigen wesentlich blassere, ins Grau reichende Farben und sind zudem an den kurzen Bauchflossen (keine Filamente wie bei den Männchen) zu erkennen. Tiere beiderlei Geschlechts und aller Varianten tragen dottergelbe, schwarzgerandete Eiflecken in After- und zum Teil auch Rückenflosse.

Von der geschäckten Variante gibt es Tiere mit farblicher Abweichung in der Grundtönung. Weibliche Tiere sind bei den Importen in der Überzahl, doch lassen sich die gescheckten Männchen (»Marmalade Cat«) gut durch ihren blauen Glanz, der über dem Körper liegt, unterscheiden. Mischformen zwischen der ersten und der zweiten gibt es nicht. Morphologisch (= den Bau der Tiere betreffend) sind Unterschiede zwischen den einzelnen Formen kaum feststellbar, wohl aber solche im Verhalten. Die 12–15 cm (♂♂) lang werdenden Tiere der roten Variante kommen vom östlichen Ufer des Sees und sind

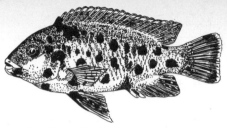

Pseudotropheus zebra ♀, gescheckte Form

früher dort im Gebiet der Metangula-Halbinsel (Staatsgebiet von Mosambik) gefangen worden. Sie konnten aus politischen Gründen seit einigen Jahren nicht mehr importiert werden.
Im Aquarium brauchen die Tiere wegen ihrer Größe, verbunden mit der oft zitierten innerartlichen Aggressivität, ein Becken von mindestens 140–160 cm, in dem ein Steinaufbau, der im Hintergrund bis unter den Wasserspiegel reichen sollte, viele Verstecke bildet, um verfolgten Tieren überall Schutz zu bieten. Zudem sollten Elemente zur Raumgliederung eingebracht werden, um den revierbildenden Männchen Hilfen optischer Art zu geben. Einem Männchen gesellt man auch bei dieser Art wieder mehrere Weibchen bei; die Zucht verläuft kaum anders, als sie für andere Arten, also auch die sehr nahen Verwandten der Gattung *Melanochromis*, gegeben wurde.

Trematocranus

Die Gattung *Trematocranus* wurde 1935 von TREWAVAS aufgestellt, wobei die Autorin sofort 3 Arten dazustellte: *T. auditor, T. brevirostris* und *T. microstoma*. Im Jahre 1973 beschrieben BURGESS und H. AXELROD *T. peterdaviesi* und ein Jahr darauf JOHNSON *T. jacobfreibergi*.
Der Status der Gattung ist heute nicht mehr unumstritten, und eine Reihe von Wissenschaftlern ist der Ansicht, daß die vorgegebenen Merkmale nicht ausreichen, darauf eine selbständige Gattung zu stützen.
Von den ersten 4 der genannten Arten wurde wahrscheinlich kein Vertreter als Aquarienfisch eingeführt. Eine wissenschaftliche Arbeit, in denen die bekannten Farbformen in die

richtige Position gerückt werden, steht bisher noch aus. Lediglich die unter dem Namen *T. jacobfreibergi* vom Süden des Malawisees eingeführten Tiere wunderschöner Färbung (vergleiche ECON-Taschenbuch 20100, Mayland, Aquarium für Anfänger, Tafel VI) kommen hin und wieder in den aquaristischen Handel.

Trematocranus ist nahe mit *Aulonocara* verwandt. Die Vertreter beider Gattungen sind mit Sinnesgruben am Kopf ausgestattet, die es den Tieren ermöglichen, trotz behinderter Sicht (zum Beispiel in Höhlen) eine gewisse Orientierung vorzunehmen. Bei *Trematocranus*-Vertretern sind diese Sinnesgruben kleiner und anders angeordnet. Der fast ausschließlich eingeführte Feenbuntbarsch (*T. jacobfreibergi*) kann als einer der schönsten Cichliden aus dem Malawisee bezeichnet werden. Die Tiere erreichen eine Länge um 12 cm ($\male\male$), doch bleiben die weiblichen Tiere merklich kleiner; darüber hinaus zeigen sie nicht die intensiven Farben, sondern eher ein graublaugrundiges Kleid, auf dem sich die 7–9 sichtbaren Querbinden noch deutlicher als bei den Männchen abzeichnen. Männliche Tiere haben in Prachtfärbung einen hellblauen Körper und Kopf. Vom Auge bis zum Schwanzstiel zieht sich eine wie golden überpudert erscheinende Zone über die obere Partie, die bis in die mittelblau leuchtende Rückenflosse reicht. Die untere Hälfte der Schwanzflosse wie auch After- und Bauchflossen sind orange gefärbt und hellblau gesäumt. Im hinteren Teil der Anale erkennt man bei einigen Tieren 3 oder 4 wenig farbintensive gelbe Eiflecken.

Es versteht sich, daß bei Exporten aus Malawi nur ausgesucht schöne Männchen zum Versand kommen. Nachzuchten haben jedoch deutlich gemacht, daß leider nicht jedes männliche Tier die erwähnte Prachtfärbung bekommt, was daran liegen mag, daß nicht jedes ein eigenes Revier mit entsprechendem Harem abgrenzen kann.

Aquaristische Ansprüche afrikanischer Cichliden

Es wurde bei vielen Artbesprechungen bereits über die aquaristischen Ansprüche afrikanischer Buntbarsche gesprochen. Für die Haltung aller hier erwähnten Buntbarsche sind 3 oder 4 Dinge wichtig:
1. die Beckengröße
2. die Beckeneinrichtung
3. das Wasser
4. die Ernährung

Beim letzten Punkt muß man davon ausgehen, daß heutzutage jeder weiß: Es darf nicht zu einseitig ernährt werden! Wer Buntbarsche pflegt, muß wissen, daß – von sehr wenigen Ausnahmen abgesehen – jeder Cichlide fleischliche Kost, die sich noch beißen läßt, anderem Futter vorzieht. Das gilt selbst für die Buntbarscharten, die zu den Mbuna gerechnet werden, den Felsencichliden aus dem Malawisee, denen man nachsagt, daß sie sich allein von Algen ernähren, dabei aber vergißt, daß in den Polstern dieser niederen Pflanzen eine Unmenge an niederem Leben existiert. Da gibt es winzige Muschelkrebschen, dann die vegetarisch (in Algenpolstern) lebenden Krebschen aus den Gattungen *Microcyclops, Eucyclops* und *Schizopera,* die alle im Aufwuchs leben. Dazu kommen die im Wasser lebenden Larven von Fliegen, Mücken und anderen Insekten, von denen die meisten das flache Wasser bewohnen, in dem

auch die Fische zu Hause sind. Sie alle sind in die Nahrungskette integriert, die man meist pauschal als *Algenpolster* oder *Aufwuchs* bezeichnet.
Buntbarsche stellen gewisse Ansprüche an die Größe des Beckens bzw. ihres Lebensraums. Stimmen die Verhältnisse nicht, kann es zu Streßsituationen kommen, die entweder durch Dahinvegetieren oder Aggressionen gekennzeichnet sind. Keine davon ist für die Entwicklung der Fische positiv. Wenn für einen Fisch, der ja kaum einmal einzeln gehalten wird, eine Beckenmindestgröße angegeben wird, so heißt das nicht, daß man sich unbedingt an diese Größe halten muß – mehr an Länge bzw. an Wasservolumen darf es allemal sein, zumal die außerdem im Aquarium befindlichen Mitbewohner ebenfalls Raum beanspruchen, der möglicherweise nicht mit dem einer anderen Population geteilt werden kann. Ähnliches gilt auch in der Kombination mit der Besetzung. Ich kenne Aquarianer (und Sie sicher auch), die es nicht lassen können, in eine einmal zu einer Lebensgemeinschaft zusammengeraufte Gruppe verschiedener Arten ständig neue Bewohner integrieren zu wollen. Das geht, besonders bei Cichliden, nur in seltenen Fällen gut, weil die Fische spüren, daß für Fremde in diesem Lebensraum kein Platz mehr ist: Sie töten die Neuankömmlinge. »Schuld« an diesem Verhalten darf man nun nicht bei den Fischen suchen!
Die Einrichtung eines Cichlidenaquariums sollte zuerst einmal den Fischen genügen. Sie wissen nicht, was für unser Auge schön ist, und haben demgemäß oft ihre eigene Vorstellung von der Beschaffenheit ihres Lebensraums. Dabei steht der eigene Schutz vor Verfolgern im Vordergrund. Bereits nach wenigen Minuten oder Stunden ist den Tieren die Gefahr bewußt, daß sie gezwungen sind, nahe unter dem Wasserspiegel zu leben und ein Abtauchen in größere Tiefen nicht möglich ist. Was tut ein Fisch ein einem solchen Fall? Er sucht sich ein Versteck, das ihn nach oben hin abschirmt. Viel Gefahr kommt in seichtem Wasser von oben: Es sind die Vögel, die sich oft genug ihre Nahrung in schnellem Sturzflug durch den Wasserspiegel holen. Die Vögel nisten zum Teil über dem

Wasser oder nur in sehr geringer Entfernung vom Ufer. Ihr Dung wird beispielsweise in vielen Fällen wieder ins Wasser gespült und schafft damit Nährstoffe für die Algenpolster, die wiederum als Nahrungsgrundlage für viele Fischarten dienen: ein sehr einfacher Kreislauf!

Verstecke muß ein gut eingerichtetes Aquarium in Hülle und Fülle haben. Es ist nicht schwer, diese zu schaffen, doch sollte man eine gewisse Vorsicht bei dem Einbau steinerner Aufbauten walten lassen und eine feste Regel immer berücksichtigen: Zuerst die Steine und dann der Sand! Was ist damit gemeint?

Ob Kies- oder Sandgrund – er läßt sich von den Fischen transportieren, wodurch aufliegende Steine unterwühlt und daraus zusammengestellte Aufbauten möglicherweise zum Einsturz gebracht werden können. Die meisten Fische bauen ihr Haus selbst, es sei denn, daß man ihnen eine kleine Auswahl davon anbietet, von der sie der Einfachheit halber dann auch eines annehmen. Sind die Steinaufbauten in direktem Kontakt mit der Bodenscheibe und darüber hinaus so schwer, daß die Fische sie nicht auf irgendeine Weise fortbewegen können, so kann nicht viel passieren.

Höhlen gehören in jedes Cichlidenbecken, denn auch die sogenannten Offenbrüter ziehen in vielen Fällen einen versteckt liegenden Platz, der zu den Seiten wie nach oben hin abgeschirmt ist, dem schutzlosen freien Raum unbedingt vor, um ihr Gelege dorthin abzugeben.

Bliebe zuletzt das Wasser, das Lebenselement der Fische. Es hat Zeiten gegeben, in denen man der Wasserhärte und vor allem seinem pH-Wert nicht viel Bedeutung beigemessen hat. Man hielt sogar Altwasser für besonders förderlich. Dann gab es eine Zeit, in der falsch interpretierte Tropenfreundlichkeit (. . . nur halb hingehört oder gelesen!) manchen Aquarianer dazu brachte, seine Fische in »typischem Tropenwasser« schwimmen zu lassen, das teebraun sein mußte – und alt dazu. Natürlich gibt es in der Natur klares, verschmutztes (= sedimentführendes) und braunes Wasser. Von chemisch verschmutztem Wasser soll hier nicht die Rede sein! Die meisten Fische halten sich zweifellos in klarem Wasser auf, und das sind überwiegend die, zu denen sich unser aquaristisches Auge hingezogen fühlt.

In Afrika, so konnte man schon in einem Eingangskapitel lesen, gibt es Wassertypen, die stark voneinander abweichen. So ist beispielsweise das Wasser westafrikanischer Bäche, in denen bekannte Cichliden angetroffen werden, fast immer klar, wenn auch leicht bräunlich; Randgebiete größerer Flüsse können auch sedimentreich und damit trübe sein. Die Härte ist jedoch stets extrem gering, und der pH-Wert liegt stets im sauren Bereich. Nitratwerte, wie wir sie bereits in unserem Trinkwasser finden, sind in diesen Gewässern unbekannt.

Gehen wir weiter nach Osten, in die Savannen- oder auch Sumpfgebiete Ostafrikas, so müssen wir feststellen, daß die Wasserwerte sich von Messung zu Messung verändern, je nachdem, in welchem Verhältnis das Wasser zu welchem Boden steht. Cichliden, die in diesen Gebieten leben, müssen recht anpassungsfähig sein und machen daher auch im Aquarium kaum Probleme.

Von den Wässern in den großen afrikanischen Seen, und hier sind es ja bevorzugt der Tanganjika- und der Malawisee, wissen die meisten Aquarianer nur, daß ihr pH-Wert relativ hoch ist. Ihn hundertprozentig nachahmen zu wollen, ist zu schwierig, in mancher Hinsicht gefährlich und daher grundsätzlich falsch. Wenn Messungen von einem pH-Wert um 9,0 im Tanganjikasee bekannt sind, heißt das nicht, daß die Fische nicht bei Werten zwischen 7,5 und 8,0 gut zu halten wären. Man darf den pH-Wert nur nicht unkontrolliert lassen, so daß er mit der Zeit und ohne Wasserwechsel oder äquivalente Behandlung des Wassers unter die Neutralgrenze und damit in den sauren Bereich abrutschen kann. Er muß also stets über dieser Grenze, die bei 7,0 liegt, bleiben. Und noch eines: Ein hoher pH-Wert darf nicht zu der Theorie verleiten, daß er mit hoher Härte einhergehen muß! Karbonatgehalt und pH-Wert stehen zwar in einem Zusammenhang, doch kann man nicht die Höhe des einen mit der des anderen gleichsetzen.

Wer übrigens den wirklichen Mineralgehalt des Aquarienwassers (oder auch Naturwassers) messen will, der verwendet

Oben:
Cyrtocara mloto »Goldbinde«

Mitte:
Labeotropheus trewavasae ♂ »Red Dorsal Marmalade Cat«

Unten:
Labeotropheus fuelleborni ♂ »Red Top«-Variante

dazu nicht die Tropfanalyse, sondern mißt die elektrische Leitfähigkeit, die den Wert in Mikrosiemens (abgekürzt μS) angibt. Bei der üblichen Tropfanalyse für die Gesamthärte werden nicht, wie der Name Gesamthärte vermuten läßt, alle im Wasser gelösten Mineralien gemessen, sondern nur die der Kalzium- und der Magnesiumsalze. Es handelt sich dabei um einen vereinfachten Labortest. Ist beispielsweise im Wasser viel Soda gelöst, wie man das in ostafrikanischen Gewässern häufiger findet, so scheinen bei einer solchen Tropfanalyse Gesamthärte und Karbonathärte nicht zusammenzupassen, weil die letzte im Wert höher liegt als die Gesamthärte, die somit den Namen nicht zu verdienen scheint. Hat man sich dagegen auf den Umgang mit Mikrosiemens-Werten eingestellt, ist die Analyse erstens einfacher und zweitens genauer. Die μS-Werte für die Seen sind übrigens im vorderen Teil dieses Buches angegeben.

Nun, wo alle Möglichkeiten, es den Buntbarschen so angenehm wie möglich zu machen, besprochen sind, kann nur noch gehofft werden, daß es keinen Pumpenausfall gibt, wodurch die Sauerstoffzufuhr im Becken in den meisten Fällen stillgelegt wird. Die Funktion dieses modernen technischen Geräts muß man in regelmäßigen, nicht zu langen Abständen kontrollieren: Ist der Wasserdurchlauf verstopft, kann die beste Pumpe kein Wasser fördern, womit in den meisten Fällen auch die Sauerstoffzufuhr unterbunden wird. Ein Aquarium ohne Sauerstoffzufuhr, dazu noch mit großen Fischen besetzt – die Konsequenz kann sehr bitter sein und schwimmt dann mit dem Bauch nach oben.

Verzeichnis weiterführender deutschsprachiger Literatur

Geissler, R.: »Wasserkunde für die aquaristische Praxis« Kernen Verlag, Essen 1964

Linke H., Staeck W.: »Afrikanische Cichliden I; Buntbarsche aus Westafrika«. Tetra Verlag, Melle 1981

Mayland, H. J.: »Cichliden und Fischzucht« Band III der Großen Aquarienpraxis. Landbuch Verlag, Hannover 1978

---: »Der Malawi-See und seine Fische« Landbuch Verlag, Hannover 1982

---: »Falken-Handbuch Süßwasser-Aquarium« Falken-Verlag, Niedernhausen 1985

Richter, H. J.: »Fische züchten – ein Problem?« Landbuch Verlag, Hannover 1980

Schmettkamp, W.: »Die Namen unserer Aquarienfische« Landbuch Verlag, Hannover 1985

Schubert, G.: »Krankheiten der Fische« Franckh'sche Verlagshandlung, Stuttgart 1964

Staeck, W.: »Cichliden, Entdeckungen und Neuimporte« Engelbert Pfriem Verlag, Wuppertal 1983

Sterba, G.: »Süßwasserfische aus aller Welt« Verlag Neumann-Neudamm, Melsungen 1977

Gattungs- und Artenverzeichnis

Aequidens 38
Allochromis 25
Anomalochromis 33, 40
Anomalochromis thomasi 40
Apistogramma 27
Apistogramma nijsseni 52
Aristochromis 24, 133
Aristochromis christyi 24, 133
Astatoreochromis 25, 67
Astatoreochromis alluandi 67
Astatoreochromis straeleni 67
Astatoreochromis vanderhorsti 67
Astatotilapia burtoni 13, 60
Astatotilapia calliptera 13, 60
Astatotilapia desfontainesii 60f.

Aulonocara 20, 27, 132, 135, 171
Aulonocara baenschi 137
Aulonocara macrochir 141
Aulonocara maylandi 137
Aulonocara nyassae 135
Aulonocara rostata 141
Aulonocara stuartgranti 138

Bagrus 160

Callochromis 16, 68
Callochromis macrops 68
Callochromis pleurospilus 68
Ceratophyllum 16
Ceratopteris 16
Chalinochromis 68, 114
Chalinochromis brichardi 69
»Chalinochromis brifrenatus« 69

»Chalinochromis ndobhoi« 69
Chilotilapia rhoadesii 164
Chromidotilapia 11, 36, 41
Chromidotilapia batesii 35f., 41
Chromidotilapia finleyi 41
Chromidotilapia guentheri 30, 41
Chromidotilapia schoutedeni 41
Cichlasoma 38
Cunningtonia 70
Cunningtonia longiventralis 70
Cyathochromis obliquidens 23
Cyathopharynx 16, 35
Cyathopharynx furcifer 70
Cynotilapia 142
Cynotilapia afra 142
Cyphotilapia 35, 72
Cyphotilapia frontosa 72, 104
Cyprichromis 35, 74
Cyprichromis brieni 74
Cyprichromis leptosoma 74
Cyprichromis microlepidotus 74
Cyprichromis nigripinnis 74
Cyrtocara 18, 24, 38, 142
Cyrtocara ahli 142
Cyrtocara boadzulu 25, 143
Cyrtocara chrysonotus 25
Cyrtocara compressiceps 143
Cyrtocara electra 20, 144
Cyrtocara euchilus 23, 145f.
Cyrtocara fenestrata 145
Cyrtocara jacksoni 25
Cyrtocara labrosa 146
Cyrtocara livingstonii 147
Cyrtocara macrostoma 24
Cyrtocara mloto 147
Cyrtocara mola 25
Cyrtocara moorii 38, 142, 148
Cyrtocara placodon 25
Cyrtocara polystigma 149
Cyrtocara rostrata 24
Cyrtocara trimaculata 25
Cyrtocara venusta 150

Eretmodus 15, 36, 76
Eretmodus cyanostictus 77

Genyochromis 25, 151
Genyochromis mento 151
Gobiocichla 10, 53

Haplochromis 12, 18, 24, 37, 60, 142
Haplochromis obliquidens 36
Hemichromis 11, 33, 43
Hemichromis bimaculatus 33, 43
Hemichromis cristatus 43
Hemichromis elongatus 33, 43
Hemichromis fasciatus 33, 43
Hemichromis frempongi 43

Hemichromis letourneauxi 43
Hemichromis lifalili 11, 33, 43
Hemichromis obliquidens 60
Hemichromis paynei 33, 43f.
Hemitilapia oxyrhynchus 20

Julidochromis 27, 69, 79, 114
Julidochromis dickfeldi 79
Julidochromis marlieri 79
Julidochromis ornatus 79
Julidochromis regani 79
Julidochromis transcriptus 79

Labeotropheus 152
Labeotropheus fuelleborni 23, 152
Labeotropheus trewavasae 152
Labidochromis 24, 142, 153
Labidochromis vellicans 24
Labrochromis 25
Lamprologus 35, 46
Lamprologus brichardi 91
Lamprologus congoensis 46, 65
»Lamprologus cylindricus« 97
Lamprolugus lethops 65
Lamprolugus mocquardii 46, 65
Lamprolugus savoryi 66
Lamprolugus savoryi brichardi 66
Lamprolugus savoryi elongatus 66
Lamprolugus werneri 46, 65
Lanistes 20
Lanistes nyassanus 164f.
Lates 38
Lepidiolamprologus 46, 65, 82
Lepidiolamprologus attenuatus 65, 82
Lepidiolamprologus cunningtoni 65, 82
Lepidiolamprologus elongatus 65, 82
Lepidiolamprologus kendalli 65, 82
Lepidiolamprologus nkambae 65, 82
Lepidiolamprologus profundicola 65, 82
Limnochromis 74, 83, 117
Limnochromis auritus 83
Limnochromis permaxillaris 25, 83
Limnotilapia 83
Limnotilapia dardennii 84
Lobochilotes 84
Lobochilotes labiatus 23, 84

Maylandia 159, 162, 164
Melanochromis 28, 142, 147, 154

Melanochromis auratus 28, 154
Melanochromis chipokae 155
Melanochromis johanni 156
Melanochromis melanopterus 157
Myriophyllum 16

Najas 16
Nannacara anomala 31
Nanochromis 27, 34, 47
Nanochromis caudi fasciatus 47
Nanochromis dimidiatus 11f., 47
Nanochromis nudiceps 48
Nanochromis parilus 48
Nanochromis transvestitus 49
Neolamprologus 17, 46, 65, 85, 114
Neolamprologus brevis 66, 86
Neolamprologus buescheri 66, 89
Neolamprologus callipterus 66
Neolamprologus calvus 66, 89
Neolamprologus caudopunctatus 66
Neolamprologus christyi 66, 90
Neolamprologus compressiceps 66, 89
»Neolamprologus daffodil« 93
Neolamprologus elongatus 66, 91
Neolamprologus fasciatus 66, 94
Neolamprologus finalismus 66
Neolamprologus furcifer 66, 95
Neolamprologus hecqui 66, 86
»Neolamprologus kasagera« 93
Neolamprologus kungweensis 66
Neolamprologus leleupi 66, 95
Neolamprologus leleupi leleupi 66, 96
Neolamprologus leleupi longior 66, 96
Neolamprologus leleupi melas 66, 96
Neolamprologus leloupi 66
Neolamprologus lemairii 66, 98
»Neolamprologus magarae« 86
Neolamprologus meeli 66, 86
Neolamprologus modestus 66, 98
Neolamprologus mondabu 66, 98
Neolamprologus multifasciatus 66, 86

Neolamprologus mustax 66, 99
Neolamprologus niger 66, 99
Neolamprologus obscurus 66, 99
Neolamprologus ocellatus 66, 86
Neolamprologus ornatipinnis 66, 86
Neolamprologus petricola 66, 100
Neolamprologus pleuromaculatus 66, 103
Neolamprologus prochilus 66
Neolamprologus pulcher 66, 93
Neolamprologus savoryi 67, 93
Neolamprologus schreyeni 67
Neolamprologus sexfasciatus 67, 104
Neolamprologus signatus 67
Neolamprologus spec. »White Tail« 105
Neolamprologus stappersii 67
Neolamprologus tetracanthus 66f., 103
Neolamprologus tretocephalus 25, 67, 104
»Neolamprologus vaitha« 86
»Neolamprologus walteri« 93
Neolamprologus wauthioni 67, 86
Neothauma 16, 20, 34, 164
Nymphaea 16

Ophthalmochromis 70, 105
Ophthalmotilapia 35, 70, 105
Ophthalmotilapia nasuta 106
Ophthalmotilapia ventralis 107
Ophthalmotilapia ventralis heterodontus 108
Ophthalmotilapia ventralis ventralis 108
Oreochromis 27, 36, 61
Oreochromis alcalicus grahami 13, 62
Oreochromis grahami 36
Oreochromis karomo 36, 62
Oreochromis leucostictus 62
Oreochromis macrochir 63
Oreochromis malagarasi 62
Oreochromis mossambicus 36, 62
Oreochromis rukwaensis 63
Oreochromis tanganicae 62
Oreochromis upembae 63
Oreochromis variabilis 63

Paleolamprologus 46, 67, 109

Paleolamprologus toae 67, 109
Paralabidochromis chilotes 23
Paralabidochromis labiatus 23
Paralabidochromis victoriae 24
Pelmatochromis 11, 49
Pelmatochromis kribensis 50
Pelmatochromis thomasi 33, 40
Pelvicachromis 11, 27, 34, 49
Pelvicachromis humilis 49
Pelvicachromis pulcher 50
Pelvicachromis roloffi 49
Pelvicachromis subocellatus 12, 50
Pelvicachromis taeniatus 50
Perissodus 25, 109
Perissodus microlepis 110
Perissodus paradoxus 110
Perissodus straeleni 110
Petrochromis 35, 111
Petrochromis famula 112
Petrochromis polyodon 111
Petrochromis trewavasae 112
Petrotilapia 142, 157
Petrotilapia genalutea 157
Petrotilapia nigra 157
Petrotilapia tridentigens 23
Petrotilapia tridentiger 21, 157

Plecodus 110
Potamogeton 16
Pseudocrenilabrus multicolor 13, 36, 59
Pseudocrenilabrus philander dispersus 13, 36, 59, 132
Pseudotropheus 28, 39, 142, 158
Pseudotropheus aurora 159
»Pseudotropheus chamaeleo« 160
Pseudotropheus crabro 160
Pseudotropheus elongatus 161
Pseudotropheus fuscoides 161
Pseudotropheus fuscus 161
Pseudotropheus greshakei 162
Pseudotropheus hajomaylandi 162
Pseudotropheus lanisticola 20, 164
Pseudotropheus livingstonii 20, 164f.
Pseudotropheus lombardoi 20, 165
Pseudotropheus macrophthalmus 166
Pseudotropheus microstoma 166
Pseudotropheus novemfasciatus 166
»Pseudotropheus spec. greberi« 162
»Pseudotropheus spec. ornatus« 161

»Pseudotropheus spec. reef« 161
Pseudotropheus tropheops 167
Pseudotropheus williamsi 159
Pseudotropheus zebra 28, 142, 168
Pseudotrous socolofi 20
Pseudotrous tursiops 20

Reganochromis 113
Reganochromis calliurus 113
Rhamphochromis 24

Sarotherodon 36, 56
Serranochromis 24
Serranochromis robustus 24
Simochromis 113
Simochromis pleurospilus 113
Spathodus 15, 36, 76
Spathodus erythrodon 77
Spathodus marlieri 77
Steatocranus 11, 34, 53
Steatocranus casuarius 53
Steatocranus irvinei 54
Steatocranus mpozoensis 54
Steatocranus tinanti 54

Tanganicodus 15, 36, 76
Tanganicodus irsacae 24, 77
Teleogramma 11, 34, 53

Teleogramma brichardi 55
Telmatochromis 114
Telmatochromis bifrenatus 114
Telmatochromis caninus 115
Telmatochromis temporalis 116
Telmatochromis vittatus 117
Thysia ansorgii 33
Tilapia 33, 56, 64
Tilapia buettikoferi 33, 56
Tilapia joka 33, 56
Tilapia kottae 33, 58
Tilapia mariae 57
Tilapia rendalli 33, 64
Tilapia sparrmanii 64
Tilapia tholloni 58
Tilapia zillii 64
Trematocranus 170
Trematocranus auditor 170
Trematocranus brevirostris 170
Trematocranus jacobfreibergi 170
Trematocranus microstoma 170
Trematocranus peterdaviesi 170
Triglachromis 117
Triglachromis otostigma 117
Tropheops 159
Tropheus 14, 34, 39
Tropheus brichardi 118, 120

Tropheus duboisi 118, 120
Tropheus-Komplex 118
Tropheus moorii 28, 118, 121
Tropheus moorii kasabae 128
Tropheus polli 118, 128

Variabilichromis 46, 67, 128
Variabilichromis moorii 67, 129

Xenotilapia 16, 130
Xenotilapia bathyphilus 131
Xenotilapia boulengeri 131
Xenotilapia melanogenys 130
Xenotilapia nigrolabiata 131
Xenotilapia ochrogenys 131
Xenotilapia sima 131

Sachregister

Alphatier 27
Anpassung 22
Appetenzverhalten 29
Aufwuchs 15, 174
»Aulonocara Blue/Gold« 140
»Aulonocara Jaro« 140
»Aulonocara northern« 139
»Aulonocara Red Flash« 141
Aulonocara-Varianten 135
»Aulonocara White Top« 141
Auskauen der Larven 31

Balzkette 29
Balzverhalten 28
Beckeneinrichtung 173
Beckengröße 173
Befächeln der Eier 31
Befruchtung 29
Begattung 29
»Benga« 137

Bilharziose 12
Bimaculatus-Komplex 43
Blauer Delphin 148
Blaulippenbuntbarsch 61
»Blue Regal« 135
Blutkehlrasse 125
Brabantbuntbarsch 124
»Bright Blue« 168
Brutverhalten 31

Chamäleonmaulbrüter 160
»Cherrycheek-Moorii« 125
»Chilumba Aulonocara« 138
»Chipimbi« 124
Chisumulu 20
Cichlidenbecken 175
Cichlide, roter 44
Cinyamkwasi 21
Cinyamwezi 21

Darwin 39
Detritus 16

»Dhingani« 161
Doppelfleckvariante 127

Eifleckttheorie 30
»Electric Blue« 142
Elternfamilie 32
Ernährung 173
Evolution 22

Fadenmaulbrüter 70, 107
Familie 32
Feenbuntbarsch 171
Felslitoral 14, 19
Fortpflanzungsbiologie 26
Fortpflanzungsverhalten 29

Gabelschwanzrasse 128
Geißel 27
Geißeltilapia 63
Geröllitoral 15, 19
Geschlechtsdimorphismus 26
»Gold Bar« 161
Goldcichlide 96
Grabenbruch 9
»Green Wimple« 127
Grundelbuntbarsch 15, 35, 76

Händlernamen 37
Handlungskette 29
Haplochromis 18
Heringscichlide 35, 74
Höhlenbrüter 34
Hornkraut 16

Kaiserbuntbarsch 135

Kaisermoorii 126
»Kalambo« 127
»Kande Island Blue Orchid« 138
Karbonatgehalt 176
Karibastausee 44
Kärpflingsbuntbarsch 75
Katonga-Rasse 125
Kehlsack 30
Kirschfleckvariante 127
Kongo 10f.
Kongo-Grundcichlide 47

Lamprologus-Komplex 65
Legeröhre 27
Leitfähigkeit, elektrische 177
Likoma 20
Lualaba 9

Magadisee 13
Malawisee 9, 13, 18, 25, 132
Marienbuntbarsch 57
»Marmelade Cat« 152, 169
Maulbrüter 32, 34
Maulbrüter, kleiner 59
Maulbrüter, ovophiler 30, 35
Maulbrutverhalten 35
Mbenjiinseln 20
»Mbuna« 142
Messingmaulbrüter 13, 59
Mikrosiemens 177
»Mupulungu« 126
Mutter 32

Nagelbrettcichlide 157

Namensgebung 37
Natronsee 13
»New Yellow Regal« 137
»Night Aulonocara« 141
Nitratwerte 176
»Nkhomo« 137
Nomenklatur 37

Offenbrüter 32
Orangefleckrasse 126

Partnerbindung 28
Pfauenmaulbrüter 150
pH-Wert 176
Populationsdichte 35
Prinzessin von Burundi 66
Pumpenausfall 177

Quappenbuntbarsch 55

Rasse, gelb-rote 124
Rasse, orangefarbene 124
Rasse, schwarz-rote 125
Red Rainbow 125
Regenbogenmoorii 128
Reizsituation 29
Revierbildung 29
Rotbrusttilapia 33, 64
»Rotes Zebra« 168

Sambesi 18
Sandlitoral 15
Sandzone 19
Schabemundmaulbrüter 152
Schalentierfresser 25
Schneckenbuntbarsch 16, 20, 34, 86

Schokomoorii 120
Schuppenfresser 24
Schutztrieb 31
Schwanzstreifenrasse 124
Shire 18
Signalfunktion 31
Sodatilapia 62
»Special« 141
Spermaabgabe 30
Spezialisierung 22
Stormschnellencichlide 34
»Sulphur Head« 137
Synchronisation 29

Tanganjika-Bauchflecken-
  buntbarsch 103
Tanganjika-Beulenkopf 72
Tanganjikasee 9, 14, 25, 65
Tausendblatt 16
Territoriumssicherung 28
Tiefwasserhaplochromis 144
Tilapia 33
Triebbefriedigung 29
Tropenwasser 175
Tropfanalyse 177
Tropheus-Aquarium 122
Tropheus-Farbrassen 124
Tropheus-Komplex 118
Türkisgoldbuntbarsch 154

Umweltfaktor 29
»Usisya Aulonocara« 139
Utaka-Gruppe 25, 143

Vallisnerie 16
Vallisnerienlutscher 20

Vater 32
Verhaltensablauf 29
Versteckbrüter 32, 34
Victoriasee 9, 12, 25

Wasser 173
Weichtierfresser 25
Witwenmaulbrüter 112
Wulstlippenbuntbarsch 23, 145

»Yellow Chin« 158

Zaire-Fluß 10
Zebratilapia 33, 56
Zebra-Wulstlippenbuntbarsch 84
Zitronen-Variante 127
Zooplankton 25
Zwergtilapia 58

Erste Hilfe für Kinder.	*Mehr Spaß am Lernen – Mehr Zeit zum Spielen.*	*Die Ängste unserer Kinder.*	*Damit der Kindergeburtstag wirklich gelingt.*
Diagram **Soforthilfe für mein Kind** Bei Unfällen und Krankheiten **ECON Ratgeber**	Günther Beyer **So lernen Schüler leichter** Gedächtnis- und Konzentrationstraining **ECON Ratgeber**	Gisela Eberlein **Ängste gesunder Kinder** Praktische Hilfe bei Lernstörungen **ECON Ratgeber**	Isolde Kiskalt **Wir feiern eine Kinderparty** Spiele, Rezepte, Zaubereien für 4- bis 10jährige **ECON Ratgeber**

Diagram
*Soforthilfe
für mein Kind*
Bei Unfällen und
Krankheiten
128 Seiten
200 Zeichnungen
7,80 DM
ISBN 3-612-20115-8
ETB 20115

Beyer, Günther
*So lernen Schüler
leichter*
– Gedächtnis- und
Konzentrations-
training –
128 Seiten, 92 Zeichnungen, 49 Übungen
6,80 DM
ISBN 3-612-20001-1
ETB 20001

Eberlein, Gisela
*Ängste
gesunder Kinder*
– Praktische Hilfe
bei Lernstörungen –
158 Seiten
7,80 DM
ISBN 3-612-20010-0
ETB 20010

Kiskalt, Isolde
*Wir feiern
eine Kinderparty*
Spiele, Rezepte,
Zaubereien für
4- bis 10jährige
Originalausgabe
128 Seiten
86 Zeichnungen
7,80 DM
ISBN 3-612-20102-6
ETB 20102

Das Buch
Wie wäscht man eine Wunde aus? Wie behandelt man Verbrennungen? Wie wird ein Finger verbunden? Was macht man bei Knochenbrüchen? Wie entfernt man einen Splitter? Was gehört in den Erste-Hilfe-Schrank? Was macht man bei Hautinfektionen?
Auf diese und viele andere Fragen gibt das Buch klare Antworten, erklärt durch über 200 Zeichnungen. Es sagt den Eltern, wie sie sich bei Kinderkrankheiten und anderen kindlichen Problemen verhalten sollen, bei Blinddarmreizung und Ohrinfektionen, bei Schock und in vielen anderen Fällen.
Dieses Buch wurde in Zusammenarbeit mit dem Deutschen Roten Kreuz erstellt und ist Begleitbuch in einer ZDF-Fernsehreihe.

Das Buch
Mangelhafte Konzentrationsfähigkeit und schlechtes Gedächtnis sind oft die Ursachen für ungenügende Leistungen in der Schule. Dieses Buch schafft Abhilfe: Kinder zwischen 8 und 15 Jahren erfahren, wie sie mit einfachen Lerntechniken ihr Gedächtnis schulen und ihre Konzentrationsfähigkeit erhöhen können, um besser zu werden, Spaß am schnellen Lernen zu finden und damit mehr Zeit zum Spielen zu haben.
Übungen und Kontrolltests helfen, Können und Leistungen zu steigern.

Der Autor
Günther Beyer ist Gründer des Eltern-Schüler-Förderkreises Nordrhein-Westfalen. Er leitet ein eigenes Institut für Creatives Lernen.
Im ECON-Verlag erschienen seine Ratgeber „Creatives Lernen", „Gedächtnis- und Konzentrationstraining" und „Superwissen durch Alpha-Training".

Das Buch
Jedes Kind kämpft mit unbewußten Ängsten, die es in irgendeiner Form hindern, zwanglos fröhlich, aktiv und spontan zu sein. Nervosität, Schlafstörungen, Kontaktschwierigkeiten, ja sogar Asthma, Stottern, Bettnässen sind Folgen dieser Ängste, die durch gezielt angewendete psychologische und pädagogische Entspannungsübungen behoben werden können. Wie, das zeigt dieses Buch.

Die Autorin
Dr. med. Gisela Eberlein lehrt in eigener Praxis, in Seminaren und Arbeitsgemeinschaften autogenes Training. Besonders bei Kindern erzielte sie über psychologisch und pädagogisch fundierte Entspannungsmethoden große Erfolge.

Das Buch
Wichtig für eine Kinderparty ist die richtige Vorbereitung. Essen und Trinken, Spiele und Gewinne müssen geplant werden. Dazu findet man in diesem Buch zahlreiche Anregungen und Vorschläge.

Aus dem Inhalt
Vorbereitungen zur Party · Rezepte für Kindergetänke, Gebäck und kleines kaltes Büfett · Bekannte und weniger bekannte Spiele (mit Altersangabe) · Kleine Zaubereien für die Erwachsenen · Zum Ausklang des Festes: eine Tombola.

Die Autorin
Isolde Kiskalt ist Schriftstellerin und bringt hier ihre Erfahrungen, die sie bei Festen für ihre Tochter gewonnen hat.

Naturheilmethoden und heimliche Krankmacher.	*Biomedizin – die natürliche Alternative.*	*Nie mehr Verstopfung.*	*Krankheiten erkennen und selbst behandeln.*
Maximilian Alexander **Die (un)heimlichen Krankmacher** Vorbeugen, erkennen, heilen ECON Ratgeber	Maximilian Alexander Eugen Zoubek **Schmerzfrei durch Biomedizin** Neue Naturheilmethoden ECON Ratgeber	 Gerhard Leibold **Gesund und fit durch Ballaststoffe** **ECON Ratgeber**	Alfred Bierach **Reflexzonentherapie** Krankheiten erkennen und selbst behandeln ECON Ratgeber

Alexander, Maximilian
Die (un)heimlichen Krankmacher
– Erkennen, Heilen, Vorbeugen –
Originalausgabe
144 Seiten
9,80 DM
ISBN 3-612-20039-9
ETB 20039

Das Buch
Die verborgenen Krankheitsursachen sind das große Handicap der konservativen Schulmedizin, die Krankheitssymptome werden mit höchst bedenklichen Mitteln der Chemie unterdrückt.
Die moderne Naturmedizin aber geht auf den Menschen als Ganzes ein und hilft, Störfelder, vergiftete Stoffwechsellagen, Wirbelsäulenveränderungen, nervale Blockaden, Lymphstauungen, Psychotoxine, Blutdruck, Durchblutungsstörungen, Sauerstoffmangel, Allergien, Wetterfühligkeit und Therapieschäden zu normalisieren. Ein Krankheits- und Heilmittelregister schließt das Buch ab.

Der Autor
Maximilian Alexander arbeitet seit vielen Jahren als freier Journalist und Schriftsteller. Seine Spezialgebiete sind Medizin und Naturheilkunde.

Alexander, Maximilian/Zoubek, Eugen
Schmerzfrei durch Biomedizin
– Neue Naturheilmethoden –
143 Seiten
6,80 DM
ISBN 3-612-20000-3
ETB 20000

Das Buch
Akute und chronische Schmerzzustände sind das Schicksal vieler Menschen und können oft einen Lebensweg beeinflussen und prägen. Die Biomedizin bietet eine natürliche Alternative zu den herkömmlichen Schmerzmitteln.
Wirksame Präparate, auf rein biologischer Basis hergestellt, helfen Schmerzen ohne schädliche Nebenwirkungen überwinden, mobilisieren Eigenkräfte und setzen einen natürlichen Heilungsprozeß in Gang. Anhand zahlreicher Praxisbeispiele zeigen die Autoren, mit welchen Mitteln die moderne Naturmedizin der Mensch Krankheiten und Schmerzen vorbeugen und sich selbst erfolgreich behandeln kann.

Die Autoren
Maximilian Alexander arbeitet seit vielen Jahren als freier Journalist und Schriftsteller. Seine Spezialgebiete sind Medizin und Naturheilkunde. Eugen Zoubek ist Homöopath und Arzt.

Leibold, Gerhard
Gesund und fit durch Ballaststoffe
Originalausgabe
140 Seiten
5 Zeichnungen
7,80 DM
ISBN 3-612-20082-8
ETB 20082

Das Buch
Ballaststoffe sind wichtige Bestandteile der menschlichen Nahrung. Der Autor schildert die Notwendigkeit der Verwendung und die Gefahren für die Gesundheit bei Mangel an Ballaststoffen.

Aus dem Inhalt
Was sind Ballaststoffe? · Natürliche Ballaststoffquellen · Stuhlgang ohne Probleme · Regulierung der Blutfett- und Blutzuckerwerte · Vorbeugung von Krebskrankheiten · Krank durch Ballaststoffmangel · Richtige Ernährung · Rezepte für ballaststoffreiche Ernährung.

Der Autor
Gerhard Leibold ist erfahrener Heilpraktiker und Autor zahlreicher Sachbücher.

Bierach, Alfred
Reflexzonentherapie
– Krankheiten erkennen und selbst behandeln –
123 Seiten
89 Zeichnungen
46 Fotos
6,80 DM
ISBN 3-612-20002-X
ETB 20002

Das Buch
Geistige Anspannung und körperliche Verkrampfung führen oft zu Verhärtung oder Knötchen, da von den inneren Organen Reflexbahnen zur Körperdecke laufen, die diese verändern. Durch Reflexzonenmassage kann man über bestimmte Gebiete der Körperdecke auf innere Organe einwirken, Schmerz lindern oder heilen.
Die exakte Bebilderung in diesem Buch zeigt, welche Körperzonen bei welchen Erkrankungen behandelt werden sollen.

Der Autor
Alfred Bierach leitet eine eigene Praxis für Psychotherapie und Naturheilkunde am Bodensee. Seit Jahren wendet er Reflexzonenmassage erfolgreich an.

Primadonna, die man lieben muß.	*Das Rauhbein mit der zarten Seele.*	*Mischlinge haben die besten Charaktere.*	*Meine ersten eigenen Fische.*
Brigitte Eilert-Overbeck **Meine Katze** Verhalten, Ernährung, Pflege Begleitbuch zur ZDF-Serie »Mit Tieren leben« **ECON Ratgeber**	**Arnt-Günter Nimz** **Mein Hund** Verhalten, Erziehung, Pflege Begleitbuch zur ZDF-Serie »Mit Tieren leben« **ECON Ratgeber**	**Rolf Spangenberg** **Klassehunde ohne Rasse** Freundschaft, die nie enttäuscht **ECON Ratgeber**	**Hans J. Mayland** **Aquarium für Anfänger** Beckenarten, Aquarientechnik, Bepflanzung, Fische **ECON Ratgeber**

Eilert-Overbeck, B.
Meine Katze
Verhalten, Ernährung, Pflege
Originalausgabe
140 Seiten
24 Zeichnungen
8,80 DM
ISBN 3-612-20151-4
ETB 20151

Nimz, Arnt-Günter
Mein Hund
Verhalten, Erziehung, Pflege
Originalausgabe
128 Seiten
ca. 30 Zeichnungen
8,80 DM
ISBN 3-612-20150-6
ETB 20150

Spangenberg, Rolf
Klassehunde ohne Rasse
Freundschaft, die nie enttäuscht
224 Seiten
30 Fotos
9,80 DM
ISBN 3-612-20109-3
ETB 20109

Mayland, Hans J.
Aquarium für Anfänger
Beckenarten, Aquarientechnik, Bepflanzung, Fische
Originalausgabe
144 Seiten, 30 Farbfotos, 60 Zeichnungen
9,80 DM
ISBN 3-612-20100-X
ETB 20100

Das Buch
Katzen wollen den Familienanschluß, ja sogar die „Gleichberechtigung" von ihrem menschlichen Wohngenossen. Sie können zärtliche Schmusetiere sein, aber sie können auch das Erbe ihrer wilden Verwandten nicht leugnen. In diesem Buch erfährt man alles, was für das Zusammenleben und Verständnis notwendig ist.

Aus dem Inhalt
Die Katze – ein Tier mit Persönlichkeit · Grundvoraussetzungen für die Katzenhaltung · Eine Katze kommt in die Familie · Wohnungskatze oder „Freiläufer" · Ernährung und Pflege · Gesundheit und Geburtenkontrolle · Welche Katze soll es sein?

Die Autorin
Brigitte Eilert-Overbeck ist Journalistin und Autorin mehrerer Katzenbücher.

Das Buch erscheint als Begleitbuch zur ZDF-Serie „Mit Tieren leben".

Das Buch
Hunde sind die treuesten Haustiere, ob es nun Rassehunde oder Mischlinge sind. In diesem Buch wird von einem kompetenten Autor alles das beschrieben, was wichtig ist für das Zusammenleben von Hund und Mensch, sowohl in der Stadt als auch auf dem Land.

Aus dem Inhalt
Welcher Hund ist der richtige? · Kleine Hundepsychologie · Erziehung des Hundes · Richtige Ernährung · Hund und Kind · Der vierbeinige Patient · Mit Hund auf Reisen · Leben mit Hunden.

Der Autor
Dr. med. vet. A.-G. Nimz ist Kleintierarzt mit eigener Praxis und hat jahrelange Erfahrung im Umgang mit Hunden.

Das Buch erscheint als Begleitbuch zur ZDF-Serie „Mit Tieren leben".

Das Buch
Eine „Promenadenmischung" werden sie oft abfällig genannt, die liebenswerten Hunde, die auf keinen makellosen Stammbaum zurückblicken können. Dabei sind sie besonders kraftvoll, widerstandsfähig und anhänglich.

Aus dem Inhalt
Erwerb · Rassenstolz · Hundeknigge · Körpersignale kultivieren · Stimmklang modulieren · Soziale Stellung betonen · Hundestrafen · Haltung und Pflege · Der erste Tag · Der Alltag · Hundeliebe · Tierquälerei · Tierschutzvereine und Tierheime

Der Autor
Dr. Rolf Spangenberg ist Tierarzt und Sachbuchautor.

Das Buch
Fische sind nicht nur schön, sie stellen auch ein wahres Nervenelixier dar. Das Aquarium und seine Pflege sind ein Hobby für die ganze Familie. Kinder lernen das Wunder der Fortpflanzung sowie die Liebe zur Kreatur.

Aus dem Inhalt
Welchen Aquarientyp brauchen wir? · Wohin mit dem Aquarium? · Größe und Gewicht eines Aquariums · Keine Angst vor der Technik! · Einrichtung des Beckens · Das Wasser · Über die Bepflanzung · Die Fische · Fütterung · Aquarienmedizin

Der Autor
Hans J. Mayland ist der bekannteste deutsche Aquaristik-Autor.

AIDS wurde zum Schrecken der Welt.

**Karl Heinz Reger
Petra Haimhausen**

AIDS

Die neue Seuche des 20. Jahrhunderts

ECON Ratgeber

Reger, Karl Heinz/
Haimhausen, Petra
AIDS
– Die neue Seuche des 20. Jahrhunderts –
134 Seiten
8,80 DM
ISBN 3-612-20084-4
ETB 20084

Das Buch
Dieses Buch soll Aufklärung schaffen, es offenbart alles, was heute über diese verhängnisvolle Krankheit und ihre Entstehung bekannt ist.

Aus dem Inhalt
Fünf Schicksale, die am Beginn einer neuen Epidemie stehen · So kann AIDS entstehen · Wie AIDS in den Körper gelangt · Krankheitserreger, die für AIDS-Kranke tödlich sein können · Was Ärzte heute gegen AIDS tun können · Wie AIDS-Gefährdete sich schützen können.

Die Autoren
Karl Heinz Reger ist Journalist und Sachbuchautor medizinischer Themen.
Dr. med. Petra Haimhausen ist Ärztin.

Jeder 5. Deutsche reagiert allergisch.

Wolf Ulrich

Allergien sind heilbar

Hilfe bei Heuschnupfen und anderen allergischen Krankheiten

ECON Ratgeber

Ulrich, Wolf
Allergien sind heilbar
– Hilfe bei Heuschnupfen und anderen allergischen Krankheiten –
159 Seiten
14 Zeichnungen
8,80 DM
ISBN 3-612-20023-2
ETB 20023

Das Buch
Tränende Augen, Schnupfnase, geschwollene Schleimhäute oder absinkender Blutdruck sind typische Symptome für Allergien, die ausgelöst werden können durch Pilzsporen oder Pollen, durch Medikamente, Mehl, verschiedene Fasern, Milch, Obst, Fisch oder Eier. Beschrieben wird, welche Krankheitsbilder mit welchen Symptomen allergisch bedingt sind, welche Diagnosemethoden es gibt, welche Vor- und Nachteile sie haben und wie Allergien behandelt werden können.

Der Autor
Dr. med. Wolf Ulrich ist Medizinjournalist und Verfasser anderer Bücher. Im ECON-Verlag erschienen seine Ratgeber „Schmerzfrei durch Akupressur und Akupunktur", „Zellulitis ist heilbar" und „Haare pflegen und erhalten".

Rheuma: Die Geißel Nummer 1.

Maximilian Alexander

Rheuma ist heilbar

Neueste Naturheilmethoden

ECON Ratgeber

Alexander, Maximilian
Rheuma ist heilbar
– Neueste Naturheilmethoden –
142 Seiten
7,80 DM
ISBN 3-612-20017-8
ETB 20017

Das Buch
Mindestens vier Prozent der Menschheit ist an Rheuma erkrankt. Die herkömmliche Medizin hat diese Krankheit mit ihren verheerenden Folgen für Patient, Staat und Volkswirtschaft nicht in den Griff bekommen können.
In diesem Buch werden hochwirksame Naturheilmethoden gegen den gesamten Rheumakomplex dargestellt. Bei konsequenter Anwendung kann mit Naturheilmitteln dieses Leiden gelindert werden, eine neue Hoffnung besteht zurecht.

Der Autor
Maximilian Alexander arbeitet seit vielen Jahren als Medizin-Journalist.

Jede dritte Frau leidet unter Orangenhaut.

Wolf Ulrich

Zellulitis ist heilbar

Orangenhaut – vorbeugen und selbst behandeln

ECON Ratgeber

Ulrich, Wolf
Zellulitis ist heilbar
– Orangenhaut vorbeugen und selbst behandeln –
128 Seiten
51 Fotos
6,80 DM
ISBN 3-612-20012-7
ETB 20012

Das Buch
Zellulitis ist heilbar! Der Autor erklärt, wie Zellulitis entsteht, und schildert, wie man Zellulitis erfolgreich vorbeugen kann und sie heilt. Er entwickelte ein mehrstufiges Anti-Zellulitis-Programm, mit dem er durch Lebensführung, richtige Ernährung, Sport und Gymnastik, Massage, Medikamente und viel Geduld in zehn Wochen diese häßliche Krankheit heilen kann. 51 Fotos erläutern sein Programm und erleichtern dem Leser, es alleine durchzuführen.

Der Autor
Dr. med. Wolf Ulrich ist Facharzt für Hautkrankheiten.

Bewußter leben und erleben.

Der Weg zum inneren Reich.

Wir sind alle auf demselben Weg.

Schlank im Schlaf.

Marie-Luise Stangl
Jede Minute sinnvoll leben
Vertrauen zu sich selbst gewinnen

ECON Ratgeber

Bernhard Müller-Elmau
Kräfte aus der Stille
Die transzendentale Meditation

ECON Ratgeber

Marie-Luise Stangl
Die Welt der Chakren
Praktische Übungen zur Seins-Erfahrung

ECON Ratgeber

Alfred Bierach
Schlank im Schlaf durch vertiefte Entspannung
Die SIS-Methode

ECON Ratgeber

Stangl, Marie-Luise
Jede Minute sinnvoll leben
– Vertrauen zu sich selbst gewinnen –
123 Seiten
5,80 DM
ISBN 3-612-20015-1
ETB 20015

Müller-Elmau, Bernhard
Kräfte aus der Stille
– Die transzendentale Meditation –
191 Seiten
7,80 DM
ISBN 3-612-20021-6
ETB 20021

Stangl, Marie-Luise
Die Welt der Chakren
– Praktische Übungen zur Seins-Erfahrung –
Originalausgabe
107 Seiten
49 Zeichnungen
5,80 DM
ISBN 3-612-20022-4
ETB 20022

Bierach, Alfred
Schlank im Schlaf durch vertiefte Entspannung
– Die SIS-Methode –
144 Seiten, 1 Grafik
6,80 DM
ISBN 3-612-20008-9
ETB 20008

Das Buch
Eine der besten Kennerinnen der alten chinesisch-japanischen Weisheiten des Zen-Buddhismus verhilft dem Leser – von der Hausfrau bis hin zum Top-Manager – zu einem neuen Verständnis seiner selbst. Sie beschreibt, wie man durch Bewußtwerdung ganz alltäglicher Tätigkeiten und Verrichtungen – wie Gehen, Stehen, Laufen, Essen, Arbeiten – sein Leben und seine Persönlichkeit eindringlicher und bejahender erlebt und erfaßt, wie man sich von Angst, Zerrissenheit, Selbstentfremdung und aus innerer Einsamkeit löst und dadurch neue Lebenskraft schöpft.

Die Autorin
Marie-Luise Stangl leitet im Odenwald, zusammen mit ihrem Mann Dr. Anton Stangl, seit vielen Jahren Seminare zur Persönlichkeitsbildung durch Entspannungstechniken.

Das Buch
Ohne Bewußtsein könnten wir nichts von unserem Dasein als Mensch wissen. Transzendentale Meditation führt den Menschen wieder in die Bereiche des Seelisch-Geistigen zurück und erschließt ihm sein inneres Reich und ein Bewußtsein, in dem Liebe, Glück und Würde ihren angestammten Platz einnehmen können.

Der Autor
Bernhard Müller-Elmau leitet Schloß Elmau am Wetterstein, das sein Vater als Stätte geistiger Erholung geschaffen hat. Er beschäftigt sich seit vielen Jahren mit Transzendentaler Meditation. Während eines Studienaufenthaltes in Indien traf er Maharishi Mahesh Yogi, der dies erste deutsche Buch über Transzendentaler Meditation gut geheißen hat.

Das Buch
Die Lehre von den Chakren – eine indische Lehre – handelt von den menschlichen Kraftzentren, den Zentren, in denen der Mensch die Schwingungen seiner Lebensenergie oder Lebenskraft aus dem Kosmos, der unmerklichen Quelle seines Seins aufnimmt. Dieses Buch soll dem Leser helfen, bewußter zu leben, sein Denken und Fühlen im Hier und Jetzt zu zentrieren, sich zu entspannen, Zuversicht, Vertrauen, Frieden und Liebe zu finden.

Die Autorin
Marie-Luise Stangl ist Entspannungspädagogin. Sie leitet seit vielen Jahren, zusammen mit ihrem Mann Dr. Anton Stangl, Seminare zur Selbsterfahrung und Selbstverwirklichung durch Eutonie und Zen.

Das Buch
Durch vertiefte Entspannung im Schlaf schlank werden, dies ist eine neue Methode, die all jenen zu empfehlen ist, die ohne Mühe schlank werden und endlich wieder ihr Normalgewicht erreichen wollen. Im Zustand tiefster Entspannung suggeriert der Mensch seinem Unterbewußtsein ein verändertes Ernährungsprinzip und kann so bei Bewußtsein mühelos den neuen Weg einhalten. Eine wissenschaftliche und praxiserprobte Methode, die in psychosomatischen Kliniken angewandt wird.

Der Autor
Dr. Alfred Bierach, Psychotherapeut und Naturheilkundler, ist in eigener Praxis am Bodensee tätig. Mit der SIS-Methode hat er vielen Patienten geholfen, schlank zu werden.

Das Standardwerk der biologischen Küche.

Danner, Helma
Biologisch kochen und backen
– Das Rezeptbuch der natürlichen Ernährung –
288 Seiten, 8 Farbtafeln, 425 Rezepte
14,80 DM
ISBN 3-612-20003-8
ETB 20003

Das Buch
Natürliche Ernährung ist nicht nur gesund, sondern auch wohlschmeckend, durch sie können Krankheiten geheilt, gelindert und verhindert werden: Karies, Paradontose, Erkrankung des Bewegungsapparates, Zuckerkrankheit, Leber-, Gallen-, Nierenerkrankungen, Beschwerden der Verdauungsorgane, Gefäßerkrankungen u. v. a. m. Naturbelassene Ernährung bringt dem Menschen neuen Schwung, Elastizität, Ausdauer und hohe Konzentrationsfähigkeit, sie erhält ihn gesund und schlank.
Die Rezepte in diesem Buch sind praxiserprobt.

Die Autorin
Helma Danner ist Gesundheitsberaterin.
Sie beschäftigt sich seit vielen Jahren mit der wissenschaftlichen und Laienliteratur auf dem Ernährungssektor, mit neuesten und alten Gesundheits- und Kochbüchern.

Gesunde Ernährung für körperliches und seelisches Wohl.

Dörner, Ilse Sibylle
Das grüne Kochbuch
– Handbuch der naturbelassenen Küche –
270 Seiten
20 Zeichnungen
382 Rezepte
12,80 DM
ISBN 3-612-20026-7
ETB 20026

Das Buch
Das Handbuch der naturbelassenen Küche beweist mit über 380 Rezepten, daß man gesund leben und trotzdem köstlich essen kann.
Modernes Kochen mit frischen und gesunden Lebensmitteln, die schonend, selbst für schmackhafte Speisen, verarbeitet werden – unter dieser Maxime steht das grüne Kochbuch mit seinen vielen praxiserprobten Rezepten, Anleitungen, Tips und Ratschlägen zur naturbelassenen Küche. Es zeigt aber auch, daß Kochen nicht erst am Herd beginnt: Joghurt und Käse, Gemüse und Kräuter aus eigener Produktion bereichern jeden Tisch.

Die Autorin
Ilse Sibylle Dörner schreibt als freie Journalistin u. a. für die Zeitschrift „Feinschmecker". Sie ist Autorin mehrerer Kochbücher.

Endlich! Die Diät, die Spaß macht.

Dörner, Ilse Sibylle
Diät mit Bio-Kost
– Schlank, gesund und fit –
Originalausgabe
189 Seiten
16 Zeichnungen
232 Rezepte
9,80 DM
ISBN 3-612-20019-4
ETB 20019

Das Buch
Bio-Diät ist eine neue, gesunde Möglichkeit, schlank zu werden und schlank zu bleiben. Köstliche Rezepte, eine Einführung in die Kräuter- und Keimlingszucht, Bio-Kosmetik und Bio-Medizin verleiten den Leser, sofort anzufangen und ohne Qual und zeitliche Begrenzung seinem Körper etwas Gutes zu tun, ihn schlank und fit zu halten.

Die Autorin
Ilse Sibylle Dörner schreibt für die Zeitschrift „Feinschmecker". Sie ist Autorin mehrerer Kochbücher, u.a. „Das grüne Kochbuch", ein Standardwerk für die alternative Küche.

Schnäpse und Liköre – Auch ein Stück Gesundheit?

Buss, Katharina
Leib- u. Magenelixiere
– Selbstgemachte Liköre u. Schnäpse –
Originalausgabe
144 Seiten
30 Zeichnungen
4 Farbtaf., 167 Rezepte
8,80 DM
ISBN 3-612-20018-6
ETB 20018

Das Buch
Äbte, Padres und Nonnen durften keinen Alkohol zu sich nehmen, und doch haben sie die besten Rezepte für die Zubereitung von Kräuterlikören und Schnäpsen zusammengestellt.
Viele der alten Klostertränke sind hier in etwa 200 Rezepten aufgenommen. Für jeden Geschmack und für die Gesundheit obendrein ist etwas dabei.
Eine Tabelle über die Reifezeiten von Früchten und Kräutern erleichtern die jährliche Planung der eigenen Herstellung.

Die Autorin
Katharina Buss ist Lebensmitteljournalistin, sie schreibt u. a. für den „Feinschmecker". Die Rezepte hat sie selbst ausprobiert.

ETB-GESAMTVERZEICHNIS ECON RATGEBER

Gesundheit

Maximilian Alexander
Die (un)heimlichen Krankmacher
Vorbeugen, erkennen, heilen

ECON Ratgeber
ETB 20039 — DM 9,80
Originalausgabe, 144 Seiten

Wolf Ulrich
Allergien sind heilbar
Hilfe bei Heuschnupfen und anderen allergischen Krankheiten

ECON Ratgeber
ETB 20023 — DM 8,80
159 Seiten, 14 Zeichnungen

Maximilian Alexander
Rheuma ist heilbar
Neueste Naturheilmethoden

ECON Ratgeber
ETB 20017 — DM 7,80
142 Seiten

Bernard A. Bäker
Gelenkerkrankungen

Arthritis, Arthrose, Gelenkrheuma

ECON Ratgeber
ETB 20080 — DM 8,80
141 Seiten, 57 Zeichnungen, 12 Fotos

Gerhard Leibold
Das Kreuz mit dem Kreuz

Bandscheibenschäden vorbeugen und heilen

ECON Ratgeber
ETB 20133 — DM 7,80
Originalausgabe, ca. 144 Seiten, 15 Zeichnungen

Bernard A. Bäker
Migräne und Kopfschmerzen sind heilbar

ECON Ratgeber
ETB 20063 — DM 7,80
115 Seiten, 6 Zeichnungen

Werner Zenker
Mit Asthma leben lernen

ECON Ratgeber
ETB 20049 — DM 7,80
Originalausgabe, 173 Seiten

Werner Zenker
Mein Kind hat Asthma

ECON Ratgeber
ETB 20037 — DM 9,80
Originalausgabe, 202 Seiten

Martin Schwartz
Stottern ist heilbar

Erfolgreiche Behandlungsmethoden

ECON Ratgeber
ETB 20057 — DM 7,80
176 Seiten

Gerhard Leibold
Die Schilddrüse

Krankheiten vorbeugen und behandeln

ECON Ratgeber
ETB 20106 — DM 7,80
Originalausgabe, ca. 128 Seiten, 4 Zeichnungen

Bernard A. Bäker
Brustkrebs

Vorbeugen, erkennen, handeln

ECON Ratgeber
ETB 20107 — DM 8,80
Originalausgabe, ca. 176 Seiten, Zeichnungen

Gerhard Leibold
Risikofaktor Cholesterin

Erkennen und vorbeugen

ECON Ratgeber
ETB 20083 — DM 7,80
Originalausgabe, 138 Seiten, 5 Zeichnungen

Michael Eisenberg
Magenkrank?

Behandlung und Heilung

ECON Ratgeber
ETB 20068 — DM 8,80
159 Seiten, 14 Zeichnungen

Angela Kilmartin
Blasenentzündung

Vorbeugen und selbst behandeln

ECON Ratgeber
ETB 20072 — DM 8,80
164 Seiten, 18 Zeichnungen

Wolf Ulrich
Zellulitis ist heilbar
Orangenhaut – vorbeugen und selbst behandeln

ECON Ratgeber
ETB 20012 — DM 6,80
128 Seiten, 51 Fotos

ECON Ratgeber

Die Wechseljahre der Frau
P. van Keep / L. Jaszmann

ECON Ratgeber

ETB 20013 — DM 6,80
139 Seiten,
6 Zeichnungen

Herpes
Karl Heinz Reger, Sibylle Reger-Nowy

Erkennen und behandeln

ECON Ratgeber

ETB 20096 — DM 8,80
Aktualisierte und erweiterte
Neuausgabe,
160 S., 16 Zeichnungen, 8 Fotos

AIDS
Karl Heinz Reger, Petra Haimhausen

Die neue Seuche des 20. Jahrhunderts

ECON Ratgeber

ETB 20084 — DM 8,80
Aktualisierte und erweiterte
Neuausgabe,
134 Seiten

Der mündige Patient
Rainer Haun

Vom kritischen Umgang mit Ärzten

ECON Ratgeber

ETB 20078 — DM 9,80
222 Seiten

Zum Arzt – oder nicht?
Donald Vickery, James F. Fries

Krankheiten erkennen und das Richtige tun

ECON Ratgeber

ETB 20007 — DM 12,80
304 Seiten,
67 Graphiken

Soforthilfe für mein Kind
Diagram

Bei Unfällen und Krankheiten

ECON Ratgeber

ETB 20115 — DM 7,80
Deutsche Erstausgabe,
128 Seiten,
200 Zeichnungen

Schmerzfrei durch Biomedizin
Maximilian Alexander, Eugen Zoubek

Neue Naturheilmethoden

ECON Ratgeber

ETB 20000 — DM 6,80
143 Seiten

Die beste Medizin
Gerhard Jäger

Möglichkeiten der Naturheilmittel

ECON Ratgeber

ETB 20027 — DM 7,80
142 Seiten,
9 Zeichnungen

Gesund ohne Pillen
Ulrich Rückert

Naturheilmittel für jedermann

ECON Ratgeber

ETB 20071 — DM 9,80
Originalausgabe,
207 Seiten,
23 Zeichnungen

Heilen aus geistiger Kraft
Anton Stangl

Zur Aktivierung innerer Energien

ECON Ratgeber

ETB 20029 — DM 6,80
143 Seiten

Hoffnung auf Heilung
Marie-Luise und Anton Stangl

Seelisches Gleichgewicht bei schwerer Krankheit

ECON Ratgeber

ETB 20035 — DM 9,80
Originalausgabe,
234 Seiten

Schluß mit der Erschöpfung
Natalie Rogers

ECON Ratgeber

ETB 20058 — DM 7,80
Deutsche Erstausgabe,
141 Seiten

Gesund und fit durch Ballaststoffe
Gerhard Leibold

ECON Ratgeber

ETB 20082 — DM 7,80
Originalausgabe,
140 Seiten,
5 Zeichnungen

Bewegung tut not
Hans A. Bloss

Ein Programm für Sportmuffel

ECON Ratgeber

ETB 20145 — DM 9,80
Originalausgabe,
ca. 160 Seiten,
20 Zeichnungen

Heilschwimmen
Ute Busch, Karl-Gustav Gies, Nils Waegner

Gesundheitstraining für jung und alt

ECON Ratgeber

ETB 20097 — DM 9,80
Originalausgabe,
ca. 208 Seiten

Wasser wirkt Wunder
Gerhard Jäger

Natürliche Heilmethoden

ECON Ratgeber

ETB 20006 — DM 6,80
159 Seiten,
26 Fotos

A. Werner
Wege weg vom Alkohol

ECON Ratgeber

ETB 20075 — DM 9,80
Originalausgabe,
215 Seiten

Hans Ewald
Akupressur für Jeden

ECON Ratgeber

ETB 20020 — DM 6,80
111 Seiten,
41 Zeichnungen,
55 Fotos

Hans Ewald
Akupunktur für Jeden
Eine Anleitung in Bildern

ECON Ratgeber

ETB 20005 — DM 6,80
112 Seiten,
35 Zeichnungen,
43 Fotos

Alfred Bierach
Reflexzonentherapie
Krankheiten erkennen und selbst behandeln

ECON Ratgeber

ETB 20002 — DM 6,80
123 Seiten,
89 Zeichnungen,
46 Fotos

Chris Stadtlaender
Selbstmassage

Gesund und schön durch eigene Kraft

ECON Ratgeber

ETB 20067 — DM 8,80
Originalausgabe,
160 Seiten,
29 Zeichnungen

Yukiko Irwin
Shiatzu

Mit 10 Fingern gegen 1000 Krankheiten

ECON Ratgeber

ETB 20140 — DM 9,80
160 Seiten,
177 Zeichnungen

Hartmut Weiss
Yoga Meditation
Schulung zur Selbstverwirklichung

ECON Ratgeber

ETB 20030 — DM 5,80
126 Seiten,
36 Zeichnungen

Stella Weller
Natürliche Geburt durch Yoga

ECON Ratgeber

ETB 20014 — DM 7,80
160 Seiten,
64 Fotos

Gisela Eberlein
Gesund durch Autogenes Training

ECON Ratgeber

ETB 20141 — DM 7,80
132 Seiten,
6 Zeichnungen

Gisela Eberlein
Autogenes Training mit Kindern

ECON Ratgeber

ETB 20004 — DM 6,80
112 Seiten

Gisela Eberlein
Autogenes Training mit Jugendlichen

Ziel, Sinn, Praxis

ECON Ratgeber

ETB 20061 — DM 7,80
126 Seiten

Gisela Eberlein
Autogenes Training für Fortgeschrittene

ECON Ratgeber

ETB 20098 — DM 7,80
120 Seiten

Cornelia Dunkel / H. Schulz
Boxgymnastik für Frauen

Das neue Fitneßprogramm für den ganzen Körper

ECON Ratgeber

ETB 20149 — DM 8,80
Originalausgabe,
112 Seiten,
102 Fotos

Frieder Anders
Tai Chi Chuan

Meditation in Bewegung zur Steigerung des Körpergefühls und zur Festigung der Gesundheit

ECON Ratgeber

ETB 20065 — DM 9,80
155 Seiten,
217 Fotos,
5 Zeichnungen

Chris Stadtlaender
Natürlich schön durch Bio-Kosmetik

ECON Ratgeber

ETB 20025 — DM 9,80
174 Seiten, 16 Zeichnungen,
5 Farbfotos,
253 Rezepte

Essen und Trinken

Ilse Sibylle Dörner
Das grüne Kochbuch
Handbuch der naturbelassenen Küche

ECON Ratgeber
ETB 20026   DM 12,80
270 Seiten,
20 Zeichnungen,
382 Rezepte

Helma Danner
Biologisch kochen und backen
Das Rezeptbuch der natürlichen Ernährung

ECON Ratgeber
ETB 20003   DM 14,80
288 Seiten,
8 Farbtafeln,
425 Rezepte

Ilse Sibylle Dörner
Diät mit Bio-Kost
Schlank, gesund und fit

ECON Ratgeber
ETB 20019   DM 9,80
Originalausgabe,
189 Seiten, 16 Zeichnungen,
232 Rezepte

Helma Danner
Bio-Kost für mein Kind

ECON Ratgeber
ETB 20050   DM 8,80
160 Seiten,
20 Zeichnungen

Anneliese und Gerhard Eckert
Selbst räuchern

Fische, Fleisch und Wurst ... Rezepte

ECON Ratgeber
ETB 20087   DM 9,80
Originalausgabe,
144 Seiten,
Zeichnungen

Veronika Müller
Käse und Joghurt selbst herstellen

Mit 100 Rezepten zum Kochen

Originalausgabe

ECON Ratgeber
ETB 20136   DM 8,80
Originalausgabe,
ca. 128 Seiten,
20 Zeichnungen

Heidemarie Freund
Marmeladen, Konfitüren und Gelees

150 Rezepte

Originalausgabe

ECON Ratgeber
ETB 20144   DM 9,80
Originalausgabe,
ca. 128 Seiten,
Zeichnungen

Ilse Sibylle Dörner
Kochen und heilen mit Honig

ECON Ratgeber
ETB 20070   DM 9,80
221 Seiten,
15 Zeichnungen,
516 Rezepte

Peter Espe
Tips für den Weinkauf

Band 1: Das Grundwissen

ECON Ratgeber
ETB 20148   DM 8,80
168 Seiten,
20 Zeichnungen

Katharina Buss
Leib- und Magenelixiere
Selbstgemachte Liköre und Schnäpse

ECON Ratgeber
ETB 20018   DM 8,80
Originalausgabe,
144 Seiten, 30 Zeichnungen,
4 Farbtafeln, 167 Rezepte

Peter C. Hubschmid
Tee – für Kenner und Genießer

Ein Brevier mit 40 Teerezepten

ECON Ratgeber
ETB 20073   DM 8,80
Originalausgabe,
144 Seiten,
20 Zeichnungen

Gini Rock
Aus der Bohne wird Kaffee
80 Rezepte zur Zubereitung eines klassischen Getränks

ECON Ratgeber
ETB 20048   DM 8,80
Originalausgabe,
168 Seiten,
37 Abbildungen

Natur

Heidrun und Friedrich Jantzen
Das Gartenjahr im Gemüsegarten

ECON Ratgeber
ETB 20108   DM 9,80
Originalausgabe,
ca. 128 Seiten,
ca. 100 Zeichnungen und Fotos

Ina Jung
Biologisch düngen

Gesunder Boden, weniger Schadstoffbelastung, mehr Ertrag

ECON Ratgeber
ETB 20134   DM 9,80
Originalausgabe,
ca. 128 Seiten,
ca. 50 Zeichnungen

Ina Jung
Der ökologische Wassergarten

Ein Biotop im Garten

ECON Ratgeber

ETB 20142 DM 9,80
ca. 144 Seiten,
ca. 50 Zeichnungen

Ina Jung
Der Ökogarten für Kinder

Natur verstehen auf kleinstem Raum

ECON Ratgeber

ETB 20099 DM 9,80
Originalausgabe,
128 Seiten,
50 Zeichnungen

Gustav Schoser
Pflanzen überwintern

Immergrüne und laubabwerfende Gehölze, krautige Pflanzen

Originalausgabe

ECON Ratgeber

ETB 20085 DM 9,80
Originalausgabe,
ca. 144 Seiten,
ca. 50 Zeichnungen

Gustav Schoser
Zimmerpflanzen unter Kunstlicht

ECON Ratgeber

ETB 20116 DM 9,80
ca. 144 Seiten, 4 Farbtafeln,
30 Fotos und Zeichnungen

Katharina Buss
Der Nutzgarten im Blumentopf

Kräuter und Gemüse statt Zierpflanzen

ECON Ratgeber

ETB 20059 DM 9,80
205 Seiten,
66 Zeichnungen

Brigitte Eilert-Overbeck
Meine Katze

Verhalten, Ernährung, Pflege

Begleitbuch zur ZDF-Serie »Mit Tieren leben«

ECON Ratgeber

ETB 20151 DM 8,80
Originalausgabe,
140 Seiten,
24 Zeichnungen

Arnt-Günter Nimz
Mein Hund

Verhalten, Erziehung, Pflege

Begleitbuch zur ZDF-Serie »Mit Tieren leben«

ECON Ratgeber

ETB 20150 DM 8,80
Originalausgabe,
128 Seiten,
ca. 30 Zeichnungen

Udo B. Brumpreiksz
Mein Dackel

Pflege, Ernährung, Krankheiten

ECON Ratgeber

ETB 20086 DM 8,80
Originalausgabe,
ca. 144 Seiten,
ca. 30 Abbildungen

Rolf Spangenberg
Klassehunde ohne Rasse

Freundschaft, die nie enttäuscht

ECON Ratgeber

ETB 20109 DM 9,80
224 Seiten,
30 Fotos

Horst Schall
Mein Kaninchen

Herkunft, Verhalten, Pflege

Begleitbuch zur ZDF-Serie »Mit Tieren leben«
Originalausgabe

ECON Ratgeber

ETB 20135 DM 8,80
Originalausgabe,
ca. 160 Seiten,
30 Fotos und Zeichnungen

Hans J. Mayland
Aquarium für Anfänger

Beckenarten, Aquarientechnik, Bepflanzung, Fische

ECON Ratgeber

ETB 20100 DM 9,80
Originalausgabe,
144 Seiten,
30 Farbfotos, 60 Zeichnungen

Gaby Karmann / Detlef Ost
Naturheilkunde für Katzen

ECON Ratgeber

ETB 20077 DM 7,80
Originalausgabe,
96 Seiten,
21 Zeichnungen

I. Ghosh
Naturheilkunde für Hunde

ECON Ratgeber

ETB 20117 DM 7,80
Originalausgabe,
120 Seiten,
14 Zeichnungen

Walter Salomon
Naturheilkunde für Pferde

ECON Ratgeber

ETB 20076 DM 9,80
Originalausgabe,
ca. 208 Seiten,
40 Fotos und Zeichnungen

Marga Drossard / Ursula Letschert
Naturheilkunde für Kleintiere

ECON Ratgeber

ETB 20118 DM 9,80
Originalausgabe,
ca. 160 Seiten,
ca. 40 Zeichnungen

Hobby

Heidemarie Freund
Schöne Geschenke selbst gebastelt

Zauberhafte Ideen für 4- bis 10jährige
originalausgabe

ECON Ratgeber

ETB 20088   DM 8,80
Originalausgabe,
112 Seiten,
ca. 70 Zeichnungen

Heidemarie Freund
Basteln mit Kindern

ECON Ratgeber

ETB 20101   DM 8,80
Originalausgabe,
112 Seiten,
ca. 70 Zeichnungen

Christel Keller
Seidenmalerei

ECON Ratgeber

ETB 20137   DM 14,80
Originalausgabe,
112 Seiten,
ca. 30 Fotos, 16 Farbtafeln

Eva Gabisch
Chinesische Malerei
Anleitung für ein schöpferisches Hobby

ECON Ratgeber

ETB 20011   DM 9,80
95 Seiten,
3 Farbtafeln,
70 Zeichnungen

Annette Arnold
Kerzen und Figuren aus Bienenwachs

Anleitung zum Selbermachen

ECON Ratgeber

ETB 20110   DM 9,80
Originalausgabe,
128 Seiten,
ca. 50 Fotos und Zeichnungen

Edda Biesterfeld
Kleine Kunst auf weißem Gold
Ein Kurs zum Erlernen der Porzellanmalerei

ECON Ratgeber

ETB 20009   DM 8,80
157 Seiten,
16 Farbfotos,
80 Zeichnungen

Dieter Heitmann
Holz – das natürlichste Spielzeug der Welt
Ideen zum Selbermachen

ECON Ratgeber

ETB 20034   DM 12,80
122 Seiten,
68 Fotos, 13 Farbfotos,
100 Zeichnungen

Klaus Oberbeil
Kaufen und verkaufen auf dem Flohmarkt

ECON Ratgeber

ETB 20079   DM 8,80
Originalausgabe,
160 Seiten

Heiner Vogelsang
Trödel sammeln und restaurieren
1000 Tips für den Umgang mit alten Stücken

ECON Ratgeber

ETB 20042   DM 12,80
Originalausgabe,
174 Seiten, 8 Farbtafeln,
36 Zeichnungen

Helmut-Maria Glogger
Kunst und Antiquitäten sachkundig kaufen

ECON Ratgeber

ETB 20089   DM 14,80
Originalausgabe,
ca. 180 Seiten,
ca. 40 Zeichnungen

Siegfried Sterner
Hausmusik
Vergnügen in Dur und Moll

ECON Ratgeber

ETB 20036   DM 9,80
187 Seiten,
31 Zeichnungen

Spiele und Unterhaltung

H. Otake
S. Futakuchi
Go

Das Einführungsbuch des Deutschen Go-Bundes

ECON Ratgeber

ETB 20103   DM 9,80
Deutsche Erstausgabe,
200 Seiten,
250 Diagramme

Alfred Schwarz
Backgammon

Das offizielle Regelbuch des Deutschen Backgammon-Bundes

ECON Ratgeber

ETB 20112   DM 9,80
Originalausgabe,
ca. 128 Seiten,
116 Zeichnungen

Ruth Dirx
Kinderspiele von Januar bis Dezember
Unterhaltung für Mädchen, Jungen und Eltern

ECON Ratgeber

ETB 20032   DM 7,80
175 Seiten,
55 Zeichnungen,
198 Spielideen

Isolde Kiskalt **Wir feiern eine Kinderparty** Spiele, Rezepte, Zaubereien für 4- bis 10jährige **ECON Ratgeber** ETB 20102 DM 7,80 Originalausgabe, 128 Seiten, 86 Zeichnungen	Martin Weghorn **1000 Fragen zur Umwelt** Ein Quizbuch für Wissen und Unterhaltung **ECON Ratgeber** ETB 20090 DM 7,80 Originalausgabe, 128 Seiten, ca. 100 Zeichnungen	Martin Weghorn **1000 Fragen zur Geographie** Ein Quizbuch für Wissen und Unterhaltung **ECON Ratgeber** ETB 20111 DM 7,80 Originalausgabe, ca. 128 Seiten, ca. 10 Zeichnungen	Martin Weghorn **1000 Fragen zur Geschichte** Ein Quizbuch für Wissen und Unterhaltung **ECON Ratgeber** ETB 20138 DM 7,80 Originalausgabe, ca. 128 Seiten
Reden, Briefe, deutsche Sprache	Edith Hallwass **Gutes Deutsch in allen Lebenslagen** **ECON Ratgeber** ETB 20139 DM 14,80 530 Seiten	Heidemarie Müller **Die schönsten Poesiealbum-verse** **ECON Ratgeber** ETB 20092 DM 6,80 Originalausgabe, 111 Seiten	Frank Hercher **Ansprachen, Reden, Toasts** Für alle Gelegenheiten **ECON Ratgeber** ETB 20093 DM 9,80 224 Seiten
Franz Bludau **Liebesbriefe** Musterbriefe für Verliebte **ECON Ratgeber** ETB 20105 DM 7,80 Originalausgabe, ca. 128 Seiten	Brigitte Otto **Vornamen** Herkunft und Bedeutung Von Abigail bis Zygmunt *Originalausgabe* **ECON Ratgeber** ETB 20113 DM 7,80 Originalausgabe, ca. 160 Seiten	Lebenshilfe	Peter Lauster **Lassen Sie sich nichts gefallen** Die Kunst, sich durchzusetzen Mut zum Ich **ECON** ETB 20081 DM 12,80 285 Seiten, 33 Zeichnungen
Anton und Marie-Luise Stangl **Lebenskraft** Selbstverwirklichung durch Eutonie und Zen **ECON Ratgeber** ETB 20094 DM 12,80 296 Seiten	Marie-Luise Stangl **Jede Minute sinnvoll leben** Vertrauen zu sich selbst gewinnen **ECON Ratgeber** ETB 20015 DM 5,80 123 Seiten	Marie-Luise Stangl **Die Welt der Chakren** Praktische Übungen zur Seins-Erfahrung **ECON Ratgeber** ETB 20022 DM 5,80 Originalausgabe, 107 Seiten, 49 Zeichnungen	Joseph Wolpe **Unsere sinnlosen Ängste** Wege zu ihrer Überwindung **ECON Ratgeber** ETB 20031 DM 8,80 204 Seiten

Bernhard Müller-Elmau
Kräfte aus der Stille
Die transzendentale Meditation

ECON Ratgeber

ETB 20021 — DM 7,80
191 Seiten

Gerhard Leibold
Körpertherapie

Einklang von Körper, Geist und Psyche

ECON Ratgeber

ETB 20114 — DM 7,80
Originalausgabe,
ca. 160 Seiten,
15 Zeichnungen

Marianne Schneider-Düker
Gruppen-psychotherapie
Methoden, Probleme, Erfolge

ECON Ratgeber

ETB 20055 — DM 7,80
135 Seiten,
6 Abbildungen

Peter Lauster
Statussymbole

Wie jeder jeden beeindrucken will

ECON

ETB 20104 — DM 9,80
204 Seiten,
25 Zeichnungen

Maximilian Alexander
Schein und Wirklichkeit der Sekten

ECON Ratgeber

ETB 20069 — DM 9,80
Originalausgabe,
ca. 192 Seiten

Alfred Bierach
Schlank im Schlaf durch vertiefte Entspannung
Die SIS-Methode

ECON Ratgeber

ETB 20006 — DM 6,80
144 Seiten,
1 Graphik

Waltraud Simon
Praxis der Eheinstitute

ECON Ratgeber

ETB 20062 — DM 8,80
Originalausgabe,
139 Seiten

Mavis Klein
Ein Partner für mich
Wege zu Freundschaft und Liebe

ECON Ratgeber

ETB 20028 — DM 7,80
156 Seiten,
21 Graphiken

Debora Phillips / Robert Judd
Das Ende einer Zweierbeziehung

Auf dem Weg zum neuen Ich

ECON Ratgeber

ETB 20066 — DM 8,80
Deutsche Erstausgabe,
143 Seiten

Stephen M. Johnson
Nach der Trennung wieder glücklich

ECON Ratgeber

ETB 20041 — DM 9,80
287 Seiten

Roland Kopping
Träume und ihre Deutung

ECON Ratgeber

ETB 20120 — DM 9,80
Originalausgabe,
ca. 200 Seiten

Georg Götte
Ahnen-forschung

So erstellt man seinen Stammbaum

ECON Ratgeber

ETB 20119 — DM 8,80
Originalausgabe,
ca. 144 Seiten,
10 Zeichnungen

Manfred Lucas
Hören, um gehört zu werden

Die Kunst des richtigen Zuhörens

ECON Ratgeber

ETB 20146 — DM 8,80
Originalausgabe,
ca. 128 Seiten

Bernd Kirchner
Die trügerische Sicherheit
Tips für den Umgang mit Versicherungen

ECON Ratgeber

ETB 20053 — DM 9,80
205 Seiten

Kinder- und Schülerhilfen

W. Zeise / J. A. Stöhr
Kinder-Medizin, Pädagogik, Psychologie
Ein Lexikon

ECON Ratgeber

ETB 20043 — DM 16,80
Aktualisierte Neuausgabe,
534 Seiten,
111 Zeichnungen

Emil und Octavia Wieczorek **So fördere ich mein Kind** 100 psychopädagogisch erprobte Spiele **ECON Ratgeber** ETB 20054 DM 8,80 Originalausgabe, 182 Seiten	Hannes Lachenmair **Eltern-initiativen** Wir organisieren einen Kindergarten **ECON Ratgeber** ETB 20046 DM 9,80 Originalausgabe, 204 Seiten	Fitzhugh Dodson **Väter sind die besten Mütter** Kinder brauchen ihre Väter **ECON Ratgeber** ETB 20056 DM 9,80 280 Seiten	Günther Beyer **So lernen Schüler leichter** Gedächtnis- und Konzentrationstraining **ECON Ratgeber** ETB 20001 DM 6,80 128 Seiten, 92 Zeichnungen, 49 Übungen
Arnold Grömminger **Kinder wollen lesen** Über die sinnvolle Auswahl von Büchern **ECON Ratgeber** ETB 20033 DM 7,80 112 Seiten	Uwe-Jörg Jopt **Schlechte Schüler – faule Schüler?** Wie Eltern helfen können **ECON Ratgeber** ETB 20045 DM 7,80 143 Seiten	Rudolf Meinert **Mein Kind in der Pubertät** **ECON Ratgeber** ETB 20047 DM 7,80 136 Seiten	Gisela Eberlein **Ängste gesunder Kinder** Praktische Hilfe bei Lernstörungen **ECON Ratgeber** ETB 20010 DM 7,80 158 Seiten
Joan Freeman **Erziehung und Intelligenz** Natürliche Anlagen erkennen und fördern **ECON Ratgeber** ETB 20044 DM 9,80 191 Seiten	Jerry Jacobs **Ich weiß keinen Ausweg mehr** Hilfe für selbstmordgefährdete Jugendliche **ECON Ratgeber** ETB 20040 DM 9,80 176 Seiten	**Astrologie**	Hanns-Manfred Heuer **Mein Kind ist Widder** Vom 21. März bis 20. April **ECON Ratgeber** ETB 20121 DM 6,80 112 Seiten, 10 Zeichnungen
Hanns-Manfred Heuer **Mein Kind ist Stier** Vom 21. April bis 20. Mai **ECON Ratgeber** ETB 20122 DM 6,80 112 Seiten, 10 Zeichnungen	Hanns-Manfred Heuer **Mein Kind ist Zwilling** Vom 21. Mai bis 21. Juni **ECON Ratgeber** ETB 20123 DM 6,80 112 Seiten, 10 Zeichnungen	Hanns-Manfred Heuer **Mein Kind ist Krebs** Vom 22. Juni bis 22. Juli **ECON Ratgeber** ETB 20124 DM 6,80 112 Seiten, 10 Zeichnungen	Hanns-Manfred Heuer **Mein Kind ist Löwe** Vom 23. Juli bis 23. August **ECON Ratgeber** ETB 20125 DM 6,80 112 Seiten, 10 Zeichnungen

Hanns-Manfred Heuer **Mein Kind ist Jungfrau** Vom 24. August bis 23. September **ECON Ratgeber** ETB 20126 DM 6,80 112 Seiten, 10 Zeichnungen	Hanns-Manfred Heuer **Mein Kind ist Waage** Vom 24. September bis 23. Oktober **ECON Ratgeber** ETB 20127 DM 6,80 112 Seiten, 10 Zeichnungen	Hanns-Manfred Heuer **Mein Kind ist Skorpion** Vom 24. Oktober bis 22. November **ECON Ratgeber** ETB 20128 DM 6,80 112 Seiten, 10 Zeichnungen	Hanns-Manfred Heuer **Mein Kind ist Schütze** Vom 23. November bis 21. Dezember **ECON Ratgeber** ETB 20129 DM 6,80 112 Seiten, 10 Zeichnungen
Hanns-Manfred Heuer **Mein Kind ist Steinbock** Vom 22. Dezember bis 20. Januar **ECON Ratgeber** ETB 20130 DM 6,80 112 Seiten, 10 Zeichnungen	Hanns-Manfred Heuer **Mein Kind ist Wassermann** Vom 21. Januar bis 19. Februar **ECON Ratgeber** ETB 20131 DM 6,80 112 Seiten, 10 Zeichnungen	Hanns-Manfred Heuer **Mein Kind ist Fisch** Vom 20. Februar bis 20. März **ECON Ratgeber** ETB 20132 DM 6,80 112 Seiten, 10 Zeichnungen	
Umwelt, Ökologie	Sabine Bahnemann **Alltagsökologie** Global denken – lokal handeln **ECON Ratgeber** ETB 20064 DM 9,80 Originalausgabe, 222 Seiten, über 100 Zeichnungen	Robert Müller **Giftige Stoffe im Haushalt** Verhaltensempfehlungen und Richtlinien *Originalausgabe* **ECON Ratgeber** ETB 20095 DM 8,80 Originalausgabe, 160 Seiten, ca. 10 Abbildungen	E. Dölle/W. Koch **Selbstversorgung – aber wie** Unabhängigkeit für Stadt- und Landbewohner **ECON Ratgeber** ETB 20051 DM 9,80 Originalausgabe, 191 Seiten, 68 Zeichnungen
Praxis	Edgar Forster **Sich selbständig machen – gewußt wie** **ECON Praxis** ETB 21001 DM 9,80 Originalausgabe, 192 Seiten	Heiner Kurt Wülfrath **Sich erfolgreich bewerben und vorstellen** Ein praktischer Ratgeber für Stellensuchende **ECON Praxis** ETB 21004 DM 5,80 Originalausgabe, 90 Seiten	Manfred Lucas **Bewerbungsgespräche erfolgreich führen** **ECON Praxis** ETB 21020 DM 8,80 Originalausgabe, ca. 128 Seiten

Manfred Lucas
Arbeitszeugnisse richtig deuten

ECON Praxis

ETB 21016   DM 8,80
Originalausgabe,
ca. 128 Seiten

Manfred Bosse
Was tun bei Kündigung?

Rechte und Möglichkeiten des Arbeitnehmers

ECON Praxis

ETB 21014   DM 9,80
Originalausgabe,
298 Seiten

Axel Winterstein
Vorankommen durch Weiterbildung

ECON Praxis

ETB 21015   DM 9,80
Originalausgabe,
ca. 160 Seiten

Axel Winterstein
Abitur – was dann?

Berufschancen mit und ohne Studium

ECON Praxis

ETB 21018   DM 9,80
Originalausgabe,
ca. 176 Seiten

C.V. Rock
Berufsalternativen für arbeitslose Lehrerinnen und Lehrer

Möglichkeiten in selbständigen und nichtselbständigen Bereichen

ECON Praxis

ETB 21006   DM 9,80
Originalausgabe,
191 Seiten

Renate Gorges
Job-Sharing

Möglichkeiten für Arbeitsteilung und Arbeitszeitorganisation

ECON Praxis

ETB 21002   DM 9,80
Originalausgabe,
170 Seiten

Harry Holzheu
Gesprächspartner bewußt für sich gewinnen

Psychologie und Technik des partnerorientierten Verhaltens

ECON Praxis

ETB 21003   DM 8,80
Originalausgabe,
192 Seiten

Anton Stangl
Das Buch der Verhandlungskunst

Psychologisch richtig verkaufen

ECON Praxis

ETB 21008   DM 12,80
376 Seiten

Gerd Ammelburg
Die Rednerschule

Reden, verhandeln, überzeugen

ECON Praxis

ETB 21010   DM 12,80
192 Seiten,
11 Fotos,
25 Zeichnungen

Wolfgang Zielke
Informiert sein ist alles

Die Papierflut sinnvoll nutzen

ECON Praxis

ETB 21007   DM 8,80
185 Seiten

Ullrich Sievert
Mehr Zeit für das Wichtige

Prinzipien, Methoden, Techniken

ECON Praxis

ETB 21013   DM 9,80
154 Seiten

Rolf W. Schirm
Kürzer, knapper, präziser

Erfolgreiche Kommunikation im Büro

ECON Praxis

ETB 21023   DM 8,80
112 Seiten

Jürgen Bleis / Hellmut W. Hofmann
Schach und Management

Wie man zum Zuge kommt

ECON Praxis

ETB 21009   DM 14,80
248 Seiten,
37 Diagramme

Antony Jay
Management und Machiavelli

Von der Kunst, oben zu bleiben

ECON Praxis

ETB 21017   DM 9,80
264 Seiten

Anton Stangl
Verkaufen muß man können

Eine praktische Verkaufs- und Verhandlungsstrategie

ECON Praxis

ETB 21012   DM 8,80
127 Seiten

Klaus Oberbeil
Verkaufen mit Video

Möglichkeiten, Erfahrungen, Zukunftschancen

ECON Praxis

ETB 21005   DM 12,80
Originalausgabe,
171 Seiten

Kurt H. Setz
Für ein paar Jahre ins Ausland

Erfahrungen und Tips

ECON Praxis

ETB 21011   **DM 12,80**
Originalausgabe,
205 Seiten

Kurt H. Setz
Leben, studieren, arbeiten in Großbritannien

ECON Praxis

ETB 21021   **DM 8,80**
Originalausgabe,
ca. 128 Seiten

Kurt H. Setz
Leben, studieren, arbeiten in Frankreich

ECON Praxis

ETB 21022   **DM 8,80**
Originalausgabe,
ca. 128 Seiten

Bestellschein ETB

Ich bestelle hiermit aus dem
ECON Taschenbuch Verlag,
Postfach 9229, 4000 Düsseldorf 1,
durch die Buchhandlung:

Buchhandlung:

Ex.	Ex.
Ex.	Ex.
Ex.	Ex.
Ex.	Ex.
Ex.	Ex.

Name:

Straße: Ort:

Datum: Unterschrift:

Preisänderungen und Irrtum vorbehalten. Stand 1. 8. 1985